高等中医药院校"十四五"创新教材

供 中 医 骨 伤 科 学 等 专 业 用

中医骨伤科

中医骨伤科医籍选

主编　周红海　李　楠

副主编　李　琰　李　刚　郭珈宜
　　　　何　伟　欧阳建江

人民卫生出版社

·北京·

图书在版编目（CIP）数据

中医骨伤科医籍选 / 周红海，李楠主编. -- 北京 ：
人民卫生出版社，2025. 5. -- ISBN 978-7-117-37893-2

I. R274

中国国家版本馆 CIP 数据核字第 2025QY3466 号

人卫智网	www.ipmph.com	医学教育、学术、考试、健康，
		购书智慧智能综合服务平台
人卫官网	www.pmph.com	人卫官方资讯发布平台

中医骨伤科医籍选
Zhongyi Gushangke Yijixuan

主　　编：周红海　李　楠
出版发行：人民卫生出版社（中继线 010-59780011）
地　　址：北京市朝阳区潘家园南里 19 号
邮　　编：100021
E - mail：pmph @ pmph.com
购书热线：010-59787592　010-59787584　010-65264830
印　　刷：人卫印务（北京）有限公司
经　　销：新华书店
开　　本：787 × 1092　1/16　　印张：19
字　　数：372 千字
版　　次：2025 年 5 月第 1 版
印　　次：2025 年 6 月第 1 次印刷
标准书号：ISBN 978-7-117-37893-2
定　　价：59.00 元

打击盗版举报电话：010-59787491　E-mail：WQ @ pmph.com
质量问题联系电话：010-59787234　E-mail：zhiliang @ pmph.com
数字融合服务电话：4001118166　　E-mail：zengzhi @ pmph.com

　　中医骨伤科医籍选是中医骨伤科学专业的基础理论课程之一,也是研究和运用中医骨伤科历代文献的一门重要课程。中医骨伤科医籍是对历代医家诊疗骨伤疾病宝贵经验与指导理论的总结,蕴含着丰富的医学智慧和临床经验。继承才有发展,博古方能通今,为了适应新时代我国中医药高等教育中医骨伤科学专业人才培养需要,根据人民卫生出版社教材编写要求,本教材编委会经过充分讨论、积极探索,确定了教材的基本编写思路、原则要求和体例内容,精心编撰,以确保教材的顺利出版。《中医骨伤科医籍选》作为中医骨伤科学专业系列教材之一,是中医骨伤科学"传承精华,守正创新"的一块基石,对提高学生的中医骨伤科理论水平、培养学生阅读古典医籍并从中寻找理论与实践的灵感,运用中医思维提高临床独立分析问题、解决问题的能力有着至关重要的作用。

　　本教材是在阚再忠和孙承禄教授主编的、人民卫生出版社 1992 年版的《中医骨伤科古医籍选》教材基础上进行修订的。教材吸纳了各地专家对本书提出的宝贵意见,在原版教材基础上再次精心校注和增加内容而成。全书共分四部分:新增第一章中医骨伤科典籍简史,以年代为顺序,概括了自先秦至明清时期的中医骨伤科的发展历史,并总结了各时期中医骨伤科代表典籍如《仙授理伤续断秘方》《世医得效方》等 13 部专著的理论精华。第二章医经选,包括《黄帝内经·素问》《黄帝内经·灵枢》《难经》《伤寒论》《金匮要略》等有关骨伤理论的片段选录,增补了《神农本草经》《易经》少部分内容,以开拓学生的医经源头思维和启发骨伤科中药运用思考。第三章医论选,从汉至清末,选录《华佗神方》《肘后备急方》《血证论》等 37 部著作中有关骨伤的精华论述,给读者提供比较完整的文献。第二章和第三章的体例,篇首为概述,包括其学术思想、理论体系及不同的观点理念,每部分将原文分为若干段,每一段均有注释、按语,层层深入,引导学生条分缕析、抽丝剥茧,品味文献中的核心韵律;增写的部分医经和名篇章句,以及临床体会与运用经验,启发学习者读经典、用经典的思维。新增第四章古籍医案摘录,节选古籍中有关骨伤内容的医案,再次加强对学生学以致用的文献引导。全书选录内容在注重历史资料考证的同时,从教学规律与要求出发,重视教材的可读性和实用性,既有理论阐述,也有临证体会和临床案例,增强了中医骨伤医籍的整理挖掘和运用指导的结合。本书中部分所提药物(虎胫骨、穿山甲、童便等)现已不用,仅为呈现文献原貌予以保留。

本教材由全国18所院校的20位长期从事中医骨伤科教学、科研与临床的专家编写而成。其中,中医骨伤科典籍简史部分由李乃奇、陆延、周红海执笔。医经选部分由何伟、时宗庭、李琰、曹学伟执笔,而新增补的《神农本草经》《易经》内容由周红海、陆延执笔。医论选部分由欧阳建江、苏毅、罗磊、李刚、刘俊昌、李楠、刘俊宁、赵长伟、郭珈宜、卢建华、徐远坤执笔。古籍医案摘录以及全书中部分经方临床应用案例由周红海、陆延、刘俊宁、何心愉、邝涛执笔。全稿经编委会集体审阅、讨论,主编、副主编审定,最后由周红海、李楠、何心愉、刘俊宁全面统稿审校完成。

本书编写得到了人民卫生出版社,相关院校、专家及同道的鼎力支持和协助,在此深表感谢。使用本教材,可根据实际情况,结合临床讲授,以提高教学质量和学生学习本课的兴趣。虽然各位编委尽职尽责,倾其多年积累的文献功底和教学经验、临床学识,但难免有不尽如人意之处,诚请各院校师生在使用过程中提出宝贵意见,以便今后进一步修订和提高。

编　者

2024 年 3 月

目录

第一章
中医骨伤科典籍简史

第一节 中医骨伤科典籍与研究的发展历程

中医骨伤科历史悠久,疗效独特,绵延至今两千多年。骨伤科在古代以疡医、金创、跌打、伤科、正骨等名一脉相承,又与外科、按摩科、针灸科等关系密切;其诊治方法涉及药物的内服外敷、手法的整复固定、针灸按摩、功能锻炼等,涵盖了中医各种治法,故部分治法、方药亦可见于各类中医古籍。根据《中国中医古籍总目》所载,现存全国各图书馆的中医骨伤科古籍共计 101 种,有接近 70 种为手抄本,以明清时期居多。中医骨伤科文献早期多散见于各类著作中,唐代始有专著出现,宋元外、伤分立并与外来医学融合,明代完善了伤科内治法体系,用绘图加以辅助说明相关文字的专著逐渐增多,至清代太医院确定正骨科教本,这些古籍的记载都丰富和完善了中医骨伤科的理论体系,促使其日趋发展为一个专门的学科。

先秦时期,各类典籍如《周礼》《礼记》《左传》中的有关文献记录了当时骨伤科疾病的一些病症、病名和医官制度等,如《周礼·天官》载:"疡医掌肿疡、溃疡、金疡、折疡之祝,药、劀、杀之齐。""金疡""折疡"即属于骨伤科的范畴。

成书于汉代的《黄帝内经》《难经》,为中医骨伤科学奠定了理论基础,其中关于筋骨理论关系、气血理论关系、肝肾与筋骨关系等深刻地影响了后世骨伤科的理论与实践发展。同时期出土的马王堆汉墓医学帛书则记载了当时包括手术、练功及方药等诊治骨折、创伤及骨病的丰富经验。《伤寒杂病论》除了构建六经辨证和脏腑辨证的诊疗体系,还在救急、治伤、祛瘀等伤科方面载录了多条经方,对创伤的认识和治疗经验进行了总结。《神农本草经》中载有应用于骨伤科的药物约 100 种。《汉书·艺文志》经方中还收录有《金创疭瘛方》三十卷,据考成书于东汉,为我国最早的外科专著,从书名推测亦当有骨伤科相关内容,惜已佚。

魏晋南北朝时期,骨伤科相关内容见于医籍的内容渐多。晋代葛洪著《肘后备急方》,记载了世界上最早的下颌关节脱位手法整复方法,竹片夹板固定骨折、烧灼止血、桑皮线缝合创伤肠断裂等开放创口处理原则。南齐龚庆宣整理的外科专著《刘涓子鬼遗方》记载了伤口感染、骨关节化脓性疾病的治法,提出了骨肿瘤的诊断和预后。六朝时期陈延之所著方书《小品方》收录了四肢骨折、高处堕落、挤压伤等多种病症的治法,包括内服、外敷、外固定和调护等方法。

隋唐之前,骨伤科的文献论述多散见在各类综合著作或方书中,而唐会昌年间(841—846 年)由蔺道人所撰的《仙授理伤续断秘方》是现存最早的骨伤科专著,标志着骨伤科的理论和实践有了进一步的完善和发展。隋代巢元方的《诸病源候论》,设有"金疮诸病"专论,详细论述了复杂骨折的处理,记载了用丝线结扎血管,还提出对破碎的关节和折断的骨骼在受伤后可立即用线缝合,这是世界上关于骨折内固定的最早记载。孙思邈著的《备急千金要方》《千金翼方》和王焘著的《外台秘要》是唐代三部大型医方著作,均以专门篇章收录了大量骨伤科方药。其中《备急千金要方》《千金翼方》在骨伤科方面总结了补髓、生肌、坚筋、固骨类药物,介绍了止血、镇痛、补血、活血化瘀等疗法,还载录了下颌关节脱位手法复位后采用蜡疗、热敷、针灸等外治法,丰富了伤科治疗方法。《外台秘要》则收录了折损、金疮、恶刺等伤科疾病治疗方药,把损伤分为外损和内损,并列骨折、脱位、内伤、金疮和创伤危重症等五大类。

宋代以前战伤谓之金创折疡,外科、伤科并未明确划分。宋元时期,由于长期战争,金创与跌打损伤的救助需要,促进了外伤科的发展,陈自明著《外科精要》,标志着外、伤科的确立。宋太医局分医学为九科,其中疮肿兼折疡、金镞兼书禁两科属外科、伤科范畴;元代太医院则设十三科,其中包括正骨科和金镞兼疮肿科。

《太平圣惠方》是宋代官修大型方书,其中卷六十七、六十八是关于骨伤科的内容,对骨折提出了补筋骨、益精髓、通血脉的治疗思想,里面收录了多条伤折肿痛膏药方,具有很高的实用价值。北宋末年,另一部官修大型方书《圣济总录》有"金疮门""伤折门"专篇,各门均先统论再分症论治用方,基本能反映北宋时期骨伤科诸症用药的思路和特点。南宋张杲的《医说》卷七"擿扑打伤"部分收录了 10 余则伤科医案,其治以药物为主,"搓衮舒筋"案中不但记载了切除死骨治疗开放性胫腓骨骨折并发骨髓炎的成功案例,且术后由于筋缩不能伸直,采用脚踏转轴及竹管的搓滚舒筋锻炼法。

元代危亦林所著《世医得效方》卷十八"正骨兼金镞科",在继承前人治疗骨伤经验的基础上,不但详细记录了当时已采用刀、剪、钳、凿、夹板等多种医疗器械进行骨科手术,且对骨折、脱位的整复手法和固定技术有所创新。元代李仲南编纂的综合类医书《永类钤方》卷二十二是骨伤科的专篇,首创过伸牵引加手法复位治疗脊柱屈曲型骨折,并创制了手术缝合用的曲针,提出以膝关节是否能并拢的体征作为判断髋关节前后脱位的鉴别。元代末年成书的《回回药方》是一部回医药学体系较为完整的大型综合性典籍,其中卷三十四"折伤门""金疮门""棒疮门"为骨伤外科内容,对全身主要的创伤和骨、关节损伤都有了论述,其内容之丰富,技术水平之高,是 14 世纪中国回医药学术水平的真实反映,也是同时代中国医学骨伤科学术水平的写照。如书中记载了颅脑损伤治疗,类似于现代扩创术、病灶清除术、开颅减压等。该书认为影响骨折愈合的原因有四个方面,即外洗过多、去除固定过早、活动过早及饮食不当,这种见解在今天看来也是十分科学的。

此外,这个时期骨伤科相关的文献也见于各医家著作甚至志怪小说,如南宋宋慈所著《洗冤集录》。此书总结宋代以前法医学成就,不仅是我国第一部法医学专著,也是世界法医史上的第一部,其中记载了不少检查外伤的方法。金朝张元素《医学启源》在"主治心法"总结了治疗内伤的引经药,促进了伤科理气活血疗法的发展。南宋洪迈《夷坚志·卷十九·邢氏补颐》记载了在颌部施行同种异体植骨的病例。

明清时期,是骨伤科的兴盛时期,明清太医院均设置正骨科。这个时期骨伤科医籍文献的特点体现在三方面:一是留下了大量骨伤科专著和抄本,二是逐渐改变了过去单纯的文字描述,增加了骨骼、手法和伤科要穴等图谱,三是完善了对伤损论治的内治法系统理论阐述。

在骨伤科专著方面,明代有异远真人撰《(秘传)跌打损伤妙方》、薛己著《正体类要》。吴谦编撰《正骨心法要旨》、钱秀昌撰《伤科补要》、胡廷光编《伤科汇纂》、梅占春编《国术点穴秘诀伤穴治法合刊》、江考卿著《江氏伤科学》、管颂声辑《救伤秘旨跌损妙方合刻》、邱映堂撰《跌打大全》、杨芳编《全形保生方》、胡青崐辑《跌打损伤回生集》、严敬撰《伤疡屡效方》、赵濂撰《伤科大成》、俞应泰撰《伤科秘诀》(《伤科捷径》)等。同时期,日本也涌现出一批继承于中国的骨伤专著,如二宫彦可撰《正骨范》、各务文献撰《整骨新书》、加古良玄撰《折肱要诀》、吉利禅师撰《伤科秘本》,等等。

现藏于全国各图书馆的骨伤科手抄本,数量众多。明代有署名刘伯温的《金疮秘传禁方》《刘伯温先生跌打损伤秘方》《秘传刘伯温家藏接骨金疮禁方》等多部,劳天池撰《劳氏家宝》等。清代则有沈昌惠撰《沈元善先生伤科》《伤科秘传》,沈大润述《金疮铁扇散医案》,霍孔昭撰《损伤科》,王瑞伯编《接骨秘方》,张炳南编《伤医大全》,徐了缘编《沈氏伤科秘传》,胡松编《伤科方书六种》,徐瑛撰《接骨全书》,天都氏撰《论跌打损伤症》,陈国泰等撰《三十六穴伤门图》,下方寺僧撰《下方寺伤科》,陈月明传、胡淳圃辑《祖传拳经伤科》,姚仰三、黄廷选辑《秘传跌打钗方》,江昱编《跌打秘方》,不退和尚传《少林伤科治法集要》《少林秘传》,汪凤来撰《(秘传)伤科》等。

此外,明代一些方书或医著亦收录有不少骨伤科文献。朱橚等编著《普济方》,在"折伤门"部分辑录治疗伤科方药1256首,是15世纪以前治伤方药的总汇,在"接骨手法"中,介绍了12种骨折脱位的复位固定方法,在"用药汤使法"中又列出15种骨折、脱位的复位固定法。王肯堂的《证治准绳·疡医》中对骨折的治疗也有精辟论述,并对伤科方药进行了归纳整理。李时珍的《本草纲目》则载有骨伤科药物170余种,为临床辨证施用提供了极大的方便。

以上为明清时期骨伤古籍概况,近年部分学者又相继在国内外发现多种未被目录学书籍收录的骨伤古籍,如国内阙如而散失在日本的骨伤科医籍《行笈验方》《五福全书》《医门秘旨》《新刊军门秘传》《医经会解》,国内发现的《铜人簿》《少林寺秘方铜人簿》《少林寺真传伤科秘方》《少林寺张大周秘传良方》《少林伤科治法集要》《月王药诊》《藏医药选编》《伤科方论》《伤科秘书》等,还有大量散落民间的抄本,中医伤科古籍数量之丰富,可见一斑。

第二节　各时期中医骨伤科典籍代表

《仙授理伤续断秘方》,唐代蔺道人著,成书于唐会昌六年(846 年),现存最早为明刻本。全书一卷,首论治伤 14 步骤,各种整骨手法、调理宜忌、方药应用;次论打扑伤损服药次序及方药。书中对骨伤科常见的跌打损伤、关节脱臼、手法复位、手术缝合、牵引、固定、扩创、填塞等具体治疗方法均有叙述,特别是关于骨折的治疗原则、诊疗常规,骨折复位后“动静结合”的治则,至今仍为骨科临床所遵循;书中收 40 余方,有外洗、外敷、内服等多种用法,奠定了骨伤科辨证、立法、处方和用药的基础。该书提供的宝贵经验至今仍在临床广泛应用,被后世业骨伤科者奉为圭臬。

《世医得效方》,元代危亦林著,成书于至元三年(1337 年),现存最早为元至正五年(1345 年)刻本。全书共二十卷,列分 13 科编次,第十八卷专辟“正骨兼金镞科”。危亦林在五代家学基础上,不仅继承了唐代蔺道人《仙授理伤续断秘方》的经验,而且学习、借鉴和吸收了阿拉伯-伊斯兰正骨术等回医药学成果,系统地总结整理了我国元代以前的骨伤科成就。因此,该书虽然为方书,但骨伤诊治成就突出,主要体现在:正骨整脊施手术,“架梯”“悬吊”等法创立先例;创用“草乌散”麻醉后施术,善化裁方药,内服外敷熔于一炉;康复固定有特色,损伤预后诊断开先河。

《(秘传)跌打损伤妙方》,又名《损伤妙方》,明代异远真人著,成书于嘉靖二年(1523 年),现存清刻本。全书一卷,分为总论和各论,介绍跌打损伤方药为主,兼及复位、牵引、缝合等手术方法。总论收载治法总论、用药歌、血头行走穴道歌、左右论、药中禁忌、穴名药名等篇;各论列全身、头面、身中、脊背、腿足、金创、通用共七门,各列损伤证候,并附治验良方,载跌伤方药 118 首。

《正体类要》,明代薛己著,成书于嘉靖八年(1529 年),现存最早为明刻本。全书分为上下两卷,上卷载有主治大法 19 则,仆伤治验 30 案、堕跌金伤治验 30 案、烫火伤治验 4 案共 64 案;下卷为伤科方剂,共 71 首,阐述伤科的病症治疗,凡方药、手法、用具等均有详细记述。其治则除外治方药外,注重内治,强调补气血、补肝肾为主,行气活血为次。该书较为全面地对伤损的辨证论治、理法方药进行系统的探讨,深刻地影响了后世伤科医著,后世有关内治法的基本原则和处方用药多沿袭于《正体类要》。本书所记载治伤验案较之以往都多,是伤科医案最多的书籍,也是伤科按八纲辨证论治较为严谨的代表和经典著作,沈金鳌评价其“古代伤科书甚多,莫善于薛立斋分症主治”。

《正骨心法要旨》,清代吴谦等编纂,成书于乾隆七年(1742 年),属《医宗金鉴》八十七卷至九十卷,现存武英殿本。全书四卷,首述手法总论、手法释义、器具总论以及经义、骨度尺寸等,次载头面部、胸背部及四肢各部位损伤内外治法,末列内治杂症。是书内伤辨治以薛己《正体类要》为宗,外治突出手法、器具等。强调手法整复前要熟识人体骨度解剖,明确诊断;整复手法要轻、巧、稳、准,反对粗暴复位,所谓"知其体相,识其部位,一旦临证,机触于外,巧生于内,手随心转,法从手出"。在总结前人论治经验基础上,把整骨手法归纳为摸、接、端、提、按、摩、推、拿八法。提出"跌仆损伤虽用手法调治,恐未尽得其宜,以至有治如未治之苦……制器以正之,用辅手法之所不逮",突出外固定治疗骨折的重要性,列举裹帘、振挺、披肩、攀索、叠砖、通木、腰柱、竹帘、杉篱、抱膝十种整复与固定器具。列图 27 幅,载方 91 首。图文并茂,层次分明,通俗易懂。本书列为清太医院教本,流传甚广,对骨伤科发展起到承前启后的作用。

《伤科补要》,清代钱秀昌撰,成书于清嘉庆十三年(1808 年),现存清刻本。全书四卷,首述人身大体解剖骨度、名位、伤科器具和脉诀,骨度按头部、胸腹部、背部、侧部、四肢部,详列尺寸、名位与受伤后致命程度,皆附图;器具列攀索、叠砖、腰柱、木板、杉篱、抱膝等;脉诀以四字歌诀简述损伤脉象,辨病情轻重,决预后吉凶。卷二阐述损伤证治三十六则,第一至第五则为金疮论治、治伤法论、跌打损伤内治法、至险之症不治论及从高坠下伤;第六至第二十三则,分述各部受伤证候、治疗和预后;第二十四至第二十八则述受寒、感痧疫、怀孕伤症等治法;第二十九至第三十四则论治杖疮夹棍伤、药箭伤、诸咬伤、汤火伤、自缢和溺水救法等;第三十五、第三十六则述运、熏、灸、倒四种外治法及应刺诸穴。卷三以歌诀形式列举止血黑绒絮、玉红膏等 91 方。卷四载录名家秘方 46 首,急救良方 49 首。本书强调伤科医师必须熟悉骨骼形态,治伤必须详脉诀、明脉理,全身调治始能无误。本书稽参《正骨心法要旨》精义,合平日试验真传而作,内容精要翔实。

《伤科汇纂》,清代胡廷光编,成书于清嘉庆二十年(1815 年),现存清嘉庆二十三年(1818 年)抄本。全书十二卷,前八卷为前集,后四卷为后集。首绘列图 44 幅,有人身部位穴位图、外科器械图、伤科手法复位图等,其中 16 幅骨折脱位手法复位图,是骨伤科较为完善的复位图谱。前集卷一、卷二介绍与伤科证治有关的中医基础理论、解剖学知识及损伤程度的识别方法;卷三介绍正骨理筋手法和治伤器械;卷四分述损伤后出、发热、骨痛等四十证的辨治,并辑录《正体类要》《儒门事亲》《名医类案》等书 87 则医案;卷五、卷六以骨骼为目分部论治,附胡氏治验 41 则;卷七、卷八则总论损伤用药原则,辑录内服外治方 300 余首。卷九至卷十二为后集,前两卷分列各类损伤主治药物,以金刃、坠堕、挫闪等致伤原因为目,介绍各类损伤病机证治;后两卷为治疗虫畜咬蜇伤单方验方;卷末补遗,述伤科常用药物性状功效。本书以《正骨心法要旨》为基础,参以家藏《陈氏接骨书》及祖传手法秘方,旁及诸家,广搜验方,重视手法的整理和研究,弥补了当时强调治伤以补气养血为主的平补学说的不足。

《江氏伤科学》，又名《伤科方书》，清代江考卿著，成书于清道光二十年（1840年），现存民国铅印本。全书一卷，首叙断死证秘诀及伤损不治之症，次述受伤治法，后录通用方11首、秘传诸方57首，附录验5首，共载73首。江考卿承异远真人《跌损妙方》之说，用药大同小异，但有创新之处。其治法中所载36大穴受伤的内服方药，颇为后人取法，但其穴名、部位与现行者多有出入；其通用、秘传诸方及方后附不同受伤部位症状的引药，大都切合实用。

《伤科大成》，清代赵濂撰，刊行于光绪十七年（1891年），现存清刻本。全书不分卷，共12章节，首论看穴道吉凶、看伤吉凶和死诊法；后分摸骨法、接骨法、端骨法、提骨法、按摩法、推拿法、接骨入骱用手巧法，分别介绍各自手法治疗骨折与脱骱的方法，末论跌打引经用药法和应用诸方，共载方45首。本书独到之处是偏重药物治疗，尤其以对各部位损伤后应用引经药而见长；按部位施治是赵濂的一大贡献。

《接骨全书》，清代徐瑛撰，成书年代不详，现存清抄本。全书不分卷，首叙人身之要害穴道、验症吉凶、跌损伤穴道要诀，次按损伤部位分别叙述伤全体、伤背肩、伤胸、伤肝等损伤证治、预后及凶险危急重症救治方法、接骨入骱奇妙手法；后载有分明补泻药名及治疗损伤列方40余首，另有金疮辨治，阐述金疮损伤八忌、九不可治、预后及治疗方剂20余首，附其他验方数首。本书不尚理论，专重实践，书中总结的验证吉凶用看眼、看指甲、看阳物、看脚爪、看脚底的"五看法"，是对前人所倡察目验伤方法的继承和发展。

《正骨范》，又名《中国接骨图说》，（日）二宫彦可撰，成书于日本文化二年（1805年），现存日本文化五年刻本。全书上下两卷，卷上名正骨总论，细分检骨、脉诊治法、十不治证、敷药法、药熨法、熨斗烙法、镆熨法、振挺法、腰柱法、杉篱法、裹帘法。卷下正骨手法，图文并茂地介绍了吉原元栋用于骨折脱臼13种整复手法和不同于《杏荫斋正骨要诀》（吉原元栋著）的15种母法和26种子法，共计41法；正骨经验方中，记载了麻药、剔药、膏药、敷药、洗药、丸药和汤药7部共66张处方。本书所述的正骨法，其理论主要是源于《正骨心法要旨》，著者在掌握了由陈元赞、三浦义辰、吉原元栋等口传心授、单线嫡传的中国正骨手法之后，为使之具体化、可视化、规范化和常规化，在书中增绘几十幅插图，为中国正骨术的保存和发展做出了贡献。

《跌打大全》，清代邱映堂著，成书于道光二十二年（1842年），现存清刻本。全书不分卷，有余惺斋序一篇，跌打损伤满身引经药歌9首，疗伤药方81首，插图66幅，主要论述跌打损伤药物治疗，分部论治，图文并茂，无引经据典，无理论阐述，属作者疗伤临床经验记录。全书疗伤用药特色鲜明，注重应用引经药，书载疗伤引经药81味，遍布全身26处，强调"有方无引也徒然"。疗伤用药突出活血祛瘀，81首疗伤药方的组成无一不用活血、祛瘀、行气、止痛药物，其中没药、乳香出现于 70 首以上方剂之中。

　　《全身骨图考正》，清代，作者及成书年代不详（一说作者为许樘），现存清抄本。全书不分卷，分骨骼图谱与附方两部分。作者将二十余年检案所积累的骨骼图谱资料，辅以文字注释，编成骨骼图谱，共收录 21 幅骨骼图，修正了多处前人对人体骨骼描述不准确或错误的论断，对全身许多骨骼的古称、今名以及俗称做了详尽的辨识。附方收集了古代医籍如《世医得效方》《医学正传》《太平圣惠方》等书中大量伤科单、验方，还记述了外伤脉候和预后的关系。

第二章

医经选

第一节 《黄帝内经·素问》选

《黄帝内经》包括《素问》和《灵枢》两部分,相传为黄帝所作,实非出于一时一人之手,多系当时医家汇集整理之作。约成书于汉代。汉魏以后,传本较多,篇目颇不一致,现在流传的《黄帝内经》版本主要是唐代王冰校注的。

该书是承前启后、划时代的医学巨著,既有自然界事物运动变化规律,又有人体生理卫生知识和人与外界环境的关系相关内容。对人体疾病的病因、病理、诊断、治则,以及药物性味功效、配伍制方等论述尤详,为我国古代生理学、解剖学、病因病机学、诊断学、治则学、方剂学、药理学及临床各科辨证施治奠定了基础。

在骨科方面,《黄帝内经》记载了骨生长、修复的生理病理现象,"瘀血"的概念,创伤病因病机理论,软组织、骨关节及全身血源性化脓性感染的病因病理、临床表现及辨证治疗规律,骨肿瘤的病因病机理论,功能体育疗法和内外兼治原则等。

《黄帝内经》为中医学的经典著作,历代有成就的医学家无不重视研读此书。《黄帝内经》对世界医学的发展亦有较大影响,部分内容已相继被译成日、英、德、法等国文字,在国外传播。

上古天真论篇第一(节选)

【原文】

余闻上古之人,春秋①皆度百岁,而动作不衰;今时之人,年半百而动作皆衰者,时世异耶? 人将失之耶②? 岐伯对曰:上古之人,其知道者③,法于阴阳④,和于术数⑤,食饮有节,起居有常,不妄作劳⑥,故能形与神俱⑦,而尽终其天年⑧,度百岁乃去。今时之人不然也,以酒为浆⑨,以妄为常,醉以入房,以欲竭其精⑩,以耗散其真⑪,不知持满⑫,不时御神⑬,务快其心,逆于生乐⑭,起居无节,故半百而衰也。

【注释】

① 春秋:指年龄。《战国策》:"君之春秋高矣,而封地不定。"

② 人将失之耶:意即人的寿数将要不断减少吗? "将",将要之意。

③ 其知道者:道,养生法则。指凡懂得养生之道的人。

④ 法于阴阳:法,效法、取法;阴阳,指自然界的阴阳变化规律。

⑤ 术数:此指古人调摄精神、锻炼身体的一些养生方法,如导引、按跷、吐纳等。

⑥ 不妄作劳:妄,不合理、出了常规的思想行为如妄动。不妄作劳意即不随便妄动而过分劳累。

⑦ 形与神俱:形体与精神活动一致,即"形神合一"的意思。形,指形体。神,指精神活动。

⑧ 天年:天赋的寿命,即自然寿命。

⑨ 以酒为浆:浆,泛指饮料。用酒代替饮料,形容嗜酒无度。

⑩ 以欲竭其精:因醉酒入房,纵情色欲。荒淫无度,戕伐肾气,势必导致精气衰竭。

⑪ 耗散其真:耗散其真元之气。耗,《新校正》云:"《甲乙经》耗作'好'。"好,喜好,真,天真之气,也叫元真。

⑫ 不知持满:不懂得保持精气充满。持,保持。满,精气充满。

⑬ 不时御神:指不善于使用神气。时,善。御,用。

⑭ 逆于生乐:逆,违背,反也。王冰云:"快于心欲之用,则逆养生之乐矣。"

【按语】

本段以古今之人的不同寿命作了对比,阐发了养生的重要意义。告诫人们欲得身体健康和益寿延年,必须做到"食饮有节,起居有常,不妄作劳"。这样才能常"持满""时御神"。反之,起居无节"以酒为浆,以妄为常,醉以入房,以欲竭其精",必然导致形神皆亏,过早衰老。因此,人寿命的长短,不在于时世之异,而在于人之是否善于养生。本段提出"和于术数",指按跷、导引、吐纳等活动。后世华佗的五禽戏,以及气功、太极拳等,都是在这种思想指导下发展起来的,是鼓舞中医文化自信的鲜活材料,至今仍在沿用。

【原文】

帝曰:人年老而无子者,材力尽耶①?将天数②然也?岐伯曰:女子七岁③,肾气盛,齿更发长④;二七而天癸⑤至,任脉⑥通,太冲脉⑦盛,月事⑧以时下,故有子;三七,肾气平均⑨,故真牙生而长极⑩;四七,筋骨坚,发长极,身体盛壮;五七,阳明脉衰⑪,面始焦⑫,发始堕;六七,三阳脉衰⑬于上,面皆焦,发始白;七七,任脉虚,太冲脉衰少,天癸竭,地道不通⑭,故形坏而无子也。丈夫八岁,肾气实,发长齿更;二八,肾气盛,天癸至,精气溢泻⑮,阴阳和⑯,故能有子;三八,肾气平均,筋骨劲强,故真牙生而长极;四八,筋骨隆盛,肌肉满壮;五八,肾气衰,发堕齿槁;六八,阳气衰竭于上⑰,面焦,发鬓颁白⑱;七八,肝气衰,筋不能动;八八,天癸竭,精少,肾脏衰,形体皆极⑲,则齿发去。肾者主水⑳,受五脏六腑之精而藏之,故五脏盛乃能泻。今五脏皆衰,筋骨解堕㉑,天癸尽矣,故发鬓白,身体重,行步不正,而无子耳。

【注释】

① 材力尽耶:精力耗竭。材力,张景岳:"精力也。"尽,竭。耶,同"邪"。

② 天数:人体生长衰老的自然限数。

③ 七岁:古人根据男女两性不同的发育过程而总结出来的大约数字。"二七"即十四岁,"二八"即十六岁。余可类推。

④ 齿更发长:齿更,更换乳齿。发长,头发开始茂盛。

⑤ 天癸:为肾精中的一部分,具有促进和维持生殖功能的作用。

⑥ 任脉:奇经八脉之一。起于胞中,循腹上行,对女子有妊育胎儿的作用,故主胞胎。

⑦ 太冲脉:王冰注:"太冲者,肾脉与冲脉合而盛,故曰太冲。"冲脉,奇经八脉之一,起于胞中,上行循脊里,能调节十二经的气血,故冲脉有"十二经之海"与"血海"之称,主女子月经。

⑧ 月事:指月经。

⑨ 平均:张景岳注:"充满之谓。"此指肾气充盛。

⑩ 真牙生而长极:真牙,又名智齿。长极,即发育完全、成熟。

⑪ 阳明脉衰:阳明,指手足阳明之脉,两脉上行于头面发际。阳明经气衰,则气血不能荣于头面,而出现面部憔悴、头发脱落的症状。

⑫ 焦:通"憔",即憔悴。

⑬ 三阳脉衰:三阳指手足太阳、阳明、少阳六条阳经,因三阳之脉都循行头面,故三阳脉衰,则面部憔悴,发鬓斑白。

⑭ 地道不通:此处比喻女子月经停止来潮。

⑮ 精气溢泻:肾中生殖之精盈满而外泄。溢,满溢。泻,泄出。

⑯ 阴阳和:男女交合。

⑰ 阳气衰竭于上:《针灸甲乙经》无"竭"字,较恰当。

⑱ 发鬓颁白:鬓,两颊旁的头发。颁,同"斑"。颁白,黑白相杂。

⑲ 天癸竭,精少,肾脏衰,形体皆极:此十二字原在"七八,肝气衰,筋不能动"句下,今据丹波元坚《素问绍识》之说移此。形体皆极,指全身各部分都衰败疲乏。

⑳ 肾者主水:此指肾脏藏精的功能。水,作"精"解。

㉑ 解堕:同"懈堕"。

【按语】

本文分别叙述男女从幼至老的生理变化规律,强调肾气的盛衰对人体生长发育过程和生殖方面的重要作用,又阐述"肾者主水,受五脏六腑之精而藏之,故五脏盛乃能泻"的理论,指出了肾藏先天之精,必赖后天之精的充养,而肾气的盛衰,又能影响五脏六腑的功能活动,这种先后天之精的相互为用,相互依存的辩证关系,体现了人体的内部整体观。肾主骨、肝主筋的理论,是中医骨伤科学的重要内容,至今仍指导着临床实践。

生气通天论篇第三（节选）

【原文】

因于寒,欲如运枢[1],起居如惊,神气乃浮[2]。因于暑,汗、烦则喘喝,静则多言[3],体若燔炭[4],汗出而散。因于湿,首如裹[5],湿热不攘[6],大筋緛短,小筋弛长[7],緛短为拘,弛长为痿。因于气,为肿,四维相代[8],阳气乃竭。

【注释】

① 因于寒,欲如运枢:张志聪注:"因于寒,而吾身之阳气当如运枢以外应。"《说文解字》:"枢,户枢也。"亦即门轴。寒邪侵犯人体时,阳气好像户枢开合一样抗御外邪,保卫肌体。

② 起居如惊,神气乃浮:起居受到惊扰,则阳气浮散外泄,神气不安于内而浮越于外,因之外邪容易侵袭。惊,王冰注:"暴卒也。"浮,浮越于外。

③ 烦则喘喝,静则多言:烦,烦躁不安。张志聪注:"气分之邪热,则迫及所生,心主脉,故心烦。肺乃心之盖,故烦则喘喝也。"静,与烦相对而言,即神昏嗜卧。张介宾注:"若其静者,亦不免于多言,盖邪热伤阴,精神内乱,故言无伦次也。"烦则喘喝为阳实,静则多言为阴虚,《伤寒论》"实则谵语,虚则郑声"之论与此同义。

④ 体若燔炭:身体像燃烧的炭火一样发热。燔,燃烧的意思。

⑤ 首如裹:形容头部沉重不爽,如有物被蒙裹一样。

⑥ 攘:除。

⑦ 大筋緛短,小筋弛长:緛,音"软",缩也。朱震亨云:"大筋緛短者,热伤血不能养筋,故为拘挛;小筋弛长者,湿伤筋不能束骨,故为痿弱。"

⑧ 四维相代:四肢相继浮肿。四维,即四肢。相代,相继的意思。

【按语】

本段原文论述了六淫之邪均能伤害阳气,导致阳失卫外,形成多种病症。因于寒邪侵袭肌表,阳气开合失常,则出现阳气浮散损伤。感受暑邪之后,则腠理开泄;阳加于阴,迫津外出而多汗,甚者暑热内扰心神,肺气壅遏,则烦躁喘喝,静止时多言语。伤于湿邪,湿困清阳,头重如裹,如果湿热不除,热伤血不能养筋,则为拘挛,湿伤筋不能束骨,故为痿弱,如临床上急性滑膜炎,多因伤后迅速积瘀积液,湿热相搏,使膝关节发热胀痛,热灼筋肉而拘挛,致关节不能伸屈的病症,亦属伤湿之类。总之,外邪感人,首犯卫阳。如卫阳强盛,则能御邪而不发病。

若平素养生不慎,思欲过重,戕伐卫阳,成为阳虚体质,卫阳相应虚弱,外邪则易乘虚侵入而为病。

【原文】

岐伯曰:阴者,藏精而起亟①也;阳者,卫外而为固②也。阴不胜其阳,则脉流薄疾③,并乃狂④。阳不胜其阴;则五脏气争⑤,九窍不通⑥。是以圣人陈阴阳⑦,筋脉和同⑧,骨髓坚固,气血皆从。如是则内外调和,邪不能害,耳目聪明,气立如故⑨,风客淫气,精乃亡,邪伤肝也。因而饱食,筋脉横解,肠澼为痔。因而大饮,则气逆。因而强力,肾气乃伤,高骨⑩乃坏。凡阴阳之要,阳密乃固,两者不和,若春无秋,若冬无夏,因而和之,是谓圣度。故阳强不能密,阴气乃绝;阴平阳秘,精神乃治;阴阳离决,精气乃绝。

【注释】

① 阴者,藏精而起亟:阴精藏于内而为在外阳气的物质基础,阳气在外有所动,阴精不断地起而与阳气相应。亟,音"急",急也,起亟,急起而相应之意。

② 阳者,卫外而为固:阳气为阴精固密于外。高士宗注:"阳者,卫外而为固也,阳中有阴矣。"

③ 脉流薄疾:由于阴虚阳盛而出现脉搏数疾。张景岳注:"薄,气相迫也。疾,急数也。"

④ 并乃狂:阳气盛极而致狂乱。并,交并,引申为重复、加甚的意思。

⑤ 五脏气争:指五脏功能不相和调。

⑥ 九窍不通:吴崑注:"九窍为上五官,下二阴也。"

⑦ 陈阴阳:顺应阴阳。陈,顺应、调和的意思。

⑧ 筋脉和同:筋脉的功能和谐。和同,即和谐。

⑨ 气立如故:人体气机升降出入运转如常。王冰注:"真气独立而如常。"

⑩ 高骨:指腰脊之骨。

【按语】

本段简要介绍了阴精与阳气的互根互用关系及阴阳偏盛的病证举例。阴精藏于内,具有与阳气相应的作用;阳气行于外,具有护卫体表、固密阴精的作用。若阳气与阴精的相互依存关系遭到破坏,则会导致"阳不胜其阴"或者"阴不胜其阳"的偏盛偏衰病变。"阴不胜其阳",则阳气亢盛,可致"脉流薄疾,并乃狂";"阳不胜其阴",则阴偏胜,可致"五脏气争,九窍不通"。从而说明了阴阳协调是保持人体"气立如故"的基本条件。阴阳协调的关键,在于阳气必须固密于外,阴气才能固守于内,从而突出了阳气在阴阳协调中的主导作用。

阴阳应象大论篇第五（节选）

【原文】

黄帝曰:阴阳者,天地之道①也,万物之纲纪②,变化之父母③,生杀之本始④,神明之府⑤也,治病必求于本⑥。

【注释】

① 天地之道:自然界万物变化的规律。天地,泛指自然界。道,法则、规律。

② 纲纪:《说文解字注笺》说:"总持为纲,分系为纪。如网罟,大绳其纲也,网目其纪也。"意即网的总绳曰纲,网之目曰纪。因此,纲和纪都是归纳事物的主要工具。

③ 变化之父母:父母,此处作"起源"或"根源"解。朱熹说:"变者化之渐,化者变之成,阴可变为阳,阳可化为阴;然而变化虽多,无非阴阳之所生,故谓之父母。"

④ 生杀之本始:生,生长。杀,毁灭。本,根本。始,开始。李中梓说:"阴阳交则物生,阴阳格则物死;阳来则物生,阴至则物死。万物之生杀,莫不以阴阳为本始也。"

⑤ 神明之府:变化莫测为"神";事物昭著为"明"。《淮南子·泰族训》:"其生物也,莫见其所养而物长;其杀物也,莫见其所丧而物亡,此之谓神明。"府,物聚积之处。神明是阴阳变化的处所,故阴阳为神明之府。

⑥ 治病必求于本:治病就是寻找发病的根源,认识疾病的本质。本,即阴阳,吴崑注:"天地万物,变化生而神明者,皆本乎阴阳,则阴阳为病之本可知。故治病必求其本,或本于阴,或本于阳,必求其故而施治也。"

【按语】

本段简明扼要地阐明阴阳的基本概念,指出宇宙间一切事物的生长发展和消亡,其变化根源,就在于事物本身相互对立统一的阴阳两方运动的结果。并指出了阴阳两方,既相互对立,又相互依存、相互为用,在某种情况下,又能相互转化。文中用阴阳的理论,结合医疗实践,说明了人体的生理活动、疾病的发生发展亦不出于阴阳变化的道理,所以提出了"治病必求于本"这一诊治原则。

【原文】

阴胜则阳病,阳胜则阴病①;阳胜则热,阴胜则寒②。重寒则热,重热则寒③。寒伤形,热伤气④。气伤痛,形伤肿⑤,故先痛而后肿者,气伤形也⑥;先肿而后痛者,形伤气也⑦。

【注释】

① 阴胜则阳病，阳胜则阴病：阴阳两者在正常情况下是相对平衡的，即阳不亢，阴不虚，阴不盛，阳不衰。若阴气偏旺，则见阳气亏损之证；反之，阳气偏胜，则见阴精耗伤之证。故阴胜损阳则阳病，阳胜损阴则阴病。

② 阳胜则热，阴胜则寒：阳主热，阴主寒。所以发热则是病理性阳亢的表现，恶寒则是病理性阴盛的反映。

③ 重寒则热，重热则寒：重，积累的意思，引申为逐渐发展，以达极点。张景岳注："此极上文寒极生热，热极生寒之义。盖阴阳之气，水极则似火，火极则似水，阳盛则隔阴，阴盛则隔阳，故有真寒假热，真热假寒之辨，而此错认，则死生反掌。"

④ 寒伤形，热伤气：寒为阴邪，阴寒之邪入侵，凝滞血脉而形伤，故寒伤形。热为阳邪，暑热之邪入侵，灼阴而伤气，故热伤气。

⑤ 气伤痛，形伤肿：李中梓注："气喜宣通，气伤则壅闭而不通，故痛；形为质象，形伤则稽留而不化，故肿。"

⑥ 先痛而后肿者，气伤形也：指气病则郁滞不畅而作痛，郁而化热则伤形而为肿。马莳注："先有是痛而后发肿者，盖以气先受伤而形亦受伤，谓之气伤形。"

⑦ 先肿而后痛者，形伤气也：气伤则痛，形伤则肿。形伤则血脉凝滞，故先肿，血瘀则气亦被阻不畅，故先肿而后痛。马莳注："先有肿而后为痛者，盖以形先受伤，而气亦受伤，谓之形伤气也。"

【按语】

阴阳在正常情况下，互依为用，不可偏胜。如一方偏胜可导致另一方偏衰，则易发生病变。文中所说"阳盛则热，阴盛则寒"阐明了寒、热的病机。但寒热在发展过程中，因于一定的条件，又可以相互转化形成"重寒则热，重热则寒"。至于肿痛之症，有先有后，先后有别，治法有异。先痛后肿，是气伤形；先肿后痛，痛因于肿，是形伤气。无论气病及形，或形病及气，均应据其病理机制，追溯其因，而后施治。气伤则痛、形伤则肿是骨科软组织损伤辨别伤气或伤血的主要依据，其理源于此。

【原文】

故曰：病之始起也，可刺而已；其盛，可待衰而已①。故因其轻而扬之②，因其重而减之③，因其衰而彰之④。形不足者，温之以气⑤；精不足者，补之以味⑥。其高者，因而越之⑦；其下者，引而竭之⑧；中满者，泻之于内⑨。其有邪者，渍形以为汗⑩。其在皮者，汗而发之⑪。其慓悍者，按而收之⑫。其实者，散而泻之⑬。审其阴阳，以别柔刚⑭，阳病治阴，阴病治阳⑮，定其血气，各守其乡⑯，血实宜决之⑰，气虚宜掣引之⑱。

【注释】

① 其盛,可待衰而已:张志聪注:"其病盛者,勿去其针,待其衰而后已。"

② 因其轻而扬之:轻,指病邪轻浅。扬,发散之意。张景岳注:"轻者浮于表,故宜扬之。扬者,散也。"

③ 因其重而减之:病邪深重的,应逐步减轻,较缓取效。

④ 因其衰而彰之:张景岳注:"衰者,气血虚,故宜彰之。彰者,补之益之,而使气血复彰也。"

⑤ 形不足者,温之以气:张景岳注:"形不足者,阳之衰也,非气不足以达表而温之。"形不足为阳衰,治疗时当用补气药和温化助阳之法以促使脏腑功能恢复。

⑥ 精不足者,补之以味:张景岳注:"精不足者,阴之衰也,非味不足以实中而补之。"

⑦ 其高者,因而越之:越,即发散、涌吐之法。吴崑注:"高,胸之上也。越之,吐之也。此宜于吐,故吐之。"

⑧ 其下者,引而竭之:吴崑注:"下,脐之下也。或利其小便,或通其大便,皆引而竭之。竭,尽也。"

⑨ 中满者,泻之于内:中满,指中焦壅满。泻指消导法。吴崑注:"此不在高,不在下,故不可越,亦不可竭,但当泻之于内,消其坚满是也。"

⑩ 渍形以为汗:渍形,指用汤液浸渍皮肤,包括熏蒸、浸浴等治法。张志聪注:"渍,浸也。古者用汤液浸渍取汗,以去其邪,此言有邪之在表也。"

⑪ 其在皮者,汗而发之:其在皮,指邪在皮毛。张志聪注:"邪在皮毛,取汗而发散之。"

⑫ 其慓悍者,按而收之:慓悍,指病势急猛。按,察也。收,制伏的意思。张景岳注:"慓,急也。悍,猛利也。按,察也。此兼表里而言,凡邪气之急利者,按得其状,则可收而治之矣。"马蒔、张志聪等释"按"字为按摩的治疗方法。如张志聪注:"气之悍利者,宜按摩而收引。"此说亦可参。

⑬ 其实者,散而泻之:吴崑注:"表实则散,里实则泻。"如伤后瘀血在里采用攻下逐瘀法。

⑭ 以别柔刚:张景岳注:"形证有刚柔,脉色有刚柔,气味尤有刚柔,柔者属阴,刚者属阳。"此处主要是指辨别病势的急缓、病情的善恶、体质的虚实。

⑮ 阳病治阴,阴病治阳:阴盛则阳病,故阳病当补阳以配阴;阳盛则阴病,故阴病当补阴以配阳,使阴阳恢复相对平衡状态。

⑯ 定其血气,各守其乡:乡,即部位。此指治病的目的,要谨守病所,明察疾病的部位在气分还是在血分,而正确施治。

⑰ 决之:指逐瘀、放血之法。

⑱ 气虚宜掣引之:掣引,提掣之意。张景岳注:"提其上升,如手掣物也。"气虚下陷,故宜提而升之。

【按语】

本段提出了治疗学的某些原则和方法,综其大要,不外在论治之前应辨别阴阳气血和邪正虚实,运用祛邪扶正、补虚泻实、阴虚补精、阳虚温气和阴病治阳、阳病治阴等不同的治疗法则。治疗之中,应根据病邪部位在表、在里、在上、在中、在下,分别选用解表、治里、涌吐、消导、疏泄等治法。治疗方法的种类,除针刺、药物之外,又有熏渍、导引等多种治法。这些问题的提出,对后世治则、治法的发展和临床实践,都有较大的影响和重要的指导意义。

六节脏象论篇第九(节选)

【原文】

心者,生之本①,神之变②也,其华在面,其充在血脉,为阳中之太阳③,通于夏气④。肺者,气之本,魄⑤之处也,其华在毛,其充在皮,为阳中之太阴⑥,通于秋气。肾者,主蛰⑦,封藏之本,精之处也⑧,其华在发,其充在骨,为阴中之少阴⑨,通于冬气。肝者,罢极之本⑩,魂⑪之居也,其华在爪,其充在筋,以生血气⑫,其味酸,其色苍⑬,此为阳中之少阳⑭,通于春气。脾、胃、大肠、小肠、三焦、膀胱者,仓廪之本⑮,营之居⑯也,名曰器⑰,能化糟粕,转味而入出⑱者也,其华在唇四白⑲,其充在肌,其味甘,其色黄,此至阴之类,通于土气⑳。凡十一脏取决于胆㉑也。

【注释】

① 生之本:生,指生命。本,即根本。高士宗注:"心为身之主,故为生之本。"

② 神之变:《新校正》云:"详神之变,全元起本并《太素》作'神之处'。"处,居处也。即心主藏神。

③ 阳中之太阳:前一"阳"指部位,如胸为阳,腹为阴。太,盛大的意思。太阳,是以五脏分阴阳,心处上焦阳位,其功能又以阳气为主,故曰"阳中之太阳"。

④ 通于夏气:夏为火之气,心为火脏,夏气通于心气,是同气相求。这是机体内脏活动和自然界气候变化的关系。其他脏仿此。

⑤ 魄:精神活动。《灵枢·本神》云:"并精而出入者谓之魄。"

⑥ 阳中之太阴:《新校正》云:"按'太阴'《甲乙经》并《太素》作'少阴'。当作'少阴'。肺在十二经虽为太阴,然在阳分之中,当为少阴也。"《灵枢·阴阳系日月》云:"肺为阳中之少阴。"

⑦ 蛰:虫类伏藏为蛰。此有闭藏的意思。

⑧ 封藏之本,精之处也:肾主藏精,宜固密不宜妄泄,故称"封藏之本"。张景岳注:"肾者胃之关也,位居于亥子,开窍二阴而司约束,故为主蛰封藏之本;肾主水,受五脏六

腑之精而藏之,故曰精之处也。"

⑨ 阴中之少阴:《新校正》云:"按全元起本并《甲乙经》《太素》'少阴'作'太阴',当作太阴,肾在十二经虽为少阴,然在阴分之中,当为太阴。"《灵枢·阴阳系日月》云:"肾为阴中之太阴。"

⑩ 罢(pí疲)极之本:罢极,倦怠之意。肝主筋,人的运动由于筋力疲劳,所以疲劳之力,责之于肝,罢,音义同疲。罢极,疲劳困乏过甚。吴崑注:"动作劳甚,谓之罢极,肝主筋,筋主运动,故为罢极之本。"

⑪ 魂:人体精神活动之一。《灵枢·本神》:"随神往来者,谓之魂。"

⑫ 以生血气:张景岳:"肝属木,为发生之始,故以生血气。"

⑬ 其味酸,其色苍:根据林亿校注,此六字及下文"其味甘,其色黄"六字,并当去之。

⑭ 阳中之少阳:《新校正》云:"按全元起注本并《甲乙经》《太素》作'阴中之少阳',当作'阴中之少阳'。"《灵枢·阴阳系日月》云:"肝为阴中之少阳。"

⑮ 仓廪之本:仓廪,藏谷之处为仓,贮米之地为廪,即贮藏粮食的仓库,这是用以形容六腑的容纳、消化、吸收、排泄饮食物的功能,如仓库容纳谷物一样。

⑯ 营之居:王冰注:"营起于中焦,中焦为脾胃之位,故云营之居也。"

⑰ 器:吴崑注,"盛贮水谷,扰夫器物,故名器。"指六腑为水谷精气糟粕升降出入之器。

⑱ 转味而入出:是指六腑对水谷精气糟粕升降出入而言。

⑲ 唇四白:即口唇周围。

⑳ 至阴之类,通于土气:至,极、最。至阴,为阴之盛大之意,通于土气,脾主长夏(农历六月),居中属土,暑令多雨多湿,与脾土相应。

㉑ 凡十一脏取决于胆:十一脏功能的正常发挥,皆取决于肝胆升发之气是否正常。

【按语】

本节纲领性地论述了脏象学说的内容,脏象学说是中医生理学的重要组成部分。人体以五脏为中心,联系人体各个局部,构成一个有机整体。但内脏的活动,必须与外界自然气候相适应,才能保持对立统一的协调状态,这也体现了中医学天人相应的整体观念。人体脏腑生理、病理变化的征象能够于相应的外部反映出来,我们在临床上可以根据这些征象来了解脏腑的病变情况,作为辨证中定位、定性的依据。即以肾的"其充在骨"而言,说明骨骼在生理上与肾关系密切。如临床上小儿的骨软无力、囟门迟闭及某些骨骼的畸形,是肾的精气不足所致。由此可见,脏象学说不仅是中医骨伤科辨证论治的理论基础,也是中医骨伤科学理论的重要组成部分。

五脏别论篇第十一（节选）

【原文】

脑、髓、骨、脉、胆^①、女子胞^②，此六者地气之所生也，皆藏于阴而象于地^③，故藏而不泻^④，名曰奇恒之府^⑤。夫胃、大肠、小肠、三焦、膀胱，此五者天气之所生也，其气象天^⑥，故泻而不藏^⑦。此受五脏浊气^⑧，名曰传化之府^⑨，此不能久留，输泻者也。魄门^⑩亦为五脏使^⑪，水谷不得久藏。所谓五脏者，藏精气而不泻^⑫也，故满而不能实^⑬。六腑者，传化物而不藏，故实而不能满^⑭也。所以然者，水谷入口，则胃实而肠虚；食下，则肠实而胃虚^⑮。故曰实而不满，满而不实也。

【注释】

① 胆：为奇恒之府，又是六腑之一。因其内藏精汁，故又称"中精之腑"。

② 女子胞：即子宫，又名胞宫。

③ 地气之所生也，皆藏于阴而象于地：地主藏蓄，属阴。奇恒之府主藏精，属阴。意即奇恒之府应地气之所生。

④ 藏而不泻：泻，传泻、输泻、转输。藏而不泻，指奇恒之府的功能是贮藏精气而不输泻浊物。

⑤ 奇恒之府：高士宗注："奇，异也。恒，常也。言异于常腑也。"

⑥ 天气之所生也，其气象天：张景岳注："若此五府包藏诸物而属阳，故曰天气所生，因其传输运动，故曰象天之气。"

⑦ 泻而不藏：指传化之府的功能是传化浊物而不贮藏精气。

⑧ 此受五脏浊气：浊气，水谷精微。此指五脏必须接受五脏精气的营养，才能发挥其正常功能。

⑨ 传化之府：王冰注："言水谷入已，糟粕变化而泄出，不能久久留住于中，但当化已输泻令去而已，传泻诸物，故曰传化之腑。"

⑩ 魄门：魄与"粕"通，因肛门为排出糟粕之门户，故称魄门。

⑪ 五脏使：使，役使之意。肛门为五脏行使排泄功能。

⑫ 五脏者，藏精气而不泻：五脏所藏之精气，只宜丰满充盛，不宜妄泄。

⑬ 满而不能实：满指精气充满。实，指水谷充实。满而不能实，指五脏贮藏的都是精气，而不是水谷或废料。

⑭ 实而不能满：六腑主传化物，只宜水谷所充实，不宜像五脏那样藏精气，使之满而不泄，故实而不能满。

⑮ 肠实而胃虚：姚止庵注："食之所在为实，食之所不在为虚。"

【按语】

本节以脏器的生理功能及其运动形式,说明五脏、六腑、奇恒之府的区别。五脏总的功能是"藏精气而不泻",具有满而不实的特点;六腑总的功能是"传化物而不藏",具有实而不满的特点;奇恒之府形似六腑,但藏精气而不泻,有异于一般脏腑。从而确立了脏与腑的基本概念,结束了脏腑混称的现象,为后世对脏腑的研究及临床实践奠定了理论基础。

必须指出,脏腑藏与泻的理论应灵活看待,五脏虽有贮藏精气的作用,也有向其他组织器官输注精气的功能。六腑"泻而不藏",是说其以泻为主,六腑一方面将水谷之糟粕下输于大肠,排出体外,另一方又将吸收之精微输泻于五脏。又如奇恒之府之胆,藏精汁,又主疏泄;女子胞主胎孕,却能排泄经血。

脉要精微论篇第十七(节选)

【原文】

腰者,肾之府,转摇不能,肾将惫矣[①];膝者,筋之府,屈伸不能,行则偻附[②],筋将惫矣;骨者,髓之府[③],不能久立,行则振掉[④],骨将惫矣。得强则生,失强则死。

【注释】

① 腰者,肾之府,转摇不能,肾将惫矣:腰为肾之外廓,两肾在腰部,附于十四椎两旁,各开寸半,故腰为肾之府。张志聪注:"两肾在于腰内故腰为肾之外府。"转摇不能,是指腰部疼痛剧烈不能自由转侧。此因肾脏亏虚府失充养,为肾将惫的症状。惫,吴崑注:"惫与败同,坏也。"

② 膝者,筋之府,屈伸不能,行则偻附:膝,指膝关节部,为筋之聚处。张志聪说:"筋会阳陵泉,膝乃筋之会府也。"偻附,吴崑注:"偻,曲其身也,附,不能自步,附物而行也。"

③ 骨者,髓之府:张景岳:"髓充于骨,故骨为髓之府。"

④ 振掉:震颤抖动。

【按语】

本条说明腰、膝、骨为肾、筋、髓之府,它们在生理上有密切联系。此即脏居于内而形见于外。若脏气功能失常,府失其养,则相应地产生一些反常体态。因此,在临床上可以通过这些反常的体态变化,来诊断脏腑的盛衰。例如肾虚者易致腰部扭闪和劳损等而出现腰背痛,腰脊不能俯仰等证候。

经脉别论篇第二十一（节选）

【原文】

黄帝问曰：人之居处、动静、勇怯①，脉亦为之变乎②？岐伯对曰：凡人之惊恐恚劳③动静，皆为变也。是以夜行则喘出于肾④，淫气病肺⑤；有所堕恐，喘出于肝⑥，淫气害脾⑦；有所惊恐，喘出于肺，淫气伤心⑧；度水跌仆，喘出于肾与骨⑨。当是之时，勇者气行则已，怯者则着而为病⑩也。故曰：诊病之道，观人勇怯、骨肉、皮肤，能知其情，以为诊法也⑪。

【注释】

① 居处、动静、勇怯：指生活环境、劳逸及体质强弱。

② 脉亦为之变乎："脉"指经脉中的气血。经脉中的气血也有相应的变化吗？

③ 恚（huì 惠）劳：恚，恚恨、怒。劳，指劳心包括忧思。恚劳泛指情志活动。

④ 夜行则喘出于肾：肾为阴脏，气主闭藏，宜宁谧，夜行劳骨伤阴，扰动肾气，使其气外泄，故喘出于肾。

⑤ 淫气病肺：淫气，指妄行逆乱之气。张景岳："阴伤则阳胜，气逆为病也，肺肾为母子之脏，而少阴之脉上入肺中，故喘出于肾，则病苦于肺。"

⑥ 有所堕恐，喘出于肝：堕指坠堕，恐，恐惧。堕恐，指因堕坠而发生的恐惧。因坠堕损筋伤血影响于肝，由肝再及于肺，故曰喘出于肝。张景岳注："有所坠堕而恐者，伤筋血，故喘出于肝。"

⑦ 淫气害脾：王冰注："肝木妄淫，害脾土也。"

⑧ 有所惊恐，喘出于肺，淫气伤心：心藏神，惊则神无所归，气乱胸中。肺主气，气乱则肺气上逆，故喘出于肺。肾志恐，恐则肾气伤，水邪盛，水气凌心，故淫气伤心。

⑨ 度水跌仆，喘出于肾与骨：度同"渡"。张琦："水气通肾，跌仆伤骨，故肾气上逆而喘。"

⑩ 勇者气行则已，怯者则着而为病：张志聪注："伤五脏之气，勇者逆气已过，止气复顺，怯者则留着为病，而见病脉矣。"

⑪ 能知其情，以为诊法也：张景岳注："勇可察其有余，怯可察其不足，骨可以察肾，肉可以察脾，皮肤可以察肺，望而知其情，即善诊也。"

【按语】

文中指出了在夜行、堕恐、惊恐、渡水、跌仆等情况下，如果身体强壮之人，气血通畅，经脉和调，虽有惊恐、恚劳等变动，也只出现一时性的体态反应，事过即消，可以不发病。如身体虚弱之人，气血逆乱，经脉不和，留着不去，故而发病。

提示了在一定的致病因素作用下,人体体质因素的强弱与发病的关系。

血气形志篇第二十四(节选)

【原文】

形乐志苦,病生于脉,治之以灸刺①。形乐志乐,病生于肉,治之以针石②。形苦志乐,病生于筋,治之以熨引③。形苦志苦,病生于咽嗌,治之以百药④。形数惊恐,经络不通,病生于不仁,治之以按摩醪药⑤。是谓五形志也。

【注释】

① 形乐志苦,病生于脉,治之以灸刺:张景岳注:"形乐者,身无劳也,志苦者,心多虑也,心主脉,深思过虑则脉病矣。脉病者,当治经络,故当随其宜而灸刺之。"

② 形乐志乐,病生于肉,治之以针石:针,指针刺。石,指砭石。形体过于安逸,精神情志喜乐过度,饱食终日,无所运动,多伤脾,脾主肌肉,所以肌肉多生病。这种病多是卫气滞留而生痈肿脓血,所以当用针或砭石刺之。

③ 形苦志乐,病生于筋,治之以熨引:熨,古时治病方法,包括药熨、汤熨、酒熨、葱熨、土熨等,引,导引。张景岳注:"形苦者,身多劳。志乐者,心无虑。劳则伤筋,故病生于筋,熨谓药熨,引谓导引。"

④ 形苦志苦,病生于咽嗌,治之以百药:咽嗌、百药,《新校正》云:"按《甲乙经》'咽嗌'作'固竭','百药'作'甘药'。"形苦,形体劳役疲倦,脾主四肢,故形苦伤脾则脾气虚。志苦,精神抑郁忧苦悲伤,则伤肺,肺气虚。脾肺之脉,上循咽嗌,故病生于咽嗌。当以甘味药调补脾肺气虚。

⑤ 形数惊恐,经络不通,病生于不仁,治之以按摩醪(láo 劳)药:醪药,王冰注:"醪药者,谓酒药也。"张景岳注:"惊则气乱,恐则气下,数有惊恐,则气血散乱而经络不通,故病不仁。不仁者,顽痹软弱也,故治宜按摩以导气行血,醪药,以养正除邪。"

【按语】

本节指出由于形志苦乐不同而造成多种病变,并提出分别治以灸刺、针石、熨引、百药、按摩和醪药,体现了中医学"审因论治"的辨证论治思想。

逆调论篇第三十四(节选)

【原文】

帝曰:人有身寒,汤火不能热,厚衣不能温,然不冻栗①,是为何病? 岐伯曰:

是人者,素肾气盛②,以水为事③,太阳气衰,肾脂枯不长④,一水不能胜两火⑤,肾者水也,而生于骨,肾不生,则髓不能满,故寒甚至骨也,所以不能冻栗者,肝一阳也,心二阳也⑥,肾孤脏⑦也,一水不能胜二火⑧,故不能冻栗,病名曰骨痹,是人当挛节⑨也。

【注释】

① 冻栗:冻,即冷,栗,恐惧。冻栗,指寒冷而发抖害怕。

② 素肾气盛:马莳说:"平素肾气颇盛,恃其盛而未以水为事。"

③ 以水为事:事,职业。以水为事,指时常在水中作业。

④ 太阳气衰,肾脂枯不长:张琦注:"肾得水寒,则肾中阳衰,太阳之气亦衰,肾主骨生髓,而髓之生长惟恃平气,寒湿在内,反消其阳,肾气既衰,则脂枯不长。"

⑤ 一水不能胜两火:高士宗注:"七字在下,误重于此,衍文也。"

⑥ 肝一阳也,心二阳也:高士宗注:"肾水生肝木,肝为阴中之阳,故为一阳;少阴合心火,心为阳中之阳,故为二阳。"

⑦ 孤脏:孤,孤独。张琦注:"肝为相火,心为君火。肾孤藏也,犹言一水。"

⑧ 一水不能胜二火:张景岳注:"一水已竭,二火犹存,是阴气已虚于中,而浮阳独胜于外,故身骨虽寒,而不致冻栗,病名骨痹。"

⑨ 挛节:骨节拘挛。

【按语】

本段指出骨痹的成因是"素肾气盛",即为平素肾中寒水之气偏胜,而太阳之气衰,再"以水为事"易被寒湿之气所感,而形成此病。正如张志聪所说:"肾气胜者,肾水之气胜也。以水为事者,膀胱之水胜也。谓其人水寒之气偏胜,水寒偏胜,则太阳气衰。"其病机主要责之肾阳虚衰,阴不胜阳,阳虚外寒所致。因阳虚生寒故身冷骨寒,得暖不减;寒性收引则骨节拘挛;由于证只阳虚未及心肝,所以不发冻栗。本病相当于西医学中的风湿性关节炎、类风湿性关节炎。

【原文】

帝曰:人之肉苛①者,虽近衣絮,犹尚苛也。是谓何疾? 岐伯曰:荣气虚,卫气实②也。荣气虚则不仁③,卫气虚则不用,荣卫俱虚则不仁且不用④,肉如故也⑤。人身与志不相有⑥,曰死。

【注释】

① 苛:张景岳:"苛,顽木沉重之谓。"

② 荣气虚,卫气实:实指充实、充足荣为阴,主滋养肌肉。卫为阳,主功能活动。如荣气虚,则为血少,血少则肌肉失养,故麻木不仁。卫气实,即卫气正常,卫气常能运气于

肌体,故举动如常。

③ 不仁:指不知痛痒冷热。

④ 不用:不能随意运动。

⑤ 肉如故也:《黄帝内经太素》作"肉如苛",杨上善注:"若荣卫俱虚,则不仁之甚,故肉如苛。"

⑥ 人身与志不相有:人身,形体。志,意志、意识。是指来自身形的刺激,意识不觉,而意识也不能使人体四肢活动。王冰注:"身用志不应,志为身不亲两者似不相有也。"

【按语】

本节指出营卫失调必致一系列病变产生。"肉苛",即为营卫逆调所导致的病候。《类经·疾病论》说:"苛者顽木沉重之谓。"说明了该病的特点当以肌肉麻木不仁为主。究其病机,不外乎营卫气虚,肌肉不得濡润温养。故文中指出:"荣气虚则不仁,卫气虚则不用。"这一理论的提出,对于治疗肌肤顽麻病症,有一定的临床指导意义。

痹论篇第四十三(节选)

【原文】

黄帝问曰:痹之安生?岐伯对曰:风寒湿三气杂至,合而为痹①也。其风气胜者为行痹②,寒气胜者为痛痹③,湿气胜者为著痹④也。

帝曰:其有五者何也?岐伯曰:以冬遇此者为骨痹⑤,以春遇此者为筋痹,以夏遇此者为脉痹,以至阴⑥遇此者为肌痹,以秋遇此者为皮痹。

帝曰:内舍⑦五脏六腑,何气使然?岐伯曰:五脏皆有合⑧,病久而不去者,内舍于其合也。故骨痹不已,复感于邪,内舍于肾,筋痹不已,复感于邪,内舍于肝;脉痹不已,复感于邪,内舍于心;肌痹不已,复感于邪,内舍于脾;皮痹不已,复感于邪,内舍于肺。所谓痹者,各以其时重感于风寒湿之气也。

【注释】

① 风寒湿三气杂至,合而为痹:杂至,即错杂而至的意思,痹,闭塞不通。痹证其主要原因为外在的风寒湿三气,乘虚杂合侵入人体,壅塞经脉,凝滞气血而发病。

② 行痹:以肢体酸痛游走而无定处的痹证称行痹。高士宗注:"三邪之中,复有偏胜,其风气胜者,风无定体,故为行痹。"

③ 痛痹:疼痛较剧固定不移为痛痹。

④ 著痹:著,重著、留着难去之意。著痹,即以肢体沉重或顽麻不仁为主的痹证。

⑤ 骨痹:此病因风寒湿三气侵入人体的季节不同,根据五脏合五时五体而命名,如

筋痹、脉痹、肌痹、皮痹。正如楼英《医学纲目》所说:"皆以所遇之时,所客之处命名,非此行痹、痛痹、着痹之外,又别有骨痹、筋痹、脉痹、肌痹、皮痹也。"

⑥ 至阴:此处指五时中的长夏。

⑦ 舍:作"稽留"解,即病邪侵入机体,稽留于体内。

⑧ 五脏皆有合:指五脏都有与其相联系的五体。《素问·五脏生成》:"心之合脉也,肺之合皮也,肝之合筋也,脾之合肉也,肾之合骨也。"即指此。

【按语】

本节明确地指出了痹证的病因是"风寒湿三气"。当风寒湿气侵袭机体后,就可引起机体内部气血逆乱、闭阻不通而发生痹证。但其临床表现却因感邪的性质特点及病邪的偏胜而有异。即"风气胜者为行痹,寒气胜者为痛痹,湿气胜者为著痹"。

此外,痹证还根据季节发生的不同,有不同的名称。这是因为不同的季节,病邪有轻重的不同,加之四季五时与五脏相应,五脏与五体相合,若在某一季节为邪气所伤,必伤及相应五体,而成五体痹。正如张志聪解释说:"冬遇此三气则为骨痹,盖肾主水,亦主骨,肾气衰则三气入骨,故名骨痹。"其他部位的痹证亦同此理。

"五脏皆有合,病久而不去者,内舍于其合也"。五脏痹的形成是由于五体痹病久不愈,在此基础上复感邪气,体痹内传与之相合的内脏而成。正如马莳所说:"所谓五脏之痹,各以其所主之时重感风寒湿三气,故使之入于脏也。"启示后人,既病之后必须防病邪传变,以免病情加重。

【原文】

帝曰:荣卫之气,亦令人痹乎? 岐伯曰:荣者,水谷之精气也,和调于五脏,洒陈①于六腑,乃能入于脉也。故循脉上下,贯五脏,络六腑也。卫者,水谷之悍气也,其气慓疾滑利②,不能入于脉也,故循皮肤之中,分肉之间,熏于肓膜③,散④于胸腹。逆其气则病,从其气⑤则愈,不与风寒湿气合,故不为痹。帝曰:善。

痹或痛,或不痛,或不仁,或寒,或热,或燥,或湿,其故何也? 岐伯曰:痛者,寒气多也,有寒故痛也。其不痛不仁者,病久入深,荣卫之行涩,经络时疏⑥,故不通⑦;皮肤不营,故为不仁。其寒者,阳气少,阴气多,与病相益⑧,故寒也。其热者,阳气多,阴气少,病气胜,阳遭阴⑨,故为痹热。其多汗而濡者,此其逢湿甚也,阳气少,阴气盛,两气相感⑩,故汗出而濡也。

帝曰:夫痹之为病,不痛何也? 岐伯曰:痹在于骨则重;在于脉则血凝而不流;在于筋则屈不伸;在于肉则不仁;在于皮则寒。故具此五者则不痛也。凡痹之类,逢寒则虫⑪,逢热则纵。帝曰:善。

【注释】

① 洒陈:散布的意思。

② 慓(piāo 漂)疾滑利:慓,动作敏疾。慓疾滑利,形容卫气运行急疾而流利。

③ 肓膜:即体腔内脏之膜、张景岳注:"肓者,凡腔腹肉理之间,上下空隙之处,皆谓之肓……膜,筋膜也。"

④ 散:《针灸甲乙经》作"骡"。但似以散为是。

⑤ 其气:指营卫二气。

⑥ 疏:空虚。

⑦ 不通:《黄帝内经太素》《针灸甲乙经》均作"不痛"。

⑧ 与病相益:病指阴寒之邪。益有增加助长的意思。人体阳气少而阴气盛,阴盛则寒,复感寒邪;两寒相加,故为寒甚。

⑨ 阳气多,阴气少,病气胜,阳遭阴:遭,《针灸甲乙经》作"乘"。乘,战而胜之。言患者素来体质阳盛阴虚,受邪后,阴不胜阳,化而为热,故为痹热。

⑩ 两气相感:指人体内之阴气盛与外来湿气相感,高士宗注:"其痹之多汗而满者此其逢湿气之甚也。其人身亦阳气少,阴气盛。湿阴类也。阴气盛而逢湿,是两气相感,故汗出而满湿也。"

⑪ 虫:《黄帝内经太素》《针灸甲乙经》均作"急"。急,拘急,与下句"纵"字对应。

【按语】

本段经文指出营卫之气为水谷所化,分别由脉之内外运输于周身,发挥温分肉、充皮肤、实腠理作用。若营卫失调,复感风寒湿邪,则痹成矣。充分体现了"邪之所凑,其气必虚"的发病观点。

在痹证发生之后,风寒湿之邪与人身阴阳之气相结合。若人体阳衰阴盛,复感寒邪,则病寒痹;若阴不制阳阴虚阳亢,复感寒邪,郁而化热,则病热痹;若阳虚而寒湿盛,复感湿邪则湿更盛,阳益虚,则病湿痹。说明了外因是通过内因而发生变化的。

痿论篇第四十四(节选)

【原文】

黄帝问曰:五脏使人痿何也? 岐伯对曰:肺主身之皮毛,心主身之血脉,肝主身之筋膜,脾主身之肌肉,肾主身之骨髓。故肺热叶焦①,则皮毛虚弱急薄②,著③则生痿躄④也。心气热,则下脉厥而上,上则下脉虚,虚则生脉痿,枢折挈,⑤胫纵而不任地⑥也。肝气热,则胆泄口苦筋膜干,筋膜干则筋急而挛,发为筋痿。脾气热,则胃干而渴⑦,肌肉不仁,发为肉痿。肾气热,则腰脊不举,骨枯而髓减,发为骨痿。

【注释】

① 肺热叶焦:肺有郁热,热邪熏灼津液耗伤,肺叶枯萎,则为叶焦。

② 急薄:形容皮肤干枯的形状。

③ 著:留而不去的意思。

④ 痿躄(bì 壁):躄,两腿行动不便。痿躄,手足痿废之通称。

⑤ 枢折挈(qiè 切):枢,枢纽、转轴;此指关节。折,断。挈,提举。枢折挈,形容关节运动不灵,不能提挈如枢纽之折。张景岳注:"凡四肢关节之处,如枢纽之折,而不能提挈。"

⑥ 胫纵而不任地:胫纵,足胫弛纵无力。指足胫筋脉纵缓,不能收持任用行动。

⑦ 脾气热,则胃干而渴:脾移热于胃,胃热则津液被灼,津枯不能上润,故胃干而口渴。

【按语】

本节指出五痿的病因病理,主要是由于五脏有热,使津液气血内耗,不能营养皮、肉、脉、筋、骨等组织,使五体失于滋养,而发生五痿证。正如张志聪说:"是以脏病于内,则形痿于外矣。"但需要说明的是,文中所讨论的五脏之热,唯以"肺热叶焦"冠其首,其他四脏则以"心气热""肝气热"等名之,其含义在于指出肺热为痿证的主要病机。

【原文】

帝曰:何以得之? 岐伯曰:肺者,脏之长也①,为心之盖②也,有所失亡③,所求不得,则发肺鸣④,鸣则肺热叶焦。故曰:五脏因肺热叶焦,发为痿躄,此之谓也⑤。悲哀太甚,则胞络绝⑥,胞络绝则阳气内动,发则心下崩⑦,数溲血也。故《本病》⑧曰:大经空虚,发为肌痹,传为脉痿。思想无穷,所愿不得,意淫于外,入房太甚,宗筋弛纵⑨,发为筋痿,及为白淫⑩。故《下经》曰:筋痿者,生于肝,使内也⑪。有渐于湿⑫,以水为事,若有所留,居处相湿⑬,肌肉濡渍⑭,痹而不仁,发为肉痿⑮。故《下经》曰:肉痿者,得之湿地也。有所远行劳倦,逢大热而渴,渴则阳气内伐⑯,内伐则热舍于肾,肾者水脏也,今水不胜火,则骨枯而髓虚,故足不任身⑰,发为骨痿。故《下经》曰:骨痿者,生于大热也。

【注释】

① 肺者,脏之长也:长,即首的意思。肺位居人体内脏之上部,主一身之气化,朝百脉而司五脏气,故肺为五脏之长。

② 心之盖:李中梓注:"肺位至高,故为之长;复于心上,故谓之盖。"

③ 失亡:指不如意的事情。

④ 肺鸣:呼吸喘息有声。

⑤ 此之谓也:《针灸甲乙经》无此四字。

⑥ 胞络绝:胞络,《新校正》云:"胞络之胞,俱当作'包'。"今从之。杨上善注:"胞络者,心主包络之脉。"绝,即阻绝之意。

⑦ 心下崩:崩,大量出血。姚止庵注:"包络所以卫心,悲哀太甚,则气急迫而胞络伤,络伤则心病。盖心属火而主血,心痛火发,血不能静,遂下流于溲溺也。"

⑧《本病》:古代医书名。

⑨ 宗筋弛纵:宗筋,指男子前阴,《素问·厥论》曰:"前阴者,宗筋之所聚。"弛纵,松弛不用,而为阳痿。

⑩ 白淫:马莳注:"在男子为滑精,在女子为白带。"

⑪ 使内也:杨上善注:"使内者,亦入房。"

⑫ 有渐于湿:张景岳注:"渐,有由来也。"即由于不知不觉逐渐受了湿邪的侵袭。

⑬ 相湿:《针灸甲乙经》作"伤湿"。

⑭ 濡渍:濡,沾湿之意。渍,浸泡。意即肌肉受到了湿邪的侵袭。

⑮ 肉痿:张景岳注:"脾主肌肉而恶湿,湿着于肉,则卫气不荣,故肌肉顽痹而为肉痿。"

⑯ 伐:攻伐。

⑰ 足不任身:两足软弱无力,不能支持身体。

【按语】

本节明确指出"肺热叶焦"为痿躄的主要病机。因肺为诸脏之华盖。朝会百脉主敷布津液以行营卫阴阳。若情志所伤,则气郁化热,肺热叶焦,津液被耗,清肃之令不行,水精四布失常,五脏失常,四肢不禀水谷精微之气,而发痿躄。

文中还进一步从悲哀思虑等情志因素,天时气候、生活居处中水湿之邪,远行劳倦房室内伤等种种不同角度,论述了致痿的病因与病理。然病因虽然不一,但在病机上,五脏有热耗伤津液,则是一致的。

水热穴论篇第六十一(节选)

【原文】

黄帝问曰:少阴何以主肾? 肾何以主水? 岐伯对曰:肾者,至阴也,至阴者,盛水也①;肺者,太阴也,少阴者,冬脉也②。故其本在肾,其末在肺,皆积水也③。帝曰:肾何以能聚水而生病? 岐伯曰:肾者,胃之关也④,关门不利,故聚水而从其类⑤也。上下溢于皮肤,故为胕肿⑥。胕肿者,聚水而生病也。帝曰:诸水皆生于肾乎? 岐伯曰:肾者牝脏⑦也,地气上者属于肾,而生水液也⑧,故曰至阴。勇而劳甚⑨则肾汗出⑩,肾汗出逢于风,内不得入于脏腑,外不得越于皮肤,客于玄府⑪,行于皮里,传为胕肿,本之于肾,名曰风水。

【注释】

① 肾者,至阴也,至阴者,盛水也:王冰注:"阴者谓寒也冬月至寒,肾气合应,故云肾者至阴也,水生于冬,故云至阴者盛水也。"

② 少阴者,冬脉也:少阴指足少阴肾经,因少阴为旺于冬令寒水之季的经脉,故称冬脉。

③ 其本在肾,其末在肺,皆积水也:马蒔注:"本者,病之根也;末者,病之标也。肾气上逆,则水气客于肺中,此所以皆为积水也。"

④ 肾者,胃之关也:张景岳注:"关者,门户要会之处,所以司启闭出入也。肾主下焦,开窍于二阴,水谷入胃,清者由前阴而出浊者由后阴而出;肾气化则二阴通,肾气不化则二阴闭;肾气壮则二阴调,肾气虚则二阴不禁,故曰肾者胃之关也。"

⑤ 聚水而从其类:从其类,指水邪聚于肾水之中,以类相从之义。

⑥ 胕(fú 扶)肿:胕,浮肿,指水气溢于皮肤而致的浮肿。

⑦ 牝(pìn 聘)脏:指阴性的脏器。张景岳注:"牝者,阴也。"

⑧ 地气上者属于肾,而生水液也:肾居下焦,主水液,人体之水液,由肾气蒸化,布敷于上而为气,犹地气上为云,云下降而为雨。

⑨ 勇而劳甚:勇,有力。

⑩ 肾汗出:张景岳注:"勇而劳甚者,汗自阴分深处而发故曰肾汗。"

⑪ 玄府:即汗孔。

【按语】

本节指出水肿病的发生"本在肾""末在肺"。肾为水脏,肾阳为人体水液代谢的动力,如肾阳充足则水津排泄皮肤而为汗、气化膀胱而为尿;肾阳不足则关门不利,聚水而从其类,是以病本在肾。因肺为水之上源,水之运行赖肺气宣化,即行内在肺,故水病其末在肺。这是《黄帝内经》对水液代谢和发病机制的总概括,至今仍指导着中医的临床实践。

至于风水形成的水肿,是因勇劳伤肾,汗出当风所致。它和其他水肿病不同,既有停水的症状,又有风邪伤表的特征。治疗不仅要利水,还要祛风解表。

调经论篇第六十二(节选)

【原文】

黄帝问曰:余闻《刺法》言,有余泻之,不足补之,何谓有余? 何谓不足? 岐伯对曰:有余有五,不足亦有五①。帝欲何问帝曰:愿尽闻之。岐伯曰:神有余有不足;气有余不足:血有余有不足;形有余有不足;志有余有不足。凡此十者,其气不等②也。

帝曰:人有精气津液,四肢九窍③,五脏十六部④,三百六十五节⑤,乃生百病,百病之生,皆有虚实。今夫子乃言有余有五,不足亦有五,何以生之乎⑥? 岐伯曰:皆生于五脏也,夫心藏神,肺藏气,肝藏血,脾藏肉,肾藏志,而此成形⑦。志意通,内连骨髓,而成身形五脏。五脏之道,皆出于经隧⑧,以行血气,血气不和,百病乃变化而生,是故守经隧⑧焉。

【注释】

① 有余有五,不足亦有五:有余,指邪有余;不足,指正不足。即邪实、正虚之意。

② 其气不等:张景岳注:"神属心,气属肺、血属肝,形属脾,志属肾,各有虚实,故其气不等。"指五脏的虚实不同,临床表现不一。

③ 九窍:口、鼻、舌各一,两目、两耳和前后二阴各一,合为九窍。

④ 十六部:张志聪注:"十六部者,十六部之经脉也,手足经脉十二,跷脉二,督脉一,任脉一,共十六部。"

⑤ 节:指俞穴与经络交会处,是血气游行出入之所,非指骨节。

⑥ 何以生之乎:马莳注:"百病之生,各有虚有实,是虚者即所谓不足也,实者即所谓有余也。今约有余不足而分之则为五,统之则为十,果何以生此不足有余也? "

⑦ 而此成形:张景岳注:"正以见形成于外,神藏于内,唯此五者而已。"五脏内藏神志,外主形体,通过神志把内在之五脏与外表之形体连成统一的整体。即下句"志意通,内连骨髓,而成身形五脏"的意思。

⑧ 守经隧:守,把握,认识。隧,通道;经隧指人之经脉犹如气血之通道。张景岳注:"隧,潜道也,经脉伏行,深而不见,故曰经隧。五脏在内,经隧在外,脉道相通,以行血气,血气不和,乃生百病,故但守经隧,则可以治五脏之病。"

【按语】

本段主要提出了两个论点:一是神、气、血、肉、志分别藏于五脏,只有志意治,方能保证五脏功能活动的正常,人体才能达到阴阳平衡的生理标准。反之,就会出现五脏有余、不足的病理变化。二是提出"五脏之道,皆出于经隧",说明了五脏与经脉的密切关系。因人体是通过经脉以五脏为中心形成的有机整体,若五脏发生病变,也常是经脉运行的气血失调所致,故调理经脉气血可使五脏安定。从而突出了经脉在生理、病理及治疗上的重要意义。

缪刺论篇第六十三(节选)

【原文】

岐伯曰:人有所堕坠,恶血留内,腹中满胀,不得前后,先饮利药①,此上伤厥阴之脉,下伤少阴之络。

【注释】

① 利药:攻下逐瘀之药。

【按语】

本条阐述了外伤导致内损出血,瘀血壅塞于经道的证候,并制定了治则为攻下逐瘀法。

至真要大论篇第七十四(节选)

【原文】

帝曰:愿闻病机何如? 岐伯曰:诸①风掉眩②,皆③属于肝;诸寒收引④,皆属于肾;诸气膹郁⑤,皆属于肺;诸湿肿满,皆属于脾;诸热瞀瘛⑥,皆属于火;诸痛痒疮,皆属于心;诸厥⑦固泄⑧,皆属于下;诸痿喘呕,皆属于上,诸禁鼓栗⑨,如丧神守⑩,皆属于火;诸痉项强⑪,皆属于湿;诸逆冲上⑫,皆属于火;诸胀腹大,皆属于热;诸躁狂越⑬,皆属于火;诸暴强直,皆属于风;诸病有声,鼓之如鼓⑭,皆属于热;诸病胕肿⑮,疼酸惊骇,皆属于火;诸转反戾⑯,水液浑浊⑰,皆属于热;诸病水液,澄澈清冷⑱,皆属于寒;诸呕吐酸,暴注下迫⑲,皆属于热。

【注释】

① 诸:众。此处作“多种”解。下同。

② 掉眩:掉指肢体动摇的病证。眩,指头目眩晕、视物旋转的病证。

③ 皆:此作“多数”解。下同。

④ 收引:收,收缩;引,引急。指筋脉拘急挛缩,关节屈伸不利的病证。

⑤ 膹(fēn 愤)郁:王冰注:“膹,谓膹满,郁,谓奔迫也。”指气满胸中而呼吸迫促。

⑥ 瞀(mào 茂)瘛(chì 赤):张景岳注:"瞀,昏闷也。瘛,抽掣也。"

⑦ 厥:指阳气衰于下的寒厥及阴气衰于下的热厥。

⑧ 固泄:固,指二便癃秘不通;泄,指二便泻利不禁。

⑨ 禁鼓栗:禁同"噤",指口噤不开,或牙齿打战,鼓栗,即鼓颔战栗。

⑩ 如丧神守:犹如失去神明主持。此形容鼓颔战栗而身不能控制。

⑪ 痉项强:痉,病名,主证有筋脉拘急、身体强直、口噤反张等。项强,痉病之一个症状,表现颈项强直,转动不灵。

⑫ 逆冲上:此指气机急促上逆的病证,如急性呕吐、吐血、呃逆等。

⑬ 躁狂越:躁,指躁动不安。狂,精神错乱、神志不安。越,指动作异常。

⑭ 鼓之如鼓:即叩之如鼓有声。

⑮ 胕肿:胕,通"腐"。胕肿,即痈肿。

⑯ 转反戾(lì 立):转,指腰身转侧不利。反,指背反张。戾,指身屈曲。张景岳注:"转反戾,转筋拘挛。"

⑰ 水液浑浊:水液,指小便。此应包括小便黄赤和浊证。

⑱ 水液,澄澈清冷:水液指病人排出的痰、涕、便、尿、呕吐物等。澄澈清冷,指水液清稀、淡薄、寒冷。

⑲ 暴注下迫:暴注,发生较急的喷射状腹泻;下迫,里急后重,努责不爽。

【按语】

本文所述病机,即所谓病机十九条的具体内容。它将临床常见的一些病证,从五脏和六气的致病加以归纳总结,概括了中医辨证的基本方法,在临床辨证中起到了执简驭繁的作用。

在病机十九条中,归属五脏的有五条,属六气的有十四条,其中属火的五条,属热的四条,属风、寒、湿的各一条,属上、属下的各一条。在六气致病的病机中,独缺燥气一条,所以金元时期的刘完素增补燥气病机一条云:"诸涩枯涸,干劲皴揭,皆属于燥。"又云:"涩,物湿则滑泽,干则涩滞,燥湿相反故也。如偏身中外涩滞,皆属燥金之化,故秋脉涩。涩者,涩也。或麻者亦由涩也。由水液衰少而燥涩,气行壅滞,而不得滑泽通利,气强攻冲而为麻也。……枯,不荣王也。涸,无水液也。干,不滋润也。劲,不柔和也。……皴揭,皮肤欲裂也。"使六淫致病之病机,得趋于完整,对临床治疗有一定的意义。但须指出,病机十九条只是《黄帝内经》探讨病机的举例,它不可能包括病机学说的全部内容。后世医学都是在《黄帝内经》基础上发展起来的。因此研究它时应与后世医家学说相互参照。

【原文】

帝曰:非调气而得者①,治之奈何? 有毒无毒,何先何后,愿闻其道。岐伯曰:有毒无毒②,所治为主③,适大小为制④也。

帝曰:请言其制。岐伯曰:君一臣二,制之小也;君一臣三佐五,制之中也;君一臣三佐九,制之大也。寒者热之,热者寒之⑤,微者逆之,甚者从之⑥,坚者削之⑦,客者除之⑧,劳者温之⑨,结者散之,留者攻之⑩,燥者濡之⑪,急者缓之⑫,散者收之⑬,损者温之⑭,逸者行之⑮,惊者平之⑯,上之下之⑰,摩之浴之⑱,薄之劫之⑲,开之发之⑳,适事为故㉑。

【注释】

①非调气而得者:张景岳注:"非调气,谓病有不因于气而得者。"此指病有不因于气而得,亦非调气之法所能治疗。

②有毒无毒:有毒即峻利药,无毒即缓和药。

③所治为主:高士宗注:"治疗各有所主,药之有毒无毒,以所治之病为主。"

④适大小为制:制,即制剂。张景岳:"故方之大小轻重,皆宜因病而为之制也。"

⑤寒者热之,热者寒之:以热药治寒病,以寒药治热病,为正治之法。

⑥微者逆之,甚者从之:张景岳注:"病之微者,如阳病则热,阴病则寒,其形易见,其病则微,故可逆之逆,即上文之正治也病之甚者,如热极反寒,寒极反热,假证难辨,其病则甚,故当从之。从,即下文之反治也。"

⑦坚者削之:指体内有坚积之病,如癥瘕之类,当用削伐推荡之法。

⑧客者除之:客,指外邪侵犯。除,祛邪法,如发汗、祛湿、泻下等法。

⑨劳者温之:劳者,指虚劳病证。温之,温补之法。

⑩留者攻之:留,指病邪留而不去,如留饮、蓄血、停食等,可用攻逐泻下法。

⑪燥者濡之:燥,指津液缺乏的一类病证,如口渴、皮肤皲裂、大便干燥等,可用滋润养阴之法。

⑫急者缓之:指拘急痉挛类病证,可用舒缓法治之。

⑬散者收之:指精气耗散之病,如自汗、盗汗等,用收敛法。

⑭损者温之:指虚损一类病证,如气虚、血虚、阴虚、阳虚等,用温补法。

⑮逸者行之:逸,指瘫痪、痿痹一类不能行动的病证。行,即行气活血,舒筋活络之法。

⑯惊者平之:惊,指惊悸动扰不安一类病证。平,即镇惊安神之法。

⑰上之下之:上之,指病邪在上者,使之上越,用涌吐法。下之,指病邪在下部,使之下行,用通利二便之法。

⑱摩之浴之:摩,即按跷、推拿疏通经络之法。浴,指用热水或汤药洗浴之,以和解肌肤,温通气血。

⑲薄之劫之:薄,侵,此作"侵蚀"之义。吴崑注:"薄之,谓渐磨也如日月薄蚀,以渐而蚀也。"劫之,用迅猛之药物劫夺之。

⑳开之发之:指开泄、发散法。

㉑适事为故:指上述治法,要以适合病情为好。

【按语】

本段原文指出了各类病证的治疗法则。其中,"微者逆之,甚者从之"即正治、反治。"寒者热之,热者寒之"是针对疾病寒热性质而施治的基本正治大法。其余的治法均属正治法范畴。至于组方之大小,是以药味多少区分的,故曰君一臣二为小方,君一臣三佐九为大方。药味多少可说明方剂的大小,但不是绝对的。临床上应以灵活掌握为妥。

【原文】

病之中外^①何如? 岐伯曰:调气之方,必别阴阳,定其中外,各守其乡^②,内者内治,外者外治,微者调之,其次平之^③,盛者夺之,汗之下之^④,寒热湿凉,衰之以属,随其攸^⑤利,谨道如法,万举万全,气血正平,长有天命。

【注释】

① 中外:指邪自外来病发于外与邪自内生病发于内。
② 乡:指处所,即病之部位。
③ 其次平之:指病邪介乎较盛与微盛之间者,以法平之。
④ 汗之下之:"汗之"中"之"字,原作"者",据王冰注及上下文例改。张景岳注:"甚于外者汗之,甚于内者下之。"
⑤ 攸(yōu 优):所。

【按语】

通过辨证,首先判定疾病的阴阳表里,然后再针对复杂的病理变化,制定出正确的治疗措施,这是临床用药的关键。

第二节　《黄帝内经·灵枢》选

邪气脏腑病形第四(节选)

【原文】

黄帝曰:邪之中人脏奈何? 岐伯曰:愁忧恐惧则伤心,形寒寒饮则伤肺^①,以其两寒相感,中外皆伤,故气逆而上行。有所堕坠,恶血^②留内,若有所大怒,气上而不下,积于胁下,则伤肝。有所击仆^③,若醉入房,汗出当风,则伤脾。有所用力举重,若入房过度,汗出浴水,则伤肾。黄帝曰:五脏之中风奈何? 岐伯曰:阴阳俱感,邪乃得往④。黄帝曰:善哉。

【注释】

① 形寒寒饮则伤肺:张景岳注:"肺脉起于中焦,循胃口,上膈属肺,故胃中饮食之寒,从肺脉上于肺也。所谓形寒寒饮则伤肺,正此节之谓。"形寒,形体感受寒邪。

② 恶血:指瘀血。

③ 击仆:打击、跌仆。

④ 阴阳俱感,邪乃得往:阴指五脏,阳指六腑。全句意即如果五脏有所伤,六腑有所外感,内外皆虚,风邪就得以乘虚侵入。往,作"侵入"解。

【按语】

本篇指出引起疾病的原因有精神因素(如大怒、忧愁恐惧),也有内外合邪(如形寒、寒饮)以及击仆房事过度、用力举重、坠堕等。这些致病因素皆能影响脏腑气血而发病。文中又指出,邪之中人,是因为"两寒相感,中外皆伤","阴阳俱感,邪乃得往",说明脏腑气血充实,则邪不得入,即入也不能客。可见疾病发生与否,取决于脏腑气血功能正常与否,这与《黄帝内经》全书关于病因的认识是一致的,是古人在朴素的辨证观念指导下,通过长期临床实践总结出的宝贵认识。

寿夭刚柔第六(节选)

【原文】

黄帝问于少师曰:余闻人之生也,有刚有柔①,有弱有强②,有短有长③,有阴有阳④,愿闻其方。少师答曰:阴中有阴,阳中有阳,审知阴阳,刺之有方,得病所始,刺之有理⑤,谨度病端⑥,与时相应,内合于五脏六腑,外合于筋骨皮肤。是故内有阴阳,外亦有阴阳。在内者,五脏为阴,六腑为阳,在外者,筋骨为阴,皮肤为阳。

【注释】

① 有刚有柔:指人的性格有刚直、柔和的不同。

② 有弱有强:指人的体质有强与弱的不同。

③ 有短有长:指人的身长有高矮的不同。

④ 有阴有阳:指人的生理、病理变化有阴阳属性的不同。

⑤ 得病所始,刺之有理:了解疾病的发生情况,运用针刺时才会有理可循。

⑥ 谨度病端:度,作"推测""衡量"解。端,有"本""始"之义。谨度病端,慎重地推测疾病发生的原因。

【按语】

　　本篇提出了针刺疗法的一个重要原则,是"审知阴阳,刺之有方"。即从各个方面对病症的阴阳属性审别清楚。一审患者体质之强弱、形态之高矮肥瘦、性格之刚柔,以辨明其阴阳属性。二要审别病在外、在内、在脏在腑、在筋骨还是在皮肤。根据病位的不同阴阳属性,采用适当的刺法。三要审别病邪的阴阳属性。如"病在阳者命曰风,病在阴者名曰痹,病阴阳俱病者名曰风痹"。四要审别临床症状的阴阳。总之,使用刺法治疗,要辨明患者疾病的阴阳属性,才能做到刺之有方。

【原文】

　　黄帝曰:药熨①奈何? 伯高答曰:用淳酒②二十升,蜀椒③一升,干姜③一斤,桂心③一斤④,凡四种,皆㕮咀⑤,渍⑥酒中。用绵絮⑦一斤,细白布四丈,并内酒中。置酒马矢煴⑧中,盖封涂,勿使泄。五日五夜,出布绵絮曝⑨干之,干复渍,以尽其汁。每渍必晬其日⑩,乃出干。干,并用滓与棉絮,复布为复巾⑪,长六七尺,为六七巾。则用之生桑炭⑫炙巾,以熨寒痹所刺之处,令热入至于病所。寒,复炙巾以熨之,三十遍而止。汗出,以巾拭身,亦三十遍而止。起步内中⑬,无见风,每刺必熨,如此病已矣。此所谓内热也。

【注释】

① 药熨:指用药物烘热敷患处。

② 淳酒:即醇酒,指味厚的美酒。

③ 蜀椒、干姜、桂心:药性俱属温热的药物。

④ 斤:《针灸甲乙经》作"升"。

⑤ 㕮(fǔ 府)咀(jǔ 举):古人将药物咬成粗块叫㕮咀。

⑥ 渍:沤、沉浸。

⑦ 绵絮:即茧丝、丝绵。

⑧ 马矢煴(yūn 晕):煴,指微火,没有火苗的火,马矢煴,指燃烧干马粪而煨之,取其火微。

⑨ 曝:晒。

⑩ 晬(zuì 最)其日:晬是一周的意思。一日一夜为晬日。

⑪ 复布为复巾:复布即双层布,复巾即用双层布制成夹袋。

⑫ 生桑炭:用新鲜桑木烧成的炭。

⑬ 起步内中:在室内起床散步。

【按语】

本文对药熨治疗方法作了较详细的说明。此种药熨治疗方法,为后世骨伤科应用外敷药治疗损伤后引起的各种病证,提供了理论依据。

经水第十二(节选)

【原文】

若夫八尺之士①,皮肉在此,外可度量切循②而得之,其死可解剖而视之。其脏之坚脆③,腑之大小④,谷之多少⑤,脉之长短⑥,血之清浊⑦,气之多少⑧,十二经之多血少气,与其少血多气,与其皆多血气,与其皆少血气,皆有大数⑨。

【注释】

① 八尺之士:指以当时的度量标准所测量出来的一般成年人体的长度。

② 度量切循:即按照一定的部位或路线切按,测量人体各个部分的长短、广狭和大小。

③ 脏之坚脆:五脏器质的坚韧与脆弱。

④ 腑之大小:六腑之形态、容量的大小。

⑤ 谷之多少:受盛水谷的多少。

⑥ 脉之长短:指各条经脉的不同长度。

⑦ 血之清浊:人体血气的轻清与稠浊。

⑧ 气之多少:泛指脏腑、经脉之气的强弱。

⑨ 皆有大数:都有概数。

【按语】

本篇在讨论人体脏腑、经络生理特点的基础上,同时也介绍了人体解剖实验的内容。“八尺之士,皮肉在此,外可度量切循而得之,其死可解剖而视之”。在《灵枢·胃肠》篇中也有关消化道各部分的大小、重量、长短等记载,且与现代解剖学测量的结果非常近似。这足以说明,中医学脏象学说有其解剖实验基础,由于历史条件的限制,这种解剖还较粗糙,但它促进了中医伤科学发展,为后世伤科医家临床治疗提供了解剖学基础知识。

骨度第十四（节选）

【原文】

黄帝问于伯高曰:脉度①言经脉之长短,何以立之? 伯高曰:先度其骨节之大小,广狭、长短,而脉度定矣。

黄帝曰:愿闻众人②之度,人长七尺五寸者③,其骨节之大小、长短、各几何?伯高曰:头之大骨围④二尺六寸,胸围⑤四尺五寸,腰围⑥四尺二寸。发所覆者颅至项⑦尺二寸,发以下至颐⑧长一尺,君子终折⑨。结喉⑩以下至缺盆中长四寸,缺盆以下至𩩲骭⑪长九寸,过则肺大,不满则肺小,𩩲骭以下至天枢⑫长八寸,过则胃大,不及则胃小。天枢以下至横骨⑬长六寸半,过则回肠广大,不满则狭短。横骨长六寸半,横骨上廉以下至内辅⑭之上廉长一尺八寸,内辅之上廉以下至下廉长三寸半,内辅下廉下至内踝长一尺三寸,内踝以下至地长三寸,膝腘以下至跗⑮属长一尺六寸,跗属以下至地长三寸,故骨围大则太过,小则不及。角⑯以下至柱骨⑰长一尺,行腋中不见者长四寸,腋以下至季胁长一尺二寸,季胁以下至髀枢长六寸,髀枢以下至膝中长一尺九寸,膝以下至外踝长一尺六寸,外踝以下至京骨⑱长三寸,京骨以下至地长一寸。耳后当完骨者广九寸⑲,耳前当耳门⑳者广一尺三寸,两颧之相去七寸,两乳之间广九寸半,两髀之间广六寸半。足长一尺二寸,广四寸半。肩至肘长一尺七寸,肘至腕长一尺二寸半,腕至中指本节㉑长四寸,本节至其末长四寸半。项发㉒以下至背骨㉓长二寸半,膂骨㉔以下至尾骶㉕二十一节长三尺,上节长一寸四分分之一㉖,奇分在下㉗,故上七节至于膂骨九寸八分分之七。此众人骨之度也。

【注释】

① 脉度:指本书"脉度"篇。张志聪注:"言经脉之长短,从骨节之大小、广狭、长短而定其度数,故曰骨为干,脉为营,如藤蔓之营附于木干也。"

② 众人:指一般成年人。

③ 人长七尺五寸者:马莳注:"上古适中之人也。"

④ 头之大骨围:指整个颅骨。以两耳尖平行,前齐额,后齐枕骨,为横围的标准。

⑤ 胸围:于两乳平胸之一周。

⑥ 腰围:前平脐,后平十四椎,衡量一周。丹波元简注:"腰髋骨之周围。"

⑦ 颅至项:指额上发际至项后部的发际。

⑧ 发以下至颐:颐,指腮部之外下方。此指前额之发际至颐。

⑨ 君子终折:终同"衷",折衷。君子终折,医者根据每个人高矮不同,灵活折衷计算。

⑩ 结喉:相当于喉头的甲状软骨处。

⑪ 髑骬(héyǔ):骬与"骭"同。髑骬,胸骨的剑突部分,又名鸠尖、剑骨突。

⑫ 天枢:穴名,与脐平,旁开二寸,左右各一。此处指平脐中心的横线。

⑬ 横骨:此指耻骨。

⑭ 内辅:指膝之内侧大骨隆起处。

⑮ 跗:足之背部,俗称脚面。

⑯ 角:即额角,在头侧耳上的高角。

⑰ 柱骨:此处指肩骨之上,颈项的根部,以平大椎为标准。

⑱ 京骨:足外侧第五跖骨底的部分。

⑲ 耳后当完骨者广九寸:耳后两完骨之间宽九寸。

⑳ 耳门:穴名,在耳屏前凹陷处。在此指耳前部位。

㉑ 中指本节:即掌指关节。

㉒ 项发:项后发际。

㉓ 背骨:项骨颈椎之下,以第一节大的椎骨为标准。背,《针灸甲乙经》作"脊"。

㉔ 脊骨:指脊柱骨。

㉕ 尾骶:尾,指尾闾骨;骶,即尾闾骨上四节椎骨。

㉖ 一寸四分分之一:一寸四分一厘。

㉗ 奇分在下:奇是余下的意思,奇分在下,余下的分数在下部情节计算。

【按语】

本节介绍了人体背部椎骨及两臂各部的骨度,主要是为了测量经脉的长短。篇中所述各部的尺寸,不能以现代的尺寸长短对待;另外,各部位的尺寸长短,作为一般的计算标准,只能局部专用,不能互相移易,关键是掌握骨骼、经脉在人身体上的比例。正如张景岳说:"下文皆骨度篇古数,骨之大者则太过,小者则不及,此亦言其则耳。"正是强调其则,而不泥于数。

从本篇可以了解到我国在两千多年以前,就有人体解剖这门科学,尽管受当时条件所限,解剖比较粗糙,但对骨伤科的进一步发展起到了决定性的作用。

营卫生会第十八(节选)

【原文】

黄帝曰:愿闻中焦之所出。岐伯答曰:中焦亦并胃中,出上焦之后①,此所受气②者,泌糟粕,蒸津液,化其精微,上注于肺脉,乃化而为血,以奉生身,莫贵于此,故独得行于经隧③,命曰营气。

黄帝曰:夫血之与气,异名同类,何谓也? 岐伯答曰:营卫者,精气也④。血者,神气也⑤。故血之与气,异名同类⑥焉。故夺血者无汗,夺汗者无血⑦。故人生有两死,而无两生⑧。

【注释】

① 中焦亦并胃中,出上焦之后:胃中,指中脘部。后,作"下"解。本句是说中焦之气在上焦之气的下面。

② 此所受气:此,指中焦。气,在此指食气,即饮食物。此所受气,指中焦接受了饮食物。

③ 经隧:指经脉之道。

④ 营卫者,精气也:张景岳注:"营卫之气虽分清浊,然皆水谷之精华,故曰营卫者水谷精气。"

⑤ 血者,神气也:张志聪注:"血者,中焦之精汁,奉心神而化赤,神气之所化也。"

⑥ 血之与气,异名同类:气,指营气和卫气。类,在此是从来源而论,其意指血和营卫之气虽各异,却都是水谷精微所化生。

⑦ 夺血者无汗,夺汗者无血:张景岳注:"血之与气,本为同类,而血之与汗本非两种,但血主营,为阴为里,汗属卫,为阳为表,一表一里,无可并攻,故夺血者无取其汗,夺汗者无取其血。"

⑧ 人生有两死,而无两生:两,指夺血、脱汗。有两死,指既脱其血,又夺其汗,故是死证。无两生,指夺血而不脱汗,或夺汗而不夺血,如两者不同见则尚有回生之机。

【按语】

文中"夺血者无汗,夺汗者无血"是对血汗关系的概括。血和津液都源于水谷精微,但津液又不断地补充血液,作为血的来源之一。所以,在病理方面,若汗出太过,就必然损伤津液,化血无源而血少;大失血者必伤其津液,津液亏损汗出无源,更不可妄夺。因此,本文提出了卫气与汗,营气与血,以及血之与汗的关系,这对后世都有深远的影响。如《伤寒论》中疮家不可发汗、衄家不可发汗、亡血家不可发汗等汗法禁忌原则,就是这个理论的具体运用。同时也是"血汗同源"之说的理论依据。

决气第三十(节选)

【原文】

黄帝曰:余闻人有精、气、津、液、血、脉,余意以为一气耳,今乃辨为六名,余不知其所以然。岐伯曰:两神相搏①,合而成形,常先身生②,是谓精。何谓气?岐伯曰:上焦开发,宣五谷味③,熏肤④,充身,泽毛,若雾露之溉,是谓气。何谓津？岐伯曰：腠理发泄，汗出溱溱⑤，是谓津。何谓液？岐伯曰：谷入气满，淖泽⑥注于骨，骨属屈伸，泄泽⑦补益脑髓，皮肤润泽，是谓液。何谓血？岐伯曰：中焦受气取汁⑧，变化而赤，是谓血。何谓脉？岐伯曰：壅遏⑨营气，令无所避，是谓脉。

【注释】

① 两神相搏：两神，指男女两性的生殖之精，即形成胚胎的原始物质。马莳注："男女媾精，万物化生，盖当男女相媾之时，两神相合而成人，生男女之形。"

② 常先身生：张景岳注："凡阴阳合而万物成，无不先从精始，故曰常先身生是谓精。"

③ 五谷味：指五谷之精微。

④ 熏肤：熏，《后汉书·马援传》注："熏，犹蒸也。"有温煦之意。

⑤ 溱溱（zhēn 真）：形容汗出多的样子。

⑥ 淖（nào 闹）泽：淖，满而外溢的意思。泽，作"濡润"解。

⑦ 泄泽：泄，渗出。泄泽，渗出而起润泽作用。

⑧ 中焦受气取汁：这里的"气"是指水谷。《黄帝内经太素》："五谷精在于中焦，注于手太阴脉中，变化赤循脉而行，以奉身生，谓之为血也。"

⑨ 壅遏：即限制或约束之意。张景岳注："壅遏者，堤防之谓，犹道路之有封疆，江河之有涯岸，俾营气无所回避而必行其中者，是谓之脉。"

【按语】

本段经文论述了人体精、气、津、液、血、脉的生成、功用。精来源于先天，生于后天水谷之气，是产生生命现象的原始物质；气来源于天气和谷气，内而营养脏腑，外而充实形体；津为体液中的清薄部分，可为汗而走腠理；液是体液中重浊部分，来源于饮食，滋润骨骼关节，使之屈伸滑利，并内而补益脑髓，外而润泽皮肤；血源于脾胃接受的饮食物，由饮食精微经气化作用变化而成，以维持生命活动；脉则限制营气、血液在固定的通道内流动，不得妄行于外。此外，一分分为六气，六气合而为一，因都源于水谷精气，所以张景岳说："六者之分，总由气化，故曰一气。六者，亦可形不同而名异耳。"因此，临证时从六气相互关系上去追本溯源，分清主次，方能施治得当取得满意疗效。

病传第四十二（节选）

【原文】

黄帝曰：余受九针于夫子，而私览于诸方，或有导引行气①、乔摩②、灸熨、刺焫③、饮药之一者,可独守④耶? 将尽行之乎? 岐伯曰:诸方者,众人之方⑤也,非一人之所尽行也。黄帝曰:此乃所谓守一勿失、万物毕者⑥也。

【注释】

① 导引行气:凡人自摩自捏,伸缩手足,除劳去烦,名为导引,通过导引,以达到行气活血,养筋壮骨的目的,故曰导引行气。

② 乔摩:乔,《针灸甲乙经》作"按",乔摩,即按摩疗法。

③ 焫(ruò 弱):"爇"的异形字,烧灼的意思。这里指火针或以火烧针尾之类的疗法。

④ 独守:只使用其中一种疗法。

⑤ 众人之方:众人之病不一,所以分别适宜多种疗法。方为多种疾病而设,故称众人之方。

⑥ 守一勿失、万物毕者:马蒔注:"诸方虽行于众病,而医工当知乎弗一,守一者,合诸方而尽明之,各守其一而勿失也。庶于万物之病,可以毕治而无误矣。"

【按语】

本节指出了各种病因所致的疾病都各有特点,每种疗法也各有特点,临证时,要选择针对性强,与病情切合的疗法,而不盲目滥施,逐一应试。针对复杂多变的病证,施以恰中病情的治法。正如张志聪说:"邪在皮毛者,宜砭而去之;在于脉肉筋骨者,宜针而泻之;邪入于中者,宜导引行气以出之;寒邪之入深者,宜熨而通之;邪在内,而虚者可饮以甘药,实者,毒药以攻之;陷于下者宜灸之。"即告诉我们要善于运用多种疗法,掌握治病求本的原则。

本脏第四十七(节选)

【原文】

黄帝问于岐伯曰:人之血气精神者,所以奉生而周于性命①者也。经脉者,所以行血气而营阴阳②,濡筋骨③,利④关节者也。卫气者,所以温分肉⑤,充⑥皮肤,肥腠理⑦,司关合⑧者也。志意者,所以御精神,收魂魄,适寒温,和喜怒者也。是故血和则经脉流行,营复阴阳⑨,筋骨劲强,关节清利矣。卫气和则分肉解利⑩,皮肤调柔,腠理致密矣。志意和则精神专直⑪,魂魄不散,悔怒不起,五脏不受邪矣。寒温和则六腑化谷,风痹不作⑫,经脉通利,肢节得安矣。此人之常平⑬也。五脏者,所以藏精神血气魂魄者也。六腑者,所以化水谷而行津液者也。此人之所以具受于天⑭也,无愚智贤不肖⑮,无以相倚⑯也。

【注释】

① 奉生而周于性命:奉,养也。周,周全。张景岳注:"人生以血气为本,精神为用,合是四者以奉生,而性命周全矣。"

② 行血气而营阴阳:营,运行也。杨上善注:"十二经脉,行营血气,营于三阴三阳。"

③ 濡筋骨:濡,润也。经脉运行血,故可濡润筋骨。

④ 利:滑利也。

⑤ 分肉:张景岳注:"肉有分理,故有分肉。"

⑥ 充:充养。

⑦ 肥腠理:肥,《说文解字》:"多肉也。"引申为丰盈厚盛之意;本处指肥厚。腠理,张景岳注:"皮肤之隙。"肥腠理指肌肤之间隙纹理,赖卫气充养。

⑧ 司关合:司,主也。关,王冰注引《灵枢》文作"开",故当改"开"较妥。

⑨ 营复阴阳:复,循环往复;阴阳,指内外。营复阴阳,指血脉流动、往复营运于身体的内外。

⑩ 解利:气血滑润通利。

⑪ 精神专直:精神专一而无妄念,张景岳注:"直如易系所谓其静也专,其动也直,其专一而正也。"

⑫ 风痹不作:风,指风邪。痹,血气阻滞,闭而不通。风痹不作,指外不受风邪,内不生痹闭之证。

⑬ 常平:指人体功能正常健康无病。

⑭ 具受于天:具,通"俱"。受,禀受。天,先天。具受于天,指脏腑的作用,是受于先天的本能。

⑮ 不肖:不贤之。

⑯ 倚:张景岳注:"偏也。一曰当作异。"即不同之意。

【按语】

本段概括论述了血气、精神、经脉、卫气、志意对人体的重要作用。指出人之精神、血气、经脉、卫气起着保护脏腑的作用,脏腑功能正常,人体健康无病,反之,则病变由生。文中还强调了疏畅气血、调和志意、适应气候寒温变化、是维持脏腑功能正常的重要保证。这一论述,突出了人体是一个有机的整体,以及人与外界环境密切相关的整体观念。

五味第五十六（节选）

【原文】

黄帝曰：愿闻谷气有五味，其入五脏，分别奈何？伯高曰：胃者，五脏六腑之海也，水谷皆入于胃，五脏六腑皆禀气于胃。五味各走其所喜，谷味酸，先走肝，谷味苦，先走心，谷味甘，先走脾，谷味辛，先走肺，谷味咸，先走肾。谷气津液已行，营卫大通，乃化糟粕，以次传下。

黄帝曰：营卫之行奈何？伯高曰：谷始入于胃，其精微者，先出于胃之两焦①，以溉五脏，别从两行，营卫之道。其大气②之搏而不行者，积于胸中，命曰气海③，出于肺，循喉咽，故呼则出，吸则入。天地之精气④，其大数常出三入一⑤，故谷不入，半日则气衰，一日则气少矣。

【注释】

① 两焦：指上焦和下焦。水谷入于胃，经过中焦消化，上出上焦，下出下焦，以溉五脏，奉养周身。

② 大气：张景岳注："大气，宗气也。"

③ 气海：指膻中。

④ 天地之精气：天之精气指天之阳气。地之精气指水谷精微之气。

⑤ 出三入一：历代注释不一。张景岳等认为谷食之气呼出三分，空气吸入一分。张景岳说："然天地之气，从吸而入，谷食之气，从呼而出，总计出入大数，则出者三分，入止一分。"任谷庵认为"出三"指糟粕、津液、宗气，"入一"指饮食水谷。他说："五谷入于胃也，其糟粕津液宗气，分为三隧，故其大数常出三入一，盖所入者谷，而所出者乃化糟粕，以次传下，其津液溉五脏而生营卫。其宗气积于胸中以司呼吸，其所出者之隧道，故谷不入半日则气衰，一日而气少矣。"笔者认为任谷庵解释较妥。

【按语】

本文指出营卫与宗气都源于饮食。饮食中的精微物质化生为气，先由中焦开发散布同时分营气、卫气，别行两道循行全身，以营五脏六腑、四肢百骸。另外布散于胸中的一部分与肺收入的空气结合，积于膻中，成为宗气。三者是构成人体气化功能的物质基础。

此外，五味对人体五脏"各走其所喜"，是中医学的一种独特认识。据此，可以通过饮食治疗五脏病来调整人体阴阳气血的平衡，尤其对于慢性病的饮食调养更为重要，同时也提示我们平时饮食不能太偏，否则也会导致内脏的病变。

刺节真邪第七十五(节选)

【原文】

黄帝曰:余闻气者,有真气①,有正气,有邪气。何谓真气? 岐伯曰:真气者,所受于天,与谷气并而充身也②。正气者,正风也③,从一方来,非实风,又非虚风也。邪气者,虚风之贼伤人也④,其中人也深,不能自去。正风者,其中人也浅,合而自去,其气柔弱,不能胜真气,故自去。

【注释】

① 真气:又叫"正气",由先天之气与后天之气相结合而成,是人体生命活动的动力,与人体抗病能力有关。

② 与谷气并而充身也:指真气是由先天之气与后天水谷之气相结合产生的,有补养全身各部的作用。

③ 正风也:正常之气,与虚邪贼风相对应。

④ 虚风之贼伤人也:虚风指邪气,不正之气,如当热反寒、当寒反热。此种虚邪贼风,常可伤人致病。

【按语】

本段原文把邪分为正邪、虚邪,正邪与虚邪是相对而言,但是两者各具有不同的含义和特点。所谓正邪,正如本篇所云:"正气者,正风也,从一方来,非实风,又非虚风也。"正风是四时正常之风,如春之东风、夏之南风,正风如变成正邪是有一定条件的,这个条件就是体虚。也就是说正风本来是不致病的,但因某种原因,使腠理开泄,肌表偏虚,正风乘虚而入,这时正风也就构成了致病因素,所以说正风就是正邪。正邪致病,只是肌表偏虚而真气(正气)未虚,正气可以抗邪外出,使邪去病愈。

所谓虚邪,是指四时不正之气而言。本篇则更具体指出,虚风之贼也就是贼风,叫作虚邪。如篇中说:"邪气者,虚风之贼伤人也。"虚邪贼风致病力强,故"中人也深,不能自去"。并且,传变无穷,其所致病证更是变化多端。但正邪与虚邪都是趁人体之虚入侵而成的。人体虚弱是其致病的病理基础,因此,在防病治病时,既要做到虚邪贼风,避之有时,又要防止四时之风的侵入而生病,但是关键还是在于保护体内正气。

【原文】

虚邪之中人也,洒淅动形,起毫毛而发腠理①。其入深,内搏于骨,则为骨痹;

搏于筋则为筋挛;搏于脉中,则为血闭不通,则为痈;搏于肉,与卫气相搏,阳胜者则为热,阴胜者则为寒,寒则真气去,去则虚,虚则寒;搏于皮肤之间,其气外发腠理开,毫毛摇[2],气往来行,则为痒;留而不去,则痹;卫气不行,则为不仁。

【注释】

① 起毫毛而发腠理:形容虚邪初犯体表所出现的毫毛竖起,腠理开发的现象。

② 毫毛摇:指毫毛动摇脱落。

【按语】

本文论述虚邪中人后,出现几种不同的病证。虚邪贼风中伤人体皮毛,会出现寒栗怕冷、毫毛竖起、腠理开泄的现象。若邪气深入而搏结于骨,则发骨痹;搏结于筋时,就会出现筋挛;搏结于脉中,出现血脉闭塞不通或为痈;搏结于肌肉时,与体表的卫气相搏,若阳邪偏盛的就会出现热象,阴邪偏盛的则出现寒象。由于寒邪偏盛,则使真气虚衰身体呈现虚寒象,若邪气停留而不去,致使卫气涩滞而不畅行,则出现麻木不仁或成为痹证。综上所述,可以看出,外邪侵袭人体后,由浅入深,以及在传变过程中,因邪气停留之处不同,所出现各种不同的复杂证候。

【原文】

虚邪之入于身也深,寒与热相搏,久留而内著,寒胜其热,则骨疼肉枯,热胜其寒,则烂肉腐肌为脓,内伤骨,内伤骨为骨蚀[1]。有所疾前筋[2],筋屈不得伸,邪气居其间而不反,发于筋溜[3]。有所结,气归之,卫气留之,不得反,津液久留,合而为肠溜,久者数岁乃成[4],以手按之柔。已有所结,气归之,津液留之,邪气中之,凝结日以易甚,连以聚居,为昔瘤[5]。以手按之坚,有所结,深中骨,气因于骨,骨与气并[6],日以益大,则为骨疽[7]。有所结,中于肉,宗气归之[8],邪留而不去,有热则化而为脓,无热则为肉疽[9]。凡此数气者,其发无常处,而有常名也。

【注释】

① 骨蚀:指骨被侵蚀。张景岳注:"其最深者,内伤于骨,是为骨蚀,谓骨蚀及骨也。"

② 有所疾前筋:有些疾病开始发生于筋。张景岳注:"有所疾前筋,谓疾有始于筋也。"

③ 筋溜:结聚于筋的赘瘤之类。《外科正宗》说:"筋瘤者坚而色紫,垒垒青筋,盘曲甚者,结若蚯蚓。"

④ 久者数岁乃成:指肠瘤发展较慢,需数年才能形成。

⑤ 昔瘤:亦称宿瘤,即慢性肿瘤。张景岳注:"昔瘤者,非一朝夕之谓。"

⑥ 骨与气并:气指邪气而言。骨与气并指骨与邪气结合,其结聚部位,日益增大,可

发为骨疽。

⑦ 骨疽:丹波元简注:"骨疽者言有脓,此似指骨瘤而言。"《外科正宗》说:"骨瘤者,形色紫黑,坚硬如石,疙瘩高起,推之不移,昂昂坚贴于骨。"

⑧ 宗气归之:张景岳注:"宗,大也。以阳明之气为言。"也即指胃中水谷所化生之气。归之,内走的意思。

⑨ 肉疽:张景岳注:"邪留为热,则溃腐肌肉,故为脓。无热则结为粉浆之属,聚而不散,是为肉疽。"

【按语】

本文列举正不胜邪,经脉受病,可产生骨蚀、筋溜、肠溜、昔瘤、骨疽、肉疽的致病作用。

虚邪侵入人体比较深的部位,寒与热相互搏结,久留不去停滞于内,如果寒胜过热的,会引起骨节疼痛,肌肉枯萎,如果热胜过寒的,会发生肌肉腐烂而化为脓,若进一步伤到骨,便成为"骨蚀"。邪气结聚于筋,使筋屈而不得伸,邪气久留其间而不退,能发为筋溜。邪气结聚于内,致津液不能向外输布,留在肠胃与邪气相合成为肠溜。邪气结聚而气归于内,津液停留而不行,又中邪气,凝结不散,日益加重,接连积聚,便成为昔瘤。邪气结聚停留在深层的骨部,骨与邪气并合,其结聚的部位日益增大,则可发为骨疽。以上所述《黄帝内经》对骨蚀、筋溜、肠溜、昔瘤、骨疽、肉疽从发病部位、病程和症状、体征作出了鉴别诊断,确定这些病证的名词概念,且指出了这些疾病病因病机都是邪气侵袭后引起营卫不通,津液气血凝涩而致。

痈疽第八十一(节选)

【原文】

黄帝曰:余闻肠胃受谷,上焦出气①以温分肉,而养骨节,通腠理。中焦出气如露②,上注溪谷③,而渗孙脉,津液和谓,变化而赤为血,血和则孙脉先满溢,乃注于络脉,皆盈④,乃注于经脉。阴阳已张⑤,因息乃行⑥,行有经纪,周有道理⑦,与天合同,不得休止⑧,切而调之,从虚去实,泻则不足⑨,疾则气减⑩,留则先后,从实去虚,补则有余⑪,血气已调,形气乃持⑫。余已知血气之平与不平,未知痈疽之所以生,成败之时,死生之期,有远近,何以度之?可得闻乎?岐伯曰:经脉留⑬行不止,与天同度,与地合纪⑭。故天宿失度⑮,日月薄蚀⑯,地经失纪⑰,水道流溢,草萱不成⑱,五谷不殖,径路不通,民不往来,巷聚邑居,则别离异处。血气犹然,请言其故。夫血脉营卫,周流不休,上应星宿,下应经数⑲。寒邪客于经络之中则血泣⑳,血泣则不通,不通则卫气归之,不得复反㉑,故痈肿。寒气化为热,热胜则腐肉,肉腐则为脓,脓不泻则烂筋,筋烂则伤骨,骨伤则髓消,不当骨空,不得泄泻^㉒,血枯空虚,则筋骨肌肉不相荣,经脉败漏,熏于五脏,脏伤故死矣。

【注释】

① 上焦出气:指卫气。温分肉,养骨节,通腠理等作用,都是卫气的主要功能。

② 中焦出气如露:气指中焦所输出的营气。如露,形容所分泌的津液,能像雨露灌溉着草木一样,可以营养全身。

③ 溪谷:《素问·气穴论》说:"肉之大会为谷,肉之小会为溪,分肉之间、溪谷之会,以行营卫,以会大气。"

④ 皆盈:据《针灸甲乙经》《备急千金要方》此前有"络脉"二字。

⑤ 阴阳已张:指阴经和阳经都已得到补给。

⑥ 因息乃行:息,指呼吸。因息乃行,即营卫之气随呼吸而运行。

⑦ 行有经纪,周有道理:经纪为法度,道理即常道。此指气血运行有一定的规律和循环的轨道。

⑧ 与天合同,不得休止:气血之运行,与天地日月运行一样,周而复始,不得休止。

⑨ 从虚去实,泻则不足:马莳注:"其实者,则从虚之之法以去其实,所以泻则不足而为虚也。"指实证可以用去实的泻法,泻后便可使本来有余的而为不足。此处虚,指刺法。

⑩ 疾则气减:马莳注:"盖疾去其针,则邪气减矣。"

⑪ 留则先后,从实去虚,补则有余:马莳注:"若久留其针,先后如一,斯则从实之之法,以去其虚,所以补则有余而为实也。"

⑫ 形气乃持:形气,《针灸甲乙经》作"神气",《千金翼方》作"形神"。持,张景岳注:"持,是也。"

⑬ 留:《针灸甲乙经》作"流",这里作"流"字解。

⑭ 与天同度,与地合纪:意指气血的运行有其一定的次序,它和天上二十八星宿三百六十度,地上十二经水的运行相似,同样有它的规律性。

⑮ 天宿失度:宿即星宿,度即天度。天宿失度,天地日月诸星之运行失其常度。

⑯ 日月薄蚀:日月蚀,即日蚀、月蚀。薄,侵近之义。

⑰ 地经失纪:经指经水,亦即河流,失纪指泛滥。

⑱ 草萱不成:萱,《针灸甲乙经》作"萱"字,草萱,即众草。草萱不成,即众草枯萎。

⑲ 上应星宿,下应经数:意指人的血脉和营卫周流不息,上应二十八宿,下应十二经水。

⑳ 血泣:即血脉凝滞,流行不畅。

㉑ 卫气归之,不得复反:张志聪注:"归,还也。盖荣行脉中,卫行脉外,交相逆顺而行者也,荣血流泣不行,则卫气亦还转而不得复反其故道,故痈肿也。"

㉒ 不当骨空,不得泄泻:张志聪注:"骨空者,节之交也。痈肿不当骨空之处,则骨中

之邪热不得泄泻矣。"

【按语】

本段原文论述了营卫气血的运行是有一定规律的,阐明了痈肿的病因、病机。痈肿的形成是因寒邪侵入经络,导致血行凝滞不通,影响营卫的正常运行,卫气结聚于局部,而成痈肿。寒邪逐渐化热,热胜则腐肉,肌肉腐蚀则化为脓。若脓不得排泄就会进一步恶化,导致脓毒内侵筋膜,造成筋烂,筋烂就会进一步伤骨,骨伤则骨髓消耗,如脓毒不在骨节的空隙处,脓毒就无从排泄,这样就会引起营血耗亏,从而筋骨肌肉得不到营养,经脉败漏,毒气熏于五脏,则会导致死亡。

本文对痈疽的病因、病机,论述不够全面,从病因上讲,痈疽生成有外因,也有内因,非独寒邪也。内因之中,七情过度,饮食起居失常,导致内脏功能紊乱,而发生病变;外因之中,六淫感人均能化火而生痈疽,因此在临床运用中,应综合考虑。

【原文】

黄帝曰:夫子言痈疽,何以别之? 岐伯曰:营卫稽留于经脉之中,则血泣而不行,不行则卫气从之而不通,壅遏而不得行,故热。大热不止,热胜则肉腐,肉腐则为脓。然不能陷,骨髓不为焦枯,五脏不为伤,故命曰痈。

黄帝曰:何谓疽? 岐伯曰:热气淳盛,下陷肌肤,筋髓枯,内连五脏,血气竭,当其痈下,筋骨良肉皆无余,故命曰疽。疽者,上之皮夭①以坚,上如牛领之皮②。痈者,其皮上薄以泽,此其候也。

【注释】

① 夭:《类经》注:"夭以色言,黑黯不泽也,此即皮色之状,可以辨其浅深也。"
② 牛领之皮:领,颈项。牛领之皮在此意为疽触之较坚厚。

【按语】

本段主要阐述痈和疽二者的鉴别和病位的深浅。痈是气血受毒邪所困而壅塞不通导致的,属阳证,表现为红肿高起,焮热疼痛,在未成脓之前无疮头而易消散,已成脓则易溃破,溃后脓尽而愈。疽则是因感受毒邪郁于肌肉筋骨之间,气血凝滞而成,属阴证。表现为漫肿平塌,皮色不变,未成脓难消,已成脓难溃,溃后难以收敛。所述虽寥寥数语,而对痈疽之鉴别已挈其要领。

第三节 《难经》选

《难经》,原名《黄帝八十一难经》。传说为战国时期秦越人(扁鹊)所作。从书的内容来看,《难经》是继《黄帝内经》之后的又一部中医古典著作,其成书年代可以确定在东汉以前,大约编撰于西汉时代。

本书体例以问答解释疑难的形式,共讨论了 81 个问题,包括人体生理、解剖、病理、诊断、病证、治疗等方面。其中 1~22 难论脉学;23~29 难论经络;30~47 难论脏腑;48~61 难论疾病;62~68 难论腧穴;69~81 难论针法。该书内容简要,辨析精微,尤其对脉学有详悉而精当的论述,认为诊当以"独取寸口"为主,对经络学说以及命门、三焦的论述,则在《黄帝内经》基础上又有所发展。其中有些阐发与骨伤科比较密切,从中可以看出《难经》对骨伤科的影响。

第十四难（全篇）

【原文】

十四难[①]曰:脉有损至[②],何谓也?

然:至之脉,一呼再至曰平[③],三至曰离经[④],四至曰夺精[⑤],五至曰死[⑥],六至曰命绝[⑦],此至之脉也。何谓损? 一呼一至曰离经,再呼一至曰夺精,三呼一至曰死,四呼一至曰命绝,此损之脉也。至脉从下上,损脉从上下也。

【注释】

① 难:此处当作问难之"难(nàn)"。

② 损至:损,减少,有下降后退之意。至,极、最,有增加上升前进之意。此处是指脉搏次数较正常减少为损,增多为至。

③ 一呼再至曰平:呼,指呼气。至,在这里主要指脉搏动。再至,两次脉跳。即指正常人一次呼气脉搏动两次。

④ 离经:离,背离。经,正常的规律。离经即指背离正常规律,或称反常。

⑤ 夺精:夺,损失,或严重损耗之意。夺精即指严重损耗精气。

⑥ 死:指危重,或濒于死亡。《难经》中有多处用死字都系此意。

⑦ 命绝:死亡。

【按语】

本难阐述由脉的损至判断病情轻重缓急的方法。徐大椿云:"盖损不过一呼一动,数不过四动以上,若损至于四呼一至,至于一呼六至,恐天下未必有此脉也。"此论甚当,乃经验谈。

本条是根据脉搏的速率来判断心率是否正常,正常情况下,医者一呼一吸,有四次脉搏。也就是说,医者一呼有两次脉搏属于平脉。一呼三次脉搏,属于心动过速,一呼脉搏四次,属于精气耗损,一呼五次脉搏,预示患者生命垂危,一呼六次脉搏,预示患者很快死亡,这些都是至脉。心动过缓是什么情况呢? 医者一呼患者脉搏一次,属于心动过缓,医者一呼一吸,脉搏一次,属于精气耗损,一呼一吸加一呼,脉搏一次,预示着患者生命垂危,两呼两吸,脉搏一次,预示患者很快死亡,这即是损脉。至脉从少到多,损脉从多到少。

【原文】

损脉之为病奈何?

然:一损损于皮毛,皮聚①而毛落;二损损于血脉,血脉虚少,不能荣于五脏六腑;三损损于肌肉,肌肉消瘦,饮食不能为肌肤;四损损于筋,筋缓不能自收持②;五损损于骨,骨痿不能起于床。反此者,至脉之病也③。从上下者,骨痿不能起于床者死;从下上者,皮聚而毛落者死。

【注释】

① 皮聚:皮肤皱缩。
② 筋缓不能自收持:筋肉弛缓,不能自主地收缩和起支持肢体的作用。
③ 至脉之病也:脉搏次数快于正常的病证为至脉之病,反之为损脉之病证。

【按语】

损脉的病证,包括了五损,即皮、肉、脉、筋、骨五种损害。一损肺主之皮毛,表现为皮肤皱缩和毛发脱落;二损心主之血脉,则营血虚少;三损脾主之肌肉,则肌肉消瘦;四损肝所主之筋,则筋弛缓不能收持;五损害肾所主之骨,则骨痿无力,与此相反就是至脉的病证。病从上向下传的,到了骨痿不能起床就将死亡;病从下向上传的,到了皮肤皱缩,毛发脱落就将死亡。

【原文】

治损之法奈何?

然:损其肺者,益其气;损其心者,调其营卫;损其脾者,调其饮食,适其寒温;损其肝者,缓其中①;损其肾者,益其精。此治损之法也。

【注释】

① 缓其中:缓,缓解、缓和。中,里。因肝主怒,性刚,肝气受损则里急、痉强。甘味

之品有缓和作用。缓中,即缓肝气之急。

【按语】

本条讨论损病之治疗。

五脏皆可能成损,治疗当有针对性。损其肺,因肺主气,故补益肺气;损其心,因心主血脉,故调和营卫;损其脾,因脾主运化,故调节饮食;损其肝,因肝气急,故宜缓之;损其肾,肾主藏精,故补益精气。此治疗之大法也。

【原文】

脉有一呼再至,一吸再至;有一呼三至,一吸三至;有一呼四至,一吸四至,有一呼五至,一吸五至;有一呼六至,一吸六至;有一呼一至,一吸一至;有再呼一至,再吸一至;有呼吸再至。脉来如此,何以别知其病也?

然:脉来一呼再至,一吸再至,不大不小曰平。一呼三至,一吸三至,为适得病^①,前大后小,即头痛、目眩,前小后大,即胸满、短气^②,一呼四至,一吸四至,病欲甚^③,脉洪大者,苦烦满,沉细者,腹中痛,滑者伤热,涩者中雾露^④。一呼五至,一吸五至,其人当困,沉细夜加,浮大昼加^⑤,不大不小,虽困可治,其有大小者,为难治。一呼六至,一吸六至,为死脉也。沉细夜死,浮大昼死。一呼一至,一吸一至,名曰损,人虽能行,犹当着床,所以然者,血气皆不足故也。再呼一至,再吸一至,呼吸再至,名曰无魂^⑥,无魂者当死也,人虽能行,名曰行尸^⑦。

【注释】

① 为适得病:刚刚发病。

② 前大后小,即头痛、目眩,前小后大,即胸满、短气:前,指关脉之前,即寸脉。后,指关脉之后,即尺脉。大、小,指脉象。寸脉大是阳邪盛于上,故头痛,目眩;尺脉大,是阴气盛于里,故胸满短气。

③ 病欲甚:欲,将要。病欲甚,病势将要增加。

④ 脉洪大者,苦烦满,沉细者,腹中痛,滑者伤热,涩者中雾露:洪大为阳邪外越,故烦满。沉细为阴邪内陷,故腹痛。滑为血实,故为热。涩为伤湿故中雾露。

⑤ 其人当困,沉细夜加,浮大昼加:困,危重。加,增剧。沉细为阴,夜属阴,阴病遇阴时,病情就会加剧,故曰沉细夜加。浮大为阳,昼属阳,阳病遇阳时,就会加剧,所以说浮大昼加。

⑥ 无魂:精神失常之危症。

⑦ 行尸:病人濒临死亡,或丧失思维能力,虽能勉强行动,也和尸体类似,故称行尸。

【按语】

本条是讨论脉象与临床表现的联系,即哪些脉象可能出现哪些证候。

若脉搏一呼一吸跳动四次,脉体大小适中,此为正常脉象。若脉搏一呼一吸共六次,则是刚刚发病之脉,如寸脉大尺脉小,会有头痛、目眩,寸脉小尺脉大,会有胸部胀满,呼吸短促。若脉搏一次呼吸跳八次,病势将加重,其中脉象洪大的,会有烦躁满闷之证;脉象沉细的夜间症状加剧;脉浮大的白天更要症状加剧,虽然症状危重,但脉象没有大小不一的情况还是可以治疗的,如有脉象大小不一的情况,那就难治了。一呼一吸脉搏达十二次,这是极端危重或濒临死亡脉象,如见沉细可能在夜间死亡,见浮大,可能在白天死亡,若脉搏一呼一吸共跳两次,就称为损脉,病人虽暂时还能行走,但终究是要卧床不起的,之所以如此,乃血均不足也。在两次呼吸中共有两次脉搏,或一次呼吸间有两次脉搏,称为无魂,这种病人当趋于死亡,虽然能勉强行动,也只能叫他为行尸。

此种以脉象判断症状,以脉象预测疾病的轻重、缓急和预后的理论,有一定临床参考意义。

【原文】

上部①有脉,下部②无脉,其人当吐,不吐者死。上部无脉,下部有脉,虽困③无能为害。所以然者,人之有尺,譬如树之有根,枝叶虽枯槁,根本将自生。脉有根本,人有元气,故知不死。

【注释】

① 上部:此指寸脉。

② 下部:此指尺脉

③ 困:此指病情严重。

【按语】

本条亦是对以寸关尺各部位脉象来预测病情的讨论。

寸部有脉,尺部无脉,病人应当呕吐,如果不吐的会导致死亡。寸部无脉,尺部有脉,病虽危重,并不一定有危险。这是因为尺脉如树之有根,根本无损,枝叶虽枯,还会自然生长起来的。脉有根本,说明人有元气,所以知道是不会立即死亡的。

说明元气旺盛的重要性,而尺脉代表着元气。

第二十四难(全篇)

【原文】

二十四难曰:手足三阴三阳气已绝,何以为候? 可知其吉凶不?

然:足少阴气绝,即骨枯。少阴者,冬脉也,伏行而温于骨髓,故骨髓不温,即肉不着骨,骨肉不相亲,即肉濡①而却②,肉濡而却,故齿长③而枯,发无润泽,无润泽者,骨先死。戊日笃④,己日死。足太阴气绝,则脉不荣其口唇。口唇者,肌肉之本也,脉不营,则肌肉不滑泽,肌肉不滑泽则人中满⑤,人中满则唇反,唇反则肉先死。甲日笃,乙日死。

足厥阴气绝,即筋缩引卵与舌卷。厥阴者,肝脉也,肝者,筋之合也,筋者,聚于阴器而络舌本,故脉不营,则筋缩急,即引卵与舌,故舌卷卵缩,此筋先死。庚日笃,辛日死。

手太阴气绝,即皮毛焦。太阴者,肺也。行气温于皮毛者也。气弗荣,则皮毛焦,皮毛焦,则津液去,津液去,即皮节伤,皮节伤⑥,则皮枯毛折,毛折者,则毛先死。丙日笃,丁日死。

手少阴气绝,则脉不通,脉不通,则血不流,则色泽去,故面色黑如黧⑦,此血先死,壬日笃,癸日死。

三阴⑧气俱绝,则目眩转⑨目瞑。目瞑者,为失志,失志者,则志先死,死即目瞑也。

六阳气俱绝,则阴与阳相离,阴阳相离,则腠理泄,绝汗⑩乃出,大如贯珠,转出不流,即气先死。旦占⑪夕死,夕占旦死。

【注释】

① 濡:此处音义同"柔",柔软之意。

② 却:退缩。这里指肌肉萎缩之意。

③ 齿长:主要指因牙龈萎缩而外观上牙相对地变长。

④ 笃(dǔ堵):病情垂危。

⑤ 人中满:人中,即水沟穴,在人中处。人中满,即人中变浅或消失。

⑥ 皮节伤:指津液缺少而引起的皮毛憔悴及关节损伤。

⑦ 黧(lí梨):黑里带黄之色。

⑧ 三阴:《难经本义》注云:"三阴通手足经而言也。《灵枢》十篇作五阴气俱绝,则以手厥阴与手少阴同心经也。"《难经经释》(徐大椿)云:"三阴,经作五阴,盖包络与心同候也,故经文亦无手厥阴之候。"

⑨ 目眩转:眩,眼花视物不清。转,眼球向上翻转。

⑩ 绝汗:由于阴阳分离、隔绝,阴竭于内,阳脱于外,而致汗出,所以称为绝汗。

⑪ 占(zhān詹):预测之意。

【按语】

本难所述的证候,都出现在疾病重危时,这是经气竭绝导致的。因为脏腑为本,经络为标,十二经脉之气,来源于脏腑;经气的虚实,决定于脏腑精气的盛衰。

故所谓经气之绝,实质上是脏腑之气竭绝。

五脏外合五体、五官七窍,躯体的这些组织器官,依赖于经脉传输五脏精气以资濡养,从而发挥其生理功能。故当某脏发生病变时,可在与之相合的躯体组织器官上,出现一定症状,疾病愈严重,其症状也愈显著。这里所举气绝症状,就是五脏疾病发展到严重阶段的表现形式。如肾主骨,足少阴气绝,骨髓得不到濡养,所以骨枯。齿为骨之余,故进一步影响及齿,出现齿长而枯。又因肾之荣在发,而使后者无润泽。这些症状表现,说明肾气内竭,骨亦缺乏生机,是接近死亡的征象。三阴气俱绝,眩转目瞑,是由于五脏六腑之精气皆上注于目,五脏阴精已竭,神亦无所依附,所以失志。这一情况,较前更为严重。至于六阳气俱绝则发生阴阳相离,绝汗乃出的危象。临床见此,非为亡阳,即系亡阴。汗出津液外泄,先致亡阴,泄之太过,阳亦随阴而去,终于导致阴阳两亡的危证。一般来讲,白天出现晚上死亡,如果晚上出现,第二天白天死亡。所以说有"旦占夕死,夕占旦死"的说法。

以上这些对临床辨证,是有一定意义的;至于某日笃、某日死是根据五行相胜学推算而来的,如足少阴气绝,因属肾水,戊己属土,土胜水,所以说戊日笃,己日死。其余可以类推,这只能看作是对疾病的发展和预后的一种估计而已。

第六十五难（全篇）

【原文】

六十五难曰:经言所出①为井,所入②为合,其法奈何?

然:所出为井,井者,东方春也,万物之始生,故言所出为井也。所入为合,合者,北方冬也,阳气入藏,故所入为合也。

【注释】

①出:指经气从指、趾端开始发出。
②入:指经气在近肘、膝关节处向深部进入。

【按语】

本条是讨论五输穴中井穴和合穴名称的来由。把经气发出的地方称为井穴,因井穴像东方和春天一样,是万物生发的开始,故说"所出为井"。把经气所深入的地方称为合穴,因为合穴像北方的冬天一样,阳气收藏内敛,所以说"所入为合"。

第六十九难（全篇）

【原文】

六十九难曰：经言虚者补之，实者泻之，不实不虚，以经取之。何谓也？

然：虚者补其母①，实者泻其子②，当先补之。然后泻之。不实不虚，以经取之者，是正经自生病③，不中他邪也，当自取其经，故言以经取之。

【注释】

① 虚者补其母：生我者为母。根据五行学说"母能令子虚"的理论，对某一脏（或某一经）的虚证，可以采用补其母脏（或母经、母穴）的方法治疗。

② 实者泻其子：我生者为子。根据五行学说"子能令母实"的理论，对某一脏（或某一经）的实证，可以采用泻其子脏（或子经、子穴）的方法治疗。

③ 正经自生病：指本经的原发病，并非由于他经的虚实影响而致的疾病。

【按语】

六十九难的中心议题是补虚泻实治疗原则。

虚者补之、实者泻之的治疗原则，见于《灵枢》。本难用五行相生的理论加以解释，即根据脏腑经脉所属五行的母子关系，采用虚则补其母、实则泻其子的治疗方法，以调节其偏盛偏衰，达到扶正祛邪，治病愈疾的目的。

虚证可以补它的母脏（经）或母穴，实证可泻它的子脏（经）或子穴，在治疗步骤上应当先用补法，然后用泻法。不实不虚的病证，就取本经腧穴治疗。因为这是本经自生的病，没有受到他经之邪的影响，故只须取本经的腧穴治疗，所以说"以经取之"。

补母泻子的治法，也不是绝对的，如徐大椿《难经经释》说："按《内经》补泻之法，或取本经，或杂取他经，或先泻后补，或先补后泻，或专补不泻，或专泻不补，或取一经，或取三、四经，其说俱在，不可胜举，则补母泻子之法，亦其中之一端，若意以为补泻之道尽如此，则不然。"

补泻之法，既运用于内服药物，也运用于针灸，还用于按摩；这在后世医学中，均有很多发挥。如损伤按摩疗法就有逆推为补，顺推为泻；轻手法，轻刺激为补，重手法，重刺激为泻，等等。

第七十七难(全篇)

【原文】

七十七难曰：经言上工治未病,中工治已病者,何谓也?

然：所谓治未病者,见肝之病,则知肝当传之于脾,故先实其脾气,无令得受肝之邪,故曰治未病焉。中工者,见肝之病,不晓相传,但一心治肝,故曰治已病也。

【按语】

本条是讨论高明的医生和一般的医生的差别。高明的医生能够预防尚未发生的疾病,中等的(一般的)医生只能治疗已经发生的疾病。根据疾病的一般传变规律,如肝病往往会传给脾脏,因此,高明者了解这一变化,就预先充实脾气,不让肝病之邪侵犯,这就叫作"治未病"。一般医生,见肝病,就只知一味地治肝病,所以叫作"治已病"。

中医学中的预防医学,主要体现在两个方面。一是要人们加强锻炼,适应环境条件,增强抵抗能力,预防疾病的发生,防患于未然。一是对已发生的疾病,就要掌握疾病发生发展的规律,防止传变。

这一指导思想,在现代中医骨科中体现非常充分。如治疗骨伤疾病的"动静结合""筋骨并重""内外兼治""医患合作"等,都是在上工治未病思想指导下发展起来的。

第四节 《伤寒论》选

《伤寒杂病论》由东汉医家张机撰。约成书于200—210年,是一部论治外感疾病、内科杂病的专著,内容包括伤寒和杂病两部分。成书后正值汉末时期,战乱纷起,以致散失不全。后经西晋太医令王叔和将其书的伤寒部分进行整理、编次为《伤寒论》。至宋代复经林亿等人加以校正。全书共10卷,凡22篇,合397法;除去重复和缺方,共计112方。书中除载有平脉、辨脉、伤寒例、霍乱、阴阳易、差后劳复等病证治与汗、吐、下法运用范围及禁忌外,主要以六经辨证为纲,重点探讨了人体感受风寒之邪以后,所引起的脏腑经络病理变化和临床证候特征,创造性地总结了外感疾病的发生和发展变化规律、治疗原则以及药物的配伍方法,始终严密而系统地将理、法、方、药一线贯联,有效地指导着外感疾病以及杂病的辨证施治,为后世医学发展做出了极其重要的贡献,故被尊为中医学四大经典著作之一。

《伤寒论》问世后,引起了历代医家极大的重视,自晋迄今,中外学者从事此书研究者众多。它对骨伤科的影响主要在于辨证施治原则和有机整体观念的确立,对伤科疾患的辨证施治也起到了一定的指导作用。

辨太阳病脉证并治（节选）

【原文】

一条①。太阳之为病②,脉浮,头项强痛③而恶寒。

【注释】

① 一条:本篇条文顺序均按成都中医学院主编《伤寒论讲义》1964 年 1 版条文顺序,以下亦同。

② 太阳之为病:太阳病为六经病之首,为伤寒热病的初期表现。

③ 头项强（jiàng）痛:强,强硬不柔和,头项强痛即头痛项强之意。

【按语】

太阳病为外感热病早期病证,风寒之邪侵袭人体,太阳首当其冲。邪正相争,正胜邪而脉浮。风寒之邪束于肌表而恶寒。外邪阻滞经脉而头痛项强。此条为太阳病之主要脉证,为太阳病的提纲,以下凡称太阳病者,多包括本条之脉证。本条未提发热一证,但从临床实践中可以看到,恶寒发热常常并见,从后文"中风""伤寒"等条文中均有发热可以看出,本条只提恶寒,而发热一证,亦在其中。

【原文】

十四条。太阳病,项背强几几①,反汗出恶风者,桂枝加葛根汤主之。
桂枝加葛根汤方:
葛根四两　桂枝二两(去皮)　生姜三两(切)　甘草二两(炙)　枣十二枚(擘)　芍药三两

【注释】

① 项背强几（shū 殊)几:几几,如短羽之鸟,伸颈欲飞不能,借以形容项背拘急,俯仰不能自如。

【按语】

本条是太阳经证中风寒表虚兼有项背强几几症者。足太阳之经脉起于目内眦,上颠,络脑下项,夹背抵腰,风邪入其间,以致经气不舒。经脉失去濡养,则项背拘急,俯仰旋转不能自如。治疗当以桂枝解肌,葛根以散足太阳经脉之邪。

桂枝加葛根汤有解肌祛风,升津液,舒经脉等功效。也适用颈椎病风寒劳损型,大剂白芍有缓解颈肌痉挛的作用。葛根为太阳经药,有祛风止痛之效。桂枝温阳通络,互相配合相得益彰。

【原文】

六十二条。发汗后,身疼痛,脉沉迟者,桂枝加芍药生姜各一两,人参三两新加汤主之。

桂枝新加汤方:

桂枝三两(去皮) 芍药四两 人参三两 甘草二两(炙) 大枣十二枚(擘) 生姜四两

【按语】

本条描述的是汗后损伤营气,营气不足发生身体疼痛的证候和治疗方法。因为伤寒太阳病常有头身疼痛,一般经发汗后疼痛缓解而愈。经发汗后疼痛不解,则是发汗太过,损伤营气,筋脉失养,脉象沉迟,这已不是太阳外感风邪阻滞经脉的疼痛,而是发汗后的变证。故针对病因,治疗不宜再发汗,而应以恢复营阴之气,使筋脉和利为法,用桂枝新加汤治之。

【原文】

三十一条。太阳病,项背强几几,无汗恶风,葛根汤主之。

葛根汤方:

葛根四两 麻黄三两(去节) 桂枝二两(去皮) 生姜三两(切) 甘草二两(炙)芍药二两(切) 大枣十二枚(擘)

【按语】

本条之证,为太阳经风寒表实兼证。即太阳病发热、头痛、无汗恶风、脉浮紧等症,兼有项背强几几者。项背强几几一症,乃由风寒之邪入于太阳经脉,经气不利,筋脉失养所致,宜用葛根汤以疏散经脉之邪。

本证与桂枝加葛根汤证,均有项背强几几,不同的是,前者自汗,属表虚经脉不利,本证无汗,属表实经脉不利。故有无汗出,是鉴别此两汤证之重点。

本证与麻黄汤证也不尽相同。麻黄汤证因肺气不宣有喘,本证无肺气不宣而无喘。

葛根汤是发汗解肌,升津液,舒经脉的良方。方由桂枝汤加麻黄、葛根构成。方中葛根四两为主药,以其甘草之性升津液,濡养筋脉又能解表散邪。其证表实无汗,故于桂枝汤中加麻黄三两,桂枝调和营卫,麻黄增强发散风寒表邪之力。唯其筋脉原已失养,须发汗而不能峻汗,故以芍药敛阴和营,生姜、大枣、甘草益中扶正。

【原文】

一百七十四条。伤寒八九日,风湿相搏,身体疼烦①,不能自转侧,不呕不渴,脉浮虚而涩者,桂枝附子汤主之。若其人大便鞕②,小便自利者,去桂加白术汤主之。

桂枝附子汤方:

桂枝四两(去皮)　附子三枚(炮,去皮,破)　生姜三两(切)　大枣十二枚(擘)　甘草二两(炙)

去桂加白术汤方:

附子三枚(炮,去皮,破)　白术四两　生姜三两(切)　甘草二两(炙)　大枣十二枚(擘)

【注释】

① 身体疼烦:全身剧烈疼痛,导致情绪不安,烦躁不宁。

② 鞕:同硬,坚。

【按语】

本条为风湿滞留肌肉的证候和治疗。风寒湿三气杂至合而成痹,原属杂病范畴,它与太阳经证有某些类似之处。

本证因风为阳邪,风淫所胜,周身疼烦。湿为阴邪,滞留肌腠则身体重着,难以转侧。不呕不渴可排除少阳、阳明见症。脉浮虚而涩,是风寒之邪在表,卫阳不固,湿滞经脉所致的。以桂枝附子汤祛风、散寒、除湿,则身体疼烦可愈。方用桂枝祛风通络,附子温经复阳,散寒止痛,助卫阳以固表,姜、枣、草调和营卫以助发散。

若其人大便硬,小便自利,为风去湿存,阳气尚通,故不需桂枝化气达表,而需要白术健脾除湿。

此两方附子均用三枚,剂量较大,故在方后云:"三服都尽,其人如冒状,勿怪。"提醒医生对服药后的反应不必惊慌。正如《尚书·说命上》说:"若药不瞑眩,厥疾弗瘳。"

【原文】

一百七十五条。风湿相搏,骨节疼烦,掣痛①不得屈伸,近之则痛剧,汗出短气,小便不利,恶风不欲去衣,或身微肿者,甘草附子汤主之。

甘草附子汤方:

甘草二两(炙) 附子二枚(炮,去皮,破) 白术二两 桂枝四两(去皮)

【注释】

① 掣痛:痛有牵引拘急的感觉。

【按语】

本条为风湿留着关节的证治。本病重在关节,故骨节疼烦,由于风寒湿邪入侵关节,故属痹证范畴。湿阻于里,三焦气化不利,故上则呼吸气短,下则小便不利,甚则湿溢肌肤而为肿。

本证与上条性质相类,但病情较上条为重。

甘草附子汤系温阳散寒、祛湿止痛的汤方,以附子辛热温经散寒,桂枝通阳化气,祛风通络,桂附同用,可固表止汗,白术燥湿健脾,使寒湿得除,疼痛缓解,桂、附、术同用,更有温阳化气之功,使小便通利,短气身肿消失。

本证湿留关节,病邪较深,难以速去,故与桂枝附子汤(上条)相比,附子用量较轻,意在图缓。

以上两条,在骨科治疗痹证和劳损疼痛中,均常化裁用之。

辨阳明病脉证并治(节选)

【原文】

一百八十条。阳明之为病①,胃家实②是也。

【注释】

① 阳明之为病:阳明包括手阳明大肠经、足阳明胃经,与手太阴肺经、足太阴脾经互为表里,为六经辨证之一。阳明病成因,一为太阳病误治,称"太阳阳明";一为少阳病误汗而成,称"少阳阳明";一为热邪直犯称为"正阳阳明"。阳明病也包括阳明经证和腑证等。

② 胃家实:章虚谷曰:"胃实者,统阳明经腑而言也。实者,受邪之谓。"

【按语】

本条为阳明病的提纲。阳明病是胃家实形成的,胃家,包括胃与大肠。实,是指"邪气盛则实"。阳明主燥,胃家实说明病邪入阳明,胃肠燥热亢盛,病变以里证、实证、热证为特征,分经证和腑证两种。燥热尚未与有形之实滞相结,而充斥于全身者为阳明经证。燥热之邪与肠中糟粕搏结而成燥屎阻塞于肠道,称为阳病腑证。

【原文】

二百零八条。阳明病,脉迟,虽汗出,不恶寒者,其身必重,短气,腹满而喘,有潮热者①,此外欲解,可攻里也,手足濈②然汗出者,此大便已硬也,大承气汤主之;若汗多,微发热恶寒者,外未解也,其热不潮,未可与承气汤;若腹大满不通③者,可与小承气汤微和胃气,勿令致大泄下。

大承气汤方:

大黄四两(酒洗)　厚朴半斤　枳实五枚　芒硝三合

【注释】

① 有潮热者:潮热一证,常为阳明腑实之候。有潮热者表示阳明腑实已成,无潮热表示腑实未成。这是一般而论,当结合全身证候。如本条后半段之承气汤证,就是不发潮热而阳明腑实已成的证候,因此可攻。不过终因无潮热而用小承气汤不用大承气汤,说明辨证之精当。

② 濈(jí急):濈,水急速向外冒出。形容大汗出也。

③ 不通:此处的不通,约指大便不通。

【按语】

本条文论大承气汤证之适应证,辨阳明病可攻与不可攻及大小承气汤之区别。

大承气汤证之适应证是脉迟、潮热、手足濈然汗出、腹满等症。这些证候都说明是属于里证、实证、热证,由于表证已解(不恶寒),腑实已成(有潮热、腹满),故可攻之。

大承气汤的禁忌证,为病者汗出较多,但仍有轻度发热恶寒。因为表证未解,且无潮热,为腑实未成。

小承气汤的适应证,就本条而论,为表证已解、腹满明显、大便不通、尚未见潮热,因肠中糟粕初结、腑气不通,用小承气汤即可。

一大一小,其辨如是细致,当为后世效法。

大承气汤为攻下实热,荡涤燥结的处方。为苦寒峻泻剂,方中大黄苦寒泻热荡实,芒硝咸寒软坚润燥,积实、厚朴行气导滞,破结除满,四药相合,可攻下实热,荡除燥结。适用于痞、满、燥、实俱备之阳明腑实重证。

【原文】

二百四十八条。太阳病三日,发汗不解,蒸蒸发热①者,属胃②也,调胃承气汤主之。

调胃承气汤方:

大黄四两(去皮,清酒洗) 甘草二两(炙) 芒硝半斤

【注释】

① 蒸蒸发热:形容发热如热气蒸腾,从内达外。

② 属胃:即转属阳明之意。

【按语】

本条为太阳病发汗后转属阳明之意。太阳病发汗不解,并非表证未罢,而是病传入里,燥热实证,引起发热如蒸,必多汗出。因为邪热内结尚未至腹满硬痛、潮热等严重地步,故调胃承气汤即可。

调胃承气汤为泄热和胃、软坚润燥之剂,方用大黄之苦寒以涤实热。芒硝咸寒,泄热润燥。甘草和中缓急。三药相合,可泻胃肠燥热,且不伤胃气。

三承气汤辨别:大承气汤所主之症,痞满燥实俱备,其病机在于腑气不通、燥热内扰,以芒硝、大黄攻其积热,以枳实、厚朴破其壅滞,使诸证俱去,这就是大承气汤枳实、厚朴用量重于小承气汤,而芒硝、大黄之量轻于调胃承气汤的道理;小承气汤证以痞满为主,但邪未至大结、大满,故减枳实、厚朴之量,又因燥实不甚,故去芒硝;调胃承气汤所主之症,以燥实为主,故芒硝之量倍重于大黄,以泻热软坚润燥,又因痞满不显,故去枳实、厚朴以甘草代之,在于润燥和中。以上三汤证比较可以看出,它们各有偏重,其用量之轻重缓急,也能增损适宜,不可不察。

【原文】

二百一十二条。伤寒,若吐若下后,不解①,不大便五六日,上至十余日,日晡所发潮热,不恶寒,独语如见鬼状②。若剧者,发则不识人,循衣摸床③,惕④而不安,微喘直视⑤,脉弦者生,涩者死;微者,但发热谵语⑥者,大承气汤主之。若一服利⑦,则止后服。

【注释】

① 不解:指病邪未解。

② 如见鬼状:患者神志不清,精神错乱的表现。

③ 循衣摸床:仍为患者神志不清的表现,以两手不自觉地摸弄衣被床帐等物。

④ 惕(tì 替):惧也。

⑤ 直视:眼球不转动,定在一个方向上。

⑥ 谵语:说胡话。

⑦ 利:指大便已泄下。

【按语】

本条论阳明腑实重证的辨证治疗和预后判断。文中指出,伤寒下或吐后,病仍不解,津伤化燥,数日或十余日大便不解,有潮热(腑实已成)、不恶寒(表证已去),神志不清(热极上扰神明),以大承气汤急攻之为宜。若失于治疗,则病情加剧,出现谵语、循衣摸床、惊惕不安、直视等危候。此时脉弦长者,阴液未竭可予攻下(急下存阴),尚有生机。若脉短涩,为热极津枯,正虚邪实之象,攻补两难,预后不良。若病情较轻,只发潮热、谵语者,可用大承气汤攻下。用时当慎重,中病即止。

辨少阳病脉证并治(节选)

【原文】

二百六十三条。少阳之为病①,口苦②,咽干③,目眩④也。

【注释】

① 少阳之为病:少阳病为六经病三阳经病之一,属邪在半表半里,介于太阳、阳明病之间。

② 口苦:为胆经有热之象。

③ 咽干:为肝经有热之象。

④ 目眩:为邪热上扰目窍之象。

【按语】

本条为少阳病提纲。少阳病除上述证候外,尚有往来寒热,胸胁苦满,默默不欲饮食,心烦喜呕等症。这些证候的表现,与正邪相争、少阳经气不舒、胆逆犯胃等因素有关。

辨太阴病脉证并治（节选）

【原文】

二百七十三条。太阴之为病,腹满而吐,食不下,自利益甚,时腹自痛,若下之,必胸下结硬①。

【注释】

① 胸下结硬:即胃脘部痞结胀硬。

【按语】

本条论太阴病提纲及治禁。太阴病属脾虚寒湿,或由三阳病传受而来,或由寒湿之邪直犯本经而起。脾主运化,脾虚邪陷,以致中阳不振,寒湿不化,气机壅滞,故腹满时痛。脾气不升,寒湿下注,则下利。脾失健运则食不下。胃气上逆,则呕吐。此太阴虚寒之证,治当温中为主。若误用寒凉攻下,必致脾阳不振,邪气内陷,引起胸下结硬之症。

辨少阴病脉证并治（节选）

【原文】

二百八十一条。少阴之为病,脉微细,但欲寐①也。

【注释】

① 寐:卧也。段玉裁云:"俗所谓睡着也。"《增修互注礼部韵略》云:"昧也,闭目神藏。"《说文通训定声》云:"眠而无知曰寐,不脱冠带而眠曰假寐。"

【按语】

少阴经包括手少阴心经、足少阴肾经,并与手太阳小肠经、足太阳膀胱经互为表里。手少阴心经属心,心属火,主血脉,又主神明。足少阴肾经属肾,肾主水,主藏精,真阴真阳(水火)寄寓其中,为先天之本,在病理情况下,病邪可侵犯心肾。

本条为少阴病提纲。邪入少阴,多为心肾虚衰,气血不足的病变,故出现脉微细,但欲寐等症。阳气衰微,鼓动无力,故脉微;阴血不足,脉道不充,故脉细。但欲寐系精神不振、似睡非睡、昏沉模糊的状态,是心肾虚衰,阴寒内盛,正不胜邪,反被邪困之象。

【原文】

三百零五条。少阴病,身体痛,手足寒,骨节疼,脉沉者,附子汤主之。

附子汤方:

附子二枚 茯苓三两 人参二两 白术四两 芍药三两。

【按语】

本条为阳虚寒湿身疼痛的治例。少阴阳气不足,阴寒气盛,阳气不能温煦四末,故见手足寒,阳气不足,气血运行不畅,故身疼痛。阳衰阴寒,水湿不化,浸渍于骨节间而见关节疼痛。附子汤以附子温煦之力,配人参助肾气;白术、茯苓健脾燥湿,芍药和营血而通血痹,共为温经扶阳,健脾除湿之剂。

【原文】

三百一十六条。少阴病,二三日不已,至四五日,腹痛,小便不利,四肢沉重疼痛,自下利者,此为有水气,其人或咳,或小便不利,或下利,或呕者,真武汤主之。

真武汤方:

茯苓、芍药、生姜各三两,白术二两,附子一枚(炮,去皮,破)若咳者,加五味子半升,细辛、干姜各一两;若小便利者,去茯苓;若下利者,去芍药加干姜二两;若呕者,去附子,加生姜半斤。

【按语】

本条论阳虚水停的证治。病因于少阴阳虚,下焦寒胜,水气不化,浸淫肌体,故四肢沉重疼痛,脾肾阳虚,水气停留肠胃之间,故腹痛下利。水寒之气内蕴,膀胱气化无权而小便不利。水气上逆,犯肺而发为咳,犯胃而发为呕,下趋大肠则下利。下焦阳虚不能制水而小便利。这些都是肾阳衰微,水气不化所致,故用真武汤散寒利水。

真武汤为温阳化气行水主要方剂。方以附子辛热壮肾阳,使水有所主;白术燥湿健脾,使水有所制;生姜宣散,以佐附子之助阳。茯苓渗湿利水,与白术为伍可加强健脾利水之功。芍药敛阴和营,可制附子刚燥之性。

总之,阳虚水泛之证,以温阳化气行水之法,可谓方法对证,证需其法,相得益彰。

辨厥阴病脉证并治（节选）

【原文】

三百二十六条。厥阴之为病①，消渴②，气上撞心③，心中疼热④，饥而不欲食，食则吐蛔⑤，下之，利不止。

【注释】

① 厥阴之为病：厥阴经包括手厥阴心包经、足厥阴肝经，与手少阳三焦经，足少阳胆经相表里。厥阴病则肝失条达，心包亦受影响。厥阴病为伤寒之经病中病位最里最深，比较复杂的病证。

② 消渴：这里主要指口渴多饮。

③ 气上撞心：病人自觉胃脘部有一股气向上冲逆至心胸部。

④ 心中疼热：胃脘部疼痛，伴有灼热感。

⑤ 蛔：《广韵》："腹中长虫也。"即蛔虫。

【按语】

本条所载为厥阴病提纲。厥阴与少阳相表里，禀风木而寄相火，下连寒水，上接心火。邪入厥阴致心包之火炎上，则为上热；火不下达，不能温暖肾水以涵肝木，而为下寒。于是形成上热下寒，寒热错杂之证。因上焦有热津液消耗，故消渴不已。厥阴之脉夹胃，上贯膈，今火性炎上，肝气横逆不能制，故见气上冲胸，心中疼热，嘈杂似饥等症。又因下焦有寒，脾失健运，故不能进食，强食则吐，有时还吐出蛔虫来。其病乃寒热错杂，上热下寒，法当寒温并用。若只看到有热的一面，误用苦寒攻下，则上热未必能去，而下寒反可加剧，有可能造成下利不止之症。

【原文】

三百五十一条。手足厥寒①，脉细欲绝者，当归四逆汤主之。

当归四逆汤方：

当归三两　桂枝二两　芍药三两　细辛三两　甘草二两　通草二两　大枣二十五枚

若其人内有久寒②者，宜当归四逆加吴茱萸生姜汤。

当归四逆加吴茱萸生姜汤方：

当归三两　芍药三两　甘草二两　通草二两　大枣二十五枚　桂枝三两　细辛三两　生姜半斤　吴茱萸二升

【注释】

① 厥寒：是素体虚弱，血虚气血运行不畅，复因寒凝气滞而致四末不得温养之厥逆证。

② 久寒：陈寒。

【按语】

本条论血虚寒凝致厥及兼有陈寒的证治。因血虚寒凝、血脉不畅，故脉细微，治疗当养血通脉，温散寒邪，用当归四逆汤很恰当。如胃有陈寒宿饮，而兼腹痛、呕吐等症。则再加吴茱萸、生姜以温中散寒，和胃止呕。

当归四逆汤为养血通脉、温经散寒的要方之一。方中当归、芍药养血和营，桂枝、细辛温经散寒，甘草、大枣补中益气，通草通行血脉。合而为养血通络、温经散寒之剂。

内有陈寒宿饮者，以辛温之吴茱萸、生姜加入上方则有温中散寒、降逆止呕的功效。

第五节 《金匮要略》选

《金匮要略》由东汉医家张机撰。约成书于200—210年，是我国现存最早系统论述杂病的专书。原为《伤寒杂病论》中有关杂病的部分。《伤寒杂病论》经西晋太医令王叔和整理，其中以伤寒部分另成一册，名《伤寒论》，而杂病部分一度散佚。至北宋仁宗时期，才根据当时所存残简，经林亿整理校订，将其中杂病部分厘为3卷，定名《金匮要略方论》。全书共25篇，方剂205首，有汤剂、丸剂、散剂、酒剂、坐药、洗剂以及外敷等方剂。该书不以六经为纲，而以病证分类。首论脏腑和经络，相当于全书的总论。其他各篇分别论述内、妇、儿、骨、外各科以及急救术。统观本书所用之方，则较《伤寒论》更注重扶正，如血痹、虚劳病中，就较重视培补气血及脾肾两脏。因该书既有理论，又有临床诊治杂病的内容，尤其对肺痈、肠痈、血痹、历节等病证的辨证治疗，至今仍有很大的实用价值，故后人尊其为中医的经典著作。

痉湿暍病脉证治第二(节选)

【原文】

太阳病，关节疼痛而烦①，脉沉而细者，此名湿痹②。湿痹之候，小便不利，大便反快,但当利其小便。

【注释】

①关节疼痛而烦:烦因疼痛而起,因疼痛进退而进退。此处是指因关节疼痛而烦扰不宁,疼痛较剧。

②湿痹:因湿邪闭其身中之阳气。

【按语】

本条讨论湿痹的证治。湿为阴邪,性重浊凝滞,易流注关节,虽为太阳表证,但主要表现为关节疼痛而烦。湿痹可用微汗除湿方法治疗。因湿在里,必先逐内湿而后外湿可解,故当利其小便。李东垣曰:"治湿不利小便,非其治也。此法为有内湿又小便不利,脉沉者而设,不可不察。"

【原文】

风湿相搏,一身尽疼痛,法当汗出而解,值天阴雨不止,医云此可发汗,汗之病不愈者,何也? 盖发其汗,汗大出者,但风气去,湿气在,是故不愈也。若治风湿者,发其汗,但微微似欲出汗者,风湿俱去也。

【按语】

本条是说治风湿以汗法的要领是微微汗出为要。因为风为阳邪,性轻扬而易表散;湿为阴邪,性黏滞而难骤除。如汗出太多,虽风邪已去但湿邪仍在,不仅未愈,反伤卫阳,故微微汗出,以缓图之,达到风湿俱去的目的,此古人经验当为后学者效。

【原文】

湿家①病,身疼发热,面黄而喘,头痛鼻塞而烦,其脉大,自能饮食,腹中和无病,病在头中寒湿,故鼻塞,内药②鼻中则愈。

【注释】

①湿家:指素有湿病之人。

②内药:"内"通"纳",此指将药物滴入鼻腔的一种外治法。

【按语】

本条讨论寒湿犯表的证治。病在头中寒湿,提示其主症为头痛鼻塞而烦。素有湿病,再感外湿,表阳被郁,身疼发热面黄,表阳被郁,肺气不宜而喘。脉大者为病邪在上。自能饮食为邪未入里。故以纳药鼻中以宣泄其寒湿,通利肺气,此即《黄帝内经》"其高者,因而越之"之意。

不过,此种疗法,近来用得较少,疗效亦待我辈验证。

【原文】

湿家之为病,一身尽疼,发热,身色如熏黄也。

【按语】

本条论湿郁发黄的证候。素有湿病者脾虚不能化湿,湿留肌腠之间,湿久郁而化热,湿热蕴蒸,所以一身尽疼发热身黄。脾虚湿郁发黄,故黄色晦如烟熏状。与阳明之瘀热发黄,其色鲜明者不同。

【原文】

湿家身疼烦,可与麻黄加术汤发其汗为宜,慎不可以火攻之。

麻黄加术汤方:

麻黄三两(去节) 桂枝二两(去皮) 甘草一两(炙) 杏仁七十个(去皮尖) 白术四两

温服八合,覆取微似汗。

【按语】

本条论述寒湿在表的证治与治疗禁忌。因风寒之表邪与湿邪合而为病致身体疼烦,用麻黄加术汤治之,以麻黄汤解其表邪,以白术加麻黄行表里之湿。白术为健脾益气,燥湿利水之品,且有监制麻黄发汗,不使太过的作用。治疗表湿近代多以苍术代白术,供临证参考。

【原文】

病者一身尽疼,发热,日晡所剧①者,名风湿。此病伤于汗出当风,或久伤取冷②所致也,可与麻黄杏仁薏苡甘草汤。

麻黄杏仁薏苡甘草汤方:

麻黄(去节)半两(汤泡) 甘草一两(炙) 薏苡仁半两 杏仁十个(去皮尖炒)

【注释】

① 日晡(bū)所剧:晡,即申时,午后三时至五时,此句是说发热在每天的申时加剧。

② 取冷:即贪凉之意。

【按语】

本条论述风湿在表的证治。风湿在表故一身尽疼。风与湿邪合,湿邪容易化热化燥,故发热而申时加剧。其风多因汗出贪凉引起,故治用麻黄杏仁薏苡甘草汤,解表祛邪、风湿并除。

【原文】

风湿,脉浮身重,汗出恶风者,防己黄芪汤主之。

防己黄芪汤方:

防己一两　甘草半两(炒)　白术七钱半　黄芪一两一分(去芦)

喘者加麻黄半两,胃中不和者加芍药三分,气上冲者加桂枝三分,下有陈寒者加细辛三分。服后当如虫行皮中,从腰下如冰,后坐被上,又以一被绕腰以下,温令微汗,瘥。

【按语】

本条论述风湿表虚的证治。脉浮为邪在表,身重为有湿滞,法当汗解,然汗出不解,反恶风是表虚卫阳不固,故用黄芪固表,防己除湿,白术、甘草调中,这体现了扶正祛邪,标本兼顾的配伍形式。若服后有"如虫行皮中"的感觉,为卫阳振奋,风湿欲解之症。

【原文】

伤寒八九日,风湿相搏,身体疼烦,不能自转侧,不呕不渴,脉浮虚而涩者,桂枝附子汤主之;若大便坚,小便自利者,去桂加白术汤主之。

桂枝附子汤方:

桂枝四两(去皮)　生姜三两(切)　附子三枚(炮去皮,破八片)　甘草二两(炙)　大枣十二枚(擘)

白术附子汤方:

白术二两　附子一枚半(炮,去皮)　甘草一两(炙)　生姜一两半(切)　大枣六枚(擘)

一服觉身痹,半日许再服,三服都尽,其人如冒[①]状,勿怪,即是术、附并走皮中,逐水气未得除故耳。

【注释】

① 冒:通"瞀",瞀(mào 茂),目视不明,昏眩惑乱之意。

【按语】

本条论述风寒湿表阳虚的证治。其人一身疼烦，不能转侧等症，说明寒湿之邪在肌表经络。不呕不渴说明病邪未入里化热。法宜温经祛湿为主。但因表气已虚（脉浮而涩），故用桂枝祛风邪，配附子温经助阳，以除在经之寒湿，使风湿之邪从外而解。

若其人一身疼烦，不能转侧，大便坚（湿不在里），小便自利（湿有去路），这是里气调和、寒湿仍外束肌表经络的表现。因表阳虚，故将桂枝附子汤去桂加白术。方中附子、白术，共逐皮间寒湿，生姜、大枣、甘草调和营卫。

方后注云："三服都尽，其人如冒状。"冒，通"瞀"，这是指患者服药后出现头目昏眩、视物不清的表现。方中附子为祛风除湿之峻药，运用此方时，当注意掌握剂量，适可而止。

纵观以上两方均属治疗表阳已虚、风湿滞留肌表的处方，用药虽只有一味之差，但功用迥然有别。前者重在祛风逐湿，运用于阳虚而风偏胜者；后者重在逐湿祛寒，适用于表阳虚而湿邪偏胜者。

【原文】

风湿相搏，骨节疼烦掣痛①，不得屈伸，近之则痛剧，汗出短气，小便不利，恶风不欲去衣，或身微肿者，甘草附子汤主之。

甘草附子汤方：

甘草二两（炙）　白术二两　附子二枚（炮去皮）　桂枝四两（去皮）

【注释】

① 掣痛：即抽掣而痛。牵扯痛。

【按语】

本条论述风湿表里阳气皆虚的证治。"恶风不欲去衣"或"身微肿者"是表阳虚，风湿滞于外的表现。"汗出短气，小便不利"是里阳虚，湿蓄于内的表现。"骨节疼烦掣痛，不得屈伸，近之则痛剧"是风湿寒邪阻痹于关节筋脉的表现。以上症状说明患者风湿俱盛、表里阳气俱虚，故用温经助阳、散风祛湿的甘草附子汤方。方中桂枝、白术、附子走表以助阳行湿。甘以缓之，甘草之用意在徐图，不宜骤取。

桂枝附子汤、白术附子汤、甘草附子汤，皆用附子温阳除湿祛风，但主症不同，故用量配伍亦各不同。桂枝附子汤治风偏胜，表阳虚者，意在速去，故用附子三枚，并配伍桂枝外散风邪；白术附子汤，治表阳虚湿偏胜，故用附子一枚半，而配伍白术健脾除湿；甘草附子汤，治表里阳气皆虚、风湿俱胜，治宜标本兼顾，故用附子二枚,意在缓攻,并配伍桂枝、白术温经助阳、散风祛湿,以达到内外分解的目的。不同的方剂无不体现了中医因势利导和辨证论治原则。

中风历节病脉证并治第五(节选)

【原文】

夫风之为病,当半身不遂①,或但臂不遂②者,此为痹③。脉微而数,中风④使然。

【注释】

① 不遂:不能随意运动。

② 但臂不遂:仅一侧上肢不能随意运动。

③ 痹:外邪所致经络气血闭塞不通引起的疼痛和功能障碍疾病。

④ 中风:分外中风与内中风,《伤寒论》所称之中风是外感风邪,病邪在表的外中风。本处所指之中风为内中风,即风邪入络出现半身不遂、口眼歪斜、猝然昏倒等。

【按语】

本条论述中风与痹证之鉴别。中风病常见半身不遂,这是由风中经络引起的。假如仅见某一侧肢体上臂不能随意运动则属于痹证,这是感染风寒湿邪、经脉闭塞不通所致。两者是不同的。中风是发生在躯体内部的疾病,痹证是四肢或躯体外在的疾病,此说可供参考。

脉微而数是阴虚所致。阴血不足则脉微,阴虚生内热则脉数。阴血不足是内因,如果加上肝阳上亢,就容易发展为中风。

【原文】

寸口脉沉而弱,沉即主骨,弱即主筋,沉即为肾,弱即为肝。汗出入水中,如水伤心①,历节黄汗②出,故曰历节。

【注释】

① 如水伤心:心主血脉,如水伤心,意即如水伤及血脉。

② 历节黄汗:历节,指关节。黄汗,是关节痛处溢出黄水,这是关节病之并发症。

【按语】

本条论述因肝肾不足、寒湿内侵而致的历节病,寸口脉沉而弱,脉沉主里、主肾气不足,因肾主骨,故"沉即主骨";弱为肝血不足、肝血虚,因肝主筋,故"弱即主筋"。肝肾不足,是历节病的内因。

因肝肾不足、汗出入水,寒湿邪气乘虚内侵,郁而为湿热,伤及血脉,浸淫筋骨,流注关节,影响人的全身气血运行。故历节病患者可出现周身关节疼痛、痛处肿大、有时流出黄色液体的症状。

人在汗出时进入水中,此时毛孔开放,水湿入内,伤及血脉,进而郁蒸化为湿热,浸淫筋骨,流注关节,导致多关节肿痛,这就是历节成因之一。治法当祛风湿、止痹痛、补肝肾、益气血。

【原文】

盛人①脉涩小,短气,自汗出,历节疼,不可屈伸,此皆饮酒汗出当风所致。

【注释】

① 盛人:肥胖之人。

【按语】

肥人多气短,外盛内虚,故脉涩小。虚者多汗出,汗出腠理空虚,易被外风所侵。加之肥人多湿,又饮酒后出汗受风,风湿相搏,故成历节。

盛状之人本该多气多血,脉应当浮滑而大,反见涩小者,是湿胜而脾阳不足所致;短气者,是酒湿伤肺所致;自汗出者,是表虚风邪易入所致。因此这种人出现多关节疼痛的症状,主要是饮酒后出汗又被风邪侵入所致。

【原文】

少阴①脉浮而弱,弱则血不足,浮则为风,风血相搏②,即疼痛如掣③。

【注释】

① 少阴:指手少阴神门脉,在掌后锐骨端凹陷中;足少阴太溪脉,在足内踝尖与跟腱之间的凹陷中。
② 风血相搏:搏,附也,风血相搏,意风与血相附。
③ 掣:拽,抽。掣痛即抽痛。

【按语】

本条论述血虚历节的病机及证候。由于阴血不足、风邪乘虚侵袭,致使经脉闭阻、筋骨失养,所以抽掣而痛,不能屈伸。

【原文】

诸肢节疼痛,身体魁羸①,脚肿如脱②,头眩短气,温温③欲吐,桂枝芍药知母汤主之。

桂枝芍药知母汤方:

桂枝四两　芍药三两　甘草二两　麻黄二两　生姜五两　白术五两　知母四两　防风四两　附子二枚(炮)

【注释】

① 魁羸:形容关节肿大。

② 脚肿如脱:脚肿大,且感觉不灵敏,有如要和身体脱离之感。

③ 温温:作"蕴蕴"解,指心中郁郁不舒。

【按语】

本条论述风湿历节的证治。本病有关节疼痛、肿大,身体消瘦,头昏、气短、呕恶,下肢浮肿甚剧的症状。故以桂枝芍药知母汤祛风除湿、温经散寒、滋阴清热、方中麻黄、桂枝通阳,附子温经散寒、除湿止痛,白术、防风除湿祛风,知母、芍药清热养阴,生姜、甘草和中。

上方为风湿性关节炎、类风湿性关节炎的常用方。

【原文】

病历节不可屈伸疼痛,乌头汤主之。

乌头汤方:

治脚气疼痛,不可屈伸。

麻黄三两　芍药三两　黄芪三两　甘草(炙)　川乌五枚(㕮咀,以蜜二升,煎取一升,即出乌头)

【按语】

本条论述寒湿历节的证治。寒湿留于关节,痹阻不通,故关节剧痛,不能屈伸,以乌头汤祛寒除湿止痛。方中麻黄发汗宣痹,使湿从汗解。乌头温经止痛,又可防麻黄之发汗大过。

桂枝芍药知母汤以风湿关节肿痛发热为主症,治以祛风除湿与清热并行;乌头汤以寒湿关节疼痛为主症,以温经散寒、除湿止痛为主。两者一热一寒,各有所宜。

乌头毒性较强,当注意用法和剂量,不可过量。

血痹虚劳病脉证并治第六（节选）

【原文】

虚劳①腰痛,少腹拘急,小便不利者,八味肾气丸主之。

肾气丸方:

干地黄八两　薯蓣四两　山茱萸四两　泽泻三两　茯苓三两　牡丹皮三两　桂枝一两　附子一两(炮)

上八味,末之②,炼蜜和丸梧子大,酒下十五丸,加至二十五丸,日再服③。

【注释】

① 虚劳:凡是由于劳损所致的慢性衰弱性疾患,皆称为虚劳。

② 末之:碾细为细粉末。

③ 日再服:一日两服。

【按语】

本条讨论肾阳不足的虚劳证治。腰为肾之府,肾阳虚则腰痛;肾气不足,则膀胱气化不利,故少腹拘急,小便不利。故用八味肾气丸助阳化水、滋阴益气,使肾气振奋,则腰痛自愈。

八味肾气丸能治肾气不足诸症。如虚劳腰痛、肢冷、浮肿,消渴等。

方中桂枝、附子温肾壮阳,以助气化,干地黄、山茱萸、牡丹皮滋阴益血,以补肾阴,茯苓、山药、泽泻健脾益胃、淡渗利湿。

【原文】

五劳①虚极羸瘦,腹满不能饮食,食伤、忧伤、饮伤、房室伤、饥伤、劳伤、经络营卫气伤,内有干血②,肌肤甲错③,两目黯黑,缓中补虚,大黄䗪虫丸主之。

大黄䗪虫丸方:

大黄十分(蒸)　黄芩二两　甘草三两　桃仁一升　杏仁一升　芍药四两　干地黄十两　干漆一两　虻虫一升　水蛭百枚　蛴螬一升　䗪虫半升

上十二味,末之,炼蜜和丸小豆大,酒饮服五丸,日三服

【注释】

① 五劳:皮、肉、脉、筋、骨劳。

② 干血:指瘀血。

③ 肌肤甲错:全身或局部皮肤干燥、粗糙、脱屑,触之棘手,形似鱼鳞的表现。

【按语】

本条论述虚劳有瘀血的证治。羸瘦是五劳到极点的表现。腹满不能食是脾胃运化无权的表现。由于虚劳日久,经络气血运行受阻产生瘀血,瘀血内停,新血不生,故皮肤粗糙(血不能濡养肌肤);血虚肝血不足,故目黯黑。故用大黄䗪虫丸之大黄、䗪虫、桃仁、虻虫等活血化瘀,干地黄、芍药养血补血,黄芩、杏仁清瘀热理气,甘草、白蜜缓中。

本方是活血化瘀兼扶正气的处方,用于久病虚劳由瘀成癥积之证。对各种包块、肿瘤、肝大、脾大、术后粘连之痛症、瘢痕过长等均有很好疗效。本方攻补兼施,其中祛瘀不伤正、扶正不留瘀的作用称为"缓中补虚"。

【原文】

血痹①,阴阳俱微,寸口关上微,尺中小紧,外证身体不仁,如风痹状,黄芪桂枝五物汤主之。

黄芪桂枝五物汤方:

黄芪三两　芍药三两　桂枝三两　生姜六两　大枣十二枚

【注释】

① 血痹:是以肢体局部麻木为主症,由气血不足、感受外邪所引起的疾病。血痹与痹证不同,痹证是以筋骨疼痛为主症。

【按语】

本条论述血痹的证治。阴阳俱微是指营卫气血不足。寸口关上微,尺中小紧,是阳气不足、阴血滞涩的表现。血痹的症状主要是局部皮肤麻木,重者可有酸痛感,所以说"如风痹状"。但血痹与风痹有一定区别,前者以麻为主,后者以痛为主。

黄芪桂枝五物汤,黄芪益气,桂枝通阳,辅以芍药除痹,生姜、大枣调和营卫,共成温阳行痹之剂。

临床上用之治疗颈椎病、肩臂麻木酸痛,效果甚佳。亦有用于治疗肩周炎者,常在本方基础上酌加羌活、防风等祛风药,亦供参考。

五脏风寒积聚病脉证并治第十一(节选)

【原文】

肾著①之病,其人身体重,腰中冷,如坐水中,形如水状,反不渴,小便自利,饮食如故,病属下焦,身劳汗出,衣里冷湿,久久得之,腰以下冷痛,腰重如带五千钱②,甘姜苓术汤主之。

甘草干姜茯苓白术汤方：

甘草二两　白术二两　干姜四两　茯苓四两

【注释】

① 肾著(zhuó)：著同"着"，附着之意。肾著，即寒湿之邪附着于腰部。

② 腰重如带五千钱：本句与"如坐水中""形如水状"三句都是形容腰部既冷且重的自我感觉。

【按语】

本条论述肾着病的成因和证治。因寒湿附于腰肾，故名肾着，病因多是劳后汗出当风受凉引起。湿邪为病，所以腰冷且重。口不渴，小便自利，饮食如常，说明病邪尚在经络，在外而未入里，内脏功能正常。所以治法上不需温肾，只需去除在经之寒湿，则肾着即愈。

甘姜苓术汤，又名肾着汤。干姜、甘草温中祛寒，茯苓、白术健脾除湿。

本方除用于寒湿腰痛外，也用于慢性胃炎、胃肠道功能紊乱、妊娠下肢浮肿、老年性小便失禁、遗尿症、妇女年久腰冷带下、及腰部陈伤、劳损腰痛证属寒湿者。

水气病脉证并治第十四(节选)

【原文】

师曰：病有风水、有皮水、有正水、有石水、有黄汗。风水其脉自浮，外证骨节疼痛，恶风；皮水其脉亦浮，外证胕肿，按之没指，不恶风，其腹如鼓，不渴，当发其汗。正水其脉沉迟，外证自喘；石水其脉自沉，外证腹满不喘。黄汗其脉沉迟，身发热，胸满，四肢头面肿，久不愈，必致痈脓。

【按语】

本条总论水肿病五种类型的脉证，并提出风水、皮水的治疗原则。最后论述了黄汗病的脉证及转归。

风水，风邪在外主表，故脉浮、恶风。湿邪流注关节则骨节疼痛。皮水，亦在表，脉亦浮，常有头面浮肿或发热等证。皮水与脾肺关系密切，脾主四肢，故踝部浮肿；脾位中焦，故腹如鼓。因病在表，表者汗而越之，因此治疗以因势利导之法。正水、石水与肾的关系密切，正水是肾阳不足，水气停蓄，故脉沉迟。

石水则系阴寒凝结下焦,故脉自沉。两者皆在里,故均以胸满为主证。黄汗与脾有关,由于水湿内郁,营血受病,故脉沉迟。脾虚不运水湿,故胸满。湿郁久而化热,故身热,四肢头面肿。因汗出色黄,故称黄汗。黄汗之病,久不愈易发痈脓。

从本条所述脉证可以看出,水肿的形成与肺、脾、肾三脏关系最为密切。肺失宣降,不能通调水道;脾失健运不能运化水湿;肾失开阖,不能化气行水。三脏之中,尤以肾为最重要的一脏,因肾为水脏又为胃之关,关门不利,则聚水而成病。

从以上五种类型肿病可以看出,肿病有表里上下之分。如风水、皮水均属表,但前者为表中之表;后者为表中之里。正水石水均属里,前者影响偏上,为里中之表;后者病结在下,为里中之里。黄汗为水湿化热,由气伤及营血所致。

【原文】

风水,脉浮身重,汗出恶风者,防己黄芪汤主之。腹痛加芍药。

【按语】

本条论述风水表虚的证治。风水脉浮,示病在表;汗出恶风,是卫气虚不能固表所致;身重为水所引起。故用防己黄芪汤补卫固表、利水除湿。腹痛者加芍药以通血络、止疼痛。

【原文】

皮水为病,四肢肿,水气在皮肤中,四肢聂聂动①者,防己茯苓汤主之。
防己茯苓汤方:
防己三两　黄芪三两　桂枝三两　茯苓六两　甘草二两

【注释】

① 聂聂动:形容其动之轻微。

【按语】

本条论述皮水的证治。脾主四肢,脾病则水溢四肢而浮肿。肿则阳为湿邪所郁,湿为阴邪,阴阳相争而肢体微有振动。用防己茯苓汤通阳化气、表里分消。方中黄芪、防己走表搜湿,使水从表解,桂枝、茯苓通阳化水,使水从小便而去,桂枝与黄芪又有通阳行痹之功,甘草调中,黄芪健脾,脾旺则水可被制,以免水肿加剧。

第六节　《神农本草经》选

《神农本草经》成书于东汉,并非出自一时一人之手,而是秦汉时期众多医学家总结、搜集、整理当时药物学经验成果的专著,是对我国中草药的第一次系统总结,也是我国现存最早的药物学专著。

全书分为序录(总论)与药物(各论)两大部分。其中,总论部分 13 条简要论述了四气、五味、有毒无毒、配伍法度、剂型选择、用药原则等中药的基本理论和基本知识。各论部分载药 365 种(其中植物药 252 种、动物药 67 种、矿物药 46 种),首创药物按三品分类法,按有毒无毒和补虚祛邪的功用分为上、中、下三品(其中上品 120 种,中品 120 种,下品 125 种)。每药之下重点介绍了药物的性味、功效和主治,其中大多为后世本草所收录,迄今仍为临床所常用。

作为现存最早的本草著作,《神农本草经》构建了一整套包括疾病治疗原则、组方配伍原则、药性毒性理论、服药方案,以及中药产地采制在内的药学理论体系,对中药学的发展产生了极为深远的影响。

【原文】

药有阴阳配合,子母兄弟①,根茎花实,草②石③骨肉④。有单行⑤者,有相须⑥者,有相使⑦者,有相畏⑧者,有相恶⑨者,有相反⑩者,有相杀⑪者。凡此七情⑫,合和视之,当用相须相使者良,勿用相恶相反者。若有毒宜制⑬,可用相畏相杀者,不尔,勿合用也。

【注释】

① 子母兄弟:有母子兄弟样的关系,比喻药物之间的关系密切。

② 草:指植物类药材。

③ 石:指金石类,即矿物类药材。

④ 骨肉:指动物类药材。

⑤ 单行:单用一味药来治疗某种病情单一的疾病。

⑥ 相须:两种功效类似的药物配合应用,可以增强原有药物的功效。

⑦ 相使:以一种药物为主,另一种药物为辅,两药合用,辅药可以提高主药的功效。

⑧ 相畏:一种药物的毒性或副作用能被另一种药物所抑制。

⑨ 相恶:两种药物合用,不是增强疗效,而是相互抑制减弱药物的疗效。

⑩ 相反:两种药物同用能产生剧烈的毒性或副作用。

⑪ 相杀:一种药物能够消除另一种药物的毒性或副作用。

⑫ 七情:即中药配伍理论之一,即单行、相须、相使、相畏、相杀、相恶和相反。

⑬ 宜制:监制。

【按语】

配伍是中药临床运用的主要形式,是历代医家在长期的医疗实践中逐步认识而形成的。《神农本草经》提出的阴阳配合、君臣佐使、七情合和理论是中药配伍理论的总纲。七情合和是对药物配伍七种关系的总结,是方剂中处理错综复杂药物关系的常见方法。七情合和讲究药物配合,因为每味中药均有多种功能,相互配合使用,发挥各类药物的长处,使其各归其位、减毒增效、七情合和才能发挥有效治疗的作用,其核心是和而为治。例如治疗肾着腰痛的常用方——肾着汤(甘姜苓术汤),方中干姜、茯苓配合相使,寒湿并除;茯苓、白术、甘草相须为用,益增健脾助运除湿之功。全方辛热温散以祛寒,甘淡健脾以渗湿,治在中焦。可在临床上用于腰肌劳损、风湿性关节炎、类风湿关节炎、坐骨神经痛等证属寒湿者。

七情揭示了中药配伍的部分规律,是中药配伍理论的主要组成部分,千百年来,一直卓有成效地指导着中药的临床实践,因此医者进行临床配伍用药时要能够对中药的配伍原则融会贯通,见微知著,妙达精微,方可效如桴鼓。

【原文】

病在胸膈以上者,先食后服药①,病在心②腹以下者,先服药而后食,病在四肢血脉者,宜空腹而在旦③,病在骨髓者,宜饱满④而在夜。

【注释】

① 先食后服药:先进饮食而后服药。
② 心:胸。
③ 旦:早晨。
④ 饱满:即饱食。

【按语】

服药时间与患病部位有关。不同病症,不同药物对应不同的服药时间,应根据胃肠状况、病情需要及药物特性来确定。药气与食气不欲相逢,适时服药有法可循,采用灵活有效且合理的服药方法,更是合理用药取得中医临床疗效的前提和保证。随着研究深入及经验累积,为使药效充分发挥,中药的服药时间被划分得越来越细。一般而言,病在上焦,宜食后服;病在下焦,宜食前服;补益药与泻下药,宜空腹服;安神药宜临卧服;对胃肠有刺激的,亦应食后服。急性重病则不拘时,慢性病则应定时服药,治疟药宜在发作前2小时服。还有一些特殊的服药时间需要注意。对于一些具有特殊药理作用的药物,如麻黄、桂枝等发汗解表药,应该避免在睡前服用,以免影响睡眠。而一些利尿药,如车前子、茯苓等,则应该在白天服用,晚上服用可能会导致夜尿增多,影响睡眠。对于一些需要定时服用的药物,如治疗心血管疾病的药物,医生会根据药物代谢的特点和患者的具体情况安排服药时间。此外,还有一些特殊的服药方式。例如,治疗消化系统疾病的中药汤剂,可以采用顿服的方式,即一口气将药全部喝下,使药物在肠道内迅速发挥作用。对于一些需要持续发挥药效的药物,如治疗慢性病的中药汤剂,可以采用昼夜服的方式,使药物在体内持续发挥作用。总之,中药的服药时间需要根据患者的具体病情、药物特性、药理作用等多方面因素来确定。

第七节　《易经》选

《易经》被称为"群经之首",孙思邈说:"不知易,不足以言医。"可见其对中医学的影响十分深刻。《易经》的"易"指变化,改变,其用阴阳符号组成的卦象代表世间万物的运行状态。中医学不离阴阳,中医骨伤也不可离阴阳。整个中医骨伤体系内也无处不体现阴阳的对立统一关系,这使得我们可以通过《易经》去理解中医骨伤的内涵。

乾

【原文】

象[1]曰:天行健[2],君子以自强不息。

【注释】

① 象:《周易》分为《易经》和《易传》。其中《易传》由十篇文章组成,也叫作《十翼》。其中《象》是专门解释六十四卦的卦象、卦名、爻象、爻辞的,唯独不涉及卦辞。其中专门解释卦象和卦名的,叫作《大象》;专门解释爻象、爻辞的,叫作《小象》。

② 天行健:天行,天道;天行健,天道刚健。

【按语】

人生于天地之间,当顺应天地规律,使人体运行符合天地自然规律。骨伤科讲求通过手法、中药、针灸、练功等疗法恢复人体气血、经络、脏腑调和,维持人体生理健康。同时,本段也强调个人的精神情志的重要性。往往精神饱满、意志坚强的患者在患病后较容易恢复,而精神萎靡、意识涣散的患者在患病后往往较难恢复,致使疾病转为慢性,缠绵难愈。

坤

【原文】

象曰:地势坤①,君子以厚德载物。

【注释】

① 坤:即顺。

【按语】

坤为土,土有容纳万物的特性,对应人体为脾胃,这句话对骨伤科的启发是治疗应重视脾胃功能。脾胃为后天生化之源,调和脾胃即是调和气血。脾主肌肉,调理脾胃可使肌肉充盈有力。脾胃同为中焦,互为表里,协同升降,燥湿相应,当出现受伤后的气逆、气陷之证时,相应地运用沉降、升提之法进行治疗,同时须调和脾胃以打通中焦道路,使三焦通畅,气机恢复正常。

第八节 临证体会与医案选

【原文】

帝曰:人年老而无子者,材力尽耶? 将天数然也? ……故发鬓白,身体重,行步不正,而无子耳。(《黄帝内经·素问·上古天真论》)

【临证体会】

预防保健和养生长寿是从古至今中华民族所追求的健康理念和生活目标,在该篇中明确提出了预防调摄的总纲,同时列举了影响人们生活健康的数条不良生活方式。在临床治病防病过程中,医生不仅要治疗患者身体的疾患,同时须认识到不良生活方式与疾病的关系,指导患者保精、守真、持满、御神,使饮食起居方式符合健康养生规律,同时要恬淡养神、内守养性,达到疾病速愈、延年益寿的健康目标。

人生一世是生、长、壮、老、已的过程,在此过程中,肾气的充盈和衰败是主要影响因素。幼儿稚阴稚阳,又为纯阳之体,肾气盛实,易发生青枝骨折。青壮年阴阳俱盛,不易发生骨折,且幼儿与青年发生骨折后能快速恢复。老年之人阴阳脉俱衰,骨质脆弱,较小的暴力即可发生骨折。在治疗上,幼儿用药剂量应轻,以顾护正气不致攻伐太过；青壮年宜根据所处年龄阶段及脏腑气血特点，相应采取补肾、健脾、疏肝等方法；老年人则重在补益肝肾、脾胃及气血。另外，男女气血有别，应同时考虑性别因素灵活治疗。同时应注意现代人所处的生活环境是复杂多样的，人体的气血变化并不一定遵循年龄的变化而表现出相应的特征，因此治疗骨伤科疾病时，还应辨识患者体质，根据患者气血、经络变化而相应调整。

【原文】

岐伯曰：阴者，藏精而起亟也；阳者，卫外而为固也。……故阳强不能密，阴气乃绝，阴平阳秘，精神乃治，阴阳离决，精气乃绝。（《黄帝内经·素问·生气通天论》）

【临床案例】

患者女，59 岁，颈项僵痛伴右上肢麻木半年加重 3 天。患者近半年来颈项部不适及右上肢麻痛间断发作，3 天前受凉，晨起时感颈项僵硬疼痛，伴右上肢痛，肢端麻木，休息无缓解。就诊时见颈项僵痛，右上肢放射痛，手指麻木发冷，舌黯，苔白，脉涩，颈椎 X 线检查及 CT 示 $C_{4\sim6}$ 颈椎间盘突出，颈椎骨质增生。诊断为神经根型颈椎病，证属寒湿困阻。因患者年老，正气亏虚不能主骨生髓，督脉空虚，加之感受风寒，寒湿痹阻，经络不通，导致筋骨肌肉失养而发病。治以祛风散寒除湿，通络止痛。手法松解颈肩部肌肉后，予针刺右侧天窗穴，得气后患者右上肢针感传达至指尖，行针 30 秒。将针取出，针刺双侧肩中俞，右侧曲池、列缺，平补平泻法，得气后留针 20 分钟。针刺隔日一次。配合中药口服，以桂枝加葛根汤加减，日一剂，服一周，嘱患者避免风寒及劳累，患者诉针刺治疗后当即感右上肢麻木感减轻。就诊治疗两周后未再发作。

神经根型颈椎病病位在颈项，手足三阳经、任督二脉等皆直接循行至此，颈项又是脑髓的门户，是联系全身脏腑经络的枢纽，故而颈椎病是一个可涉及全身的疾病。伤病治疗首重气、血、经络，应以气血经络为辨证的核心，气血对机体的皮、脉、肉、筋、骨、经络、脏腑以及四肢百骸的温煦滋养，寸刻难离，瘀滞既成，气机失调，脏腑瘀阻机体诸证随之而来。因此，在治疗上应补益肝肾，调和气血，舒筋通络，整体求治，标本兼顾。治法应以补为主，以通为用。

【原文】

黄帝问曰：五脏使人痿何也？……肾气热，则腰脊不举，骨枯而髓减，发为骨痿。（《黄帝内经·素问·痿论》）

【临证体会】

五脏热产生了五体痿,如肝主筋,肝有热不能滋养筋膜,故出现筋脉痉挛,屈伸不利。腰为肾府,肾有热使得肾精亏虚,导致腰脊不举,出现骨痿。由于肺有通调水道的作用,因此肺在各种痿证的发生中有重要作用。脾胃气虚,水谷精微不足,不能滋养四肢,也可以出现痿证。故治痿病有清肺热、调脾胃、补肝肾等治疗方法。

【原文】

若夫八尺之士,皮肉在此,外可度量切循而得之,……十二经之多血少气,与其少血多气,与其皆多血气,与其皆少血气,皆有大数。(《黄帝内经·灵枢·经水》)

【临证体会】

本篇论述中医学理论关键知识点——"脏象"。"脏"指的就是内脏,"象"指的就是外在表现,合起来就是脏腑生理功能、病理变化表现于外的征象。从中可看出,至少在两千五百年前,古人就已经开始接触关于解剖学的知识了,并开始研究解剖学基础、观察人体生命现象、反复进行医疗实践,从而促进医学的进一步发展。

十二经脉经水有大小、浅深、广狭、远近之不同,脏腑有高下、大小、受谷多少之不等。故经脉气血多少、脏腑功能差异已有定数。为脏腑辨证及六经辨证等提供了理论基础,在临床实践中应遵循其规律。如手阳明大肠经、足阳明胃经为多气多血之经,手太阳小肠经、足太阳膀胱经、手厥阴心包经、足厥阴肝经为多血少气之经,手少阳三焦经、足少阳胆经、手少阴心经、足少阴肾经、手太阴肺经、足太阴脾经为多气少血之经。临床上可根据疾病所发部位和经络的不同,有针对性地选用治法或部分引经药物。如疮疡若发于多血少气之经,血多则凝滞必甚,气少则外发较缓,故治疗时应注重破血,注重补托;若发于多气少血之经,气多则结必甚,血少则收敛较难,故治疗时应注重行气,注重滋养;若发于多气多血之经,病多易溃易敛,实证居多,故治疗时应注重行气活血。如乳痈所患部位属足阳明胃经,治宜行气通乳;瘰疬病位属足少阳胆经,治宜行滞、滋养。

【原文】

黄帝曰:愿闻中焦之所出。岐伯答曰:中焦亦并胃中,出上焦之后,……故夺血者无汗,夺汗者无血。故人生有两死,而无两生。(《黄帝内经·灵枢·营卫生会》)

【临证体会】

血汗同源：在内为血，在外为汗。民间常把血和汗联系在一起，比如"血汗钱"，这也从另一个侧面说明：血液和汗液属于同类物质，都包含着人的精神元气。出汗是人体的正常生理现象，但有些人在温度适宜和静态情况下仍大量出汗，这就属于异常情况，中医称之为多汗。汗为心之液，心主血，出汗过多，不仅耗气，还会伤及津液而损及心血。

临床上各种多汗症状不同，提示病因亦有所不同。①虚汗多源于肺的问题。肺主卫气的宣发肃降，肺气虚，卫外不固，就易出汗，体虚易感，易出现感冒、咳嗽、哮喘等病症，临床上可补气固表止汗，用药如玉屏风颗粒之类。②臭汗多源于肝脾的问题。七情不畅，抑郁焦虑，日久肝气郁结，肝郁化火，就会产生内热，同时脾胃也会失于健运，就会产生湿热困阻中焦。肝脾湿热内蕴，熏蒸肌表，则汗出，而此汗由湿热之邪蕴蒸日久而成，所以味道臭秽。且肝脾湿热者，往往手足心容易出汗，因为脾主四肢，临床多运用龙胆泻肝汤、丹栀逍遥散等加减治疗。③冷汗多源于肾的问题。肾阳为一身阳气之根本，肾主恐，如惊恐会令肾气趋下，肾阳内郁，从而手足冰凉，汗出不温，临床上多运用金匮肾气丸、桂附地黄丸或右归丸加减治疗。

【临床案例】

患者男，48岁，2天前因车祸外伤致右上臂肿胀剧痛，活动受限，急诊X线检查示"右肱骨干粉碎性骨折"，外院予夹板固定。次日出现高热（体温39.2℃），自服退热药后大汗淋漓，随即出现心悸、气短、口干欲饮、面色苍白，尿少色深。至我院就诊时，已24小时未排尿，舌质淡紫、苔少而干，脉细数无力。

辅助检查：血常规：血红蛋白浓度92g/L（轻度贫血），电解质：钠离子130mmol/L、钾离子3.21mmol/L。

中医诊断：骨折病（气滞血瘀证）。

西医诊断：右肱骨干粉碎性骨折。

处方：黄芪60g，当归12g，西洋参10g（另煎），麦冬30g，五味子10g，生地黄20g，玄参15g，煅龙骨30g，煅牡蛎30g，三七粉6g（冲服），丹参15g，骨碎补15g，续断12g。

4剂，每天1剂，水煎频服，少量多次。

按语：患者中年男性，本已因骨折失血致轻度贫血（夺血），复因高热大汗（夺汗），气血津液俱损，濒临"两死"危候，亡血失津，故出现"心悸、气短、口干欲饮、面色苍白"等症状。此时若误用麻黄、桂枝等发汗解表，必致阴竭阳脱。"有形之血不能即生，无形之气所当急固"，故以黄芪、西洋参大补元气，麦冬、五味子养阴固脱，生地黄、玄参滋阴凉血，兼煅龙骨、煅牡蛎固摄止汗，紧扣"血汗同源"

之义。骨折局部血瘀热壅,须化瘀清热,但患者已有亡血失津之证候,忌过用苦寒耗气之品(如大黄、芒硝)。取三七、丹参化瘀不伤正,当归补血而不滞血,骨碎补、续断兼顾接骨与补肾生髓。诸药共奏气复津回、血止瘀消、筋骨得续之功,契合"故夺血者无汗,夺汗者无血。故人生有两死,而无两生",亦彰显骨伤科"急则救逆,缓则续骨"的分期论治智慧。

【原文】

黄帝曰:余受九针于夫子,而私览于诸方,或有导引行气,乔摩……黄帝曰:此乃所谓守一勿失、万物毕者也。(《黄帝内经·灵枢·病传》)

【临证体会】

中医治疗疾病有导引行气、按摩、灸、熨、针刺及服药等多种疗法,临床运用时应辨证选用一种或多种适用的治疗方法。

"寸有所长,尺有所短",临床医生应了解各种疗法的适应证及禁忌证,并辨证运用。如针刺疗法是临床最为常用的中医传统疗法之一,针刺疗法的关键在于掌握经络、穴位的功效,同时配合适当的针刺手法,从而起到疏通经络、散寒止痛、调理脏腑功能等功效,其适应证非常广泛,涉及内、外、妇、儿等临床各科,尤其是针对各种急慢性痛症如关节炎、颈椎病、腰痛、神经痛、牙痛等,以及功能失调性疾病疗效确切;艾灸具有通经活络、温阳补虚、散寒止痛等疗效,适用于寒湿性、血瘀性及虚性病症,如风寒湿痹证、腰痛、腿痛、肩周炎等疾病,还具有回阳救逆固脱的作用;而中药经辨证论治后适用于大多数病症,具有调整阴阳、祛邪扶正等综合调整作用;推拿的基本作用是通过手法作用于人体体表的特定部位,以达到疏通经络、促进气血运行、调整脏腑功能、舒筋滑利关节、增强抗病能力等作用,适用于软组织损伤、骨关节疾病及内、外、妇、儿科等其他病症。

针灸、药物、推拿及其他非药物中医疗法各有所长,应各尽其长,不可偏废。著名医家孙思邈有云:"若针而不灸,灸而不针,皆非良医也。针灸不药,药不针灸,尤非良医也……知针知药,故是良医。"在临床诊疗过程中,要根据病人的实际情况,将针灸的各种疗法和药物有机结合起来,当用针时用针,当用药时用药,当结合时完美结合,因时因地因人而异,多管齐下,充分发挥各项治疗方法的优势,以提高临床疗效。

【原文】

黄帝曰:愿闻谷气有五味,其入五脏,分别奈何……天地之精气,其大数常出三入一,故谷不入,半日则气衰,一日则气少矣。(《黄帝内经·灵枢·五味》)

【临证体会】

本篇主要论述了饮食五味及进入人体后与五脏的对应关系及营气、卫气的运行情况。阐述了不同味属性的饮食物对人体生命活动的重要作用,五味理论在中医学的诊断、遣方用药等方面运用广泛。

人体的五脏六腑都需要胃接受食物所化生的精微物质,所以胃是五脏六腑所需水谷精微汇聚的地方,所以也有"脾胃为后天之本"的理论。食物五味同五脏的关系,是按五味、五脏的五行属性相联系的,五味分别进入各自所亲和的脏。酸味的食物首先进入肝,苦味的首先进入心,甘味的首先进入脾,辛味的首先进入肺,咸味的首先进入肾。食物所化生的精微、津液,正常地流行而布散全身。营气和卫气旺盛、通畅而周流全身。余下的部分化成糟粕,自上而下依次传化而排出体外。

水谷精微化生的精纯部分是营气,运行于脉中。水谷精微所化生的运行迅猛、滑利部分是卫气,运行于脉外。水谷精微的另一部分与吸入人体的清气结合而形成宗气。宗气不像营气、卫气一样周流全身,而主要是积聚在胸中,所以把胸中称为气海。宗气出于肺,沿着咽喉上行,呼则出,吸则入,保证人体正常的呼吸运动。自然界为人类提供营养物质,只有食物和空气进入人体后分别形成宗气、营气和卫气、糟粕,才能维持生命活动。

五味对五脏起着重要的滋养、协调作用,五味化生精微物质方能形成人的有机整体。一般认为心喜苦、肺喜辛、肝喜酸、脾喜甘、肾喜咸,五脏对五味各有特定的亲和性。掌握脏、味之间的关系,对于正确使用药疗及食养都具有重要意义。

【原文】

虚邪之中人也,洒淅动形,起毫毛而发腠理。……留而不去,则痹;卫气不行,则为不仁。(《黄帝内经·灵枢·刺节真邪》)

【临证体会】

外邪侵袭人体,由于部位浅深和邪正盛衰情况的不同,便会发生不同的病证。本篇论述外邪入侵,邪伤骨、筋、脉、肉、皮五体的表现,即病邪虽未伤及脏腑,仅局限在皮、肉、筋、骨、血脉体表部位,但病理变化,同样与此有关。

外邪伤人,首先侵犯体表,所以在发病初期,常有恶寒战栗等腠理皮毛的病理反应,当及时疏风解表,使邪从汗而解。

若邪气深入于骨,伤及骨髓,就会形成以肢体关节疼痛、酸重,甚至变形、挛缩为主证的骨痹。骨痹即属于痛痹之类,以寒气偏胜为主,日久不愈,则邪气伤肾。骨痹由于寒气凝结,阳气不行,初起治宜以温阳散寒为主,李中梓云:"治痛痹者,散寒为主,疏风燥湿,仍不可缺,大抵参以补火之剂,非大辛大温不能释其凝寒之害也。"如《金匮要略》乌头汤可选用。日久肾气亏损,治宜佐以益肾固本,可予安肾丸。

若邪气留滞于筋,伤及筋膜,就会形成筋挛。筋挛指四肢肌肉挛缩,运动失灵,亦可由风寒湿邪引起,形成筋痹。筋痹即行痹,以风气偏胜为主,主要表现为疼痛游走不定,筋脉拘急,挛缩难伸等症。初起治宜以祛风和血为主,兼去寒利湿,加之补血,血行风自灭,用防风汤。若风热攻注,筋弛脉缓,用羚羊角散。

若邪气留滞于脉中,则血脉受阻,营卫运行不利,邪毒结聚而形成痈肿。即《素问·生气通天论》所说:"营气不从,逆于肉理,乃生痈肿。"

【原文】

黄帝曰:余闻气者,有真气,有正气,有邪气。何谓真气? ……其气来柔弱,不能胜真气,故自去。(《黄帝内经·灵枢·刺节真邪》)

【临证体会】

气是人体生化进程的原动力,一个人的气平,才能不被邪气所害。

真气又名元气、原气。属先天之气,源于父母,为父精母卵的先天之精所化生,藏于肾,依靠后天之气的滋养和补充。故《灵枢·刺节真邪论》说:"真气者,所受于天,与谷气并而充身者也。"其主要功能是推动人体的生长和发育,温煦与激发各个脏腑、经络等组织器官的生理活动,是人体生命活动的原动力。因此元气充沛,则人体健壮而少病,反之如先天禀赋不足,或后天失养,则元气不足,身体虚弱,易致各种疾病。

谷气又称胃气,来自人摄入的水谷饮食。"胃者,人之根本,胃气壮,五脏六腑皆壮也",胃乃后天之本,是人体营卫气血之源。人之死生,取决于胃气的有无。脉有胃气则生,脉无胃气则是真脏脉,真脏脉是死脉。《灵枢·终始》说:"邪气来也紧而疾,谷气来也徐而和。"

所谓正气,是指应时而生的正常气候变化所产生的气象现象,对人身心的影响都在一定范围内,也称为正风,从一个固定的方向来,人体一般都能够适应。所谓邪气,是虚风像盗贼一样偷偷伤人,伤人的时候使人中病邪很深,人体不能很快将病邪祛除,病邪也不会自己消失。

在临床应用中应注意真气、谷气、正气、邪气的区别,保护好人体的真气、谷气,以提升人体的正气,防止邪气入侵,正气存内,邪不可干。

【原文】

黄帝曰:夫子言痈疽,何以别之? ……疽者,上之皮夭以坚,上如牛领之皮。痈者,其皮上薄以泽,此其候也。(《黄帝内经·灵枢·痈疽》)

【临证体会】

痈和疽是两类性质不同的疮疡，"痈"是气血为邪毒所困而壅阻不通而成，"疽"是邪毒内结于肌肉筋骨而成。两者的病机和临床表现也不一样，痈是气血为邪毒壅滞而成，无论发生在任何部位，但它的性质、症状，都有着共同之处，清热解毒、疏通气血是治疗痈证的重要法则，用药如仙方活命饮、五味消毒饮、竹叶黄芪汤、托里透脓汤等。疽是毒邪内结，发于筋骨深处的疮疡，多由湿邪、余毒、寒痰、瘀血凝滞而成，由于筋骨受损，溃后脓水淋漓，往往导致气血亏虚，故治疗阴疽多以温经散寒、补益气血为主，用药如八珍汤、阳和汤等。

【原文】

一条。太阳之为病，脉浮，头项强痛而恶寒。(《伤寒论·辨太阳病脉证并治》)

【临证体会】

古人根据经络与脏腑的联系，将其划分为手足三阴三阳共计十二经络，外邪侵入身体首先影响太阳经，太阳经受外邪侵袭，正邪交争所出现的证候为太阳病。太阳经脉，上额交颠，入络脑，还出别下项，连风府，当邪气侵袭阻滞经脉，太阳经气不利，就会引起头项强痛、恶寒的症状。此提纲讲述了太阳病的特征，确立了"辨病-脉-证"的思维模式，说明了太阳病与太阳经循行的关系。在诊疗过程中，遇见此类证候均可从这条经脉来辨证论治。

【原文】

十四条。太阳病，项背强几几，反汗出恶风者，桂枝加葛根汤主之。(《伤寒论·辨太阳病脉证并治》)

【临床案例】

患者男，18岁，右颈后部疼痛伴活动不利3小时。自诉平素畏风怕冷，时有汗出，昨夜未关窗户，晨起发现右侧颈后部疼痛不适，不能自由旋转，活动时疼痛加剧遂来就诊。现症见：右颈后部疼痛、转颈活动不利，活动时疼痛加剧，怕风，时有汗出，舌苔薄白、脉浮缓。胸部X线检查未发现明显异常。

诊断：颈肌筋膜炎(落枕)。

治疗：

1. 针灸、推拿等。

2. 中药治疗 患者中风表虚，邪气外束，颈项强痛，平素畏风怕冷，时有汗出，证属风寒型，予桂枝加葛根汤。桂枝加葛根汤具有解肌祛风、调和营卫之功，其中外证而致的颈项痛，项背强几几者倍用葛根，可有效活血通络止痛，缓解颈部强痛的局部症状。

【原文】

二百四十八条。太阳病三日,发汗不解,蒸蒸发热者,属胃也,调胃承气汤主之。(《伤寒论·辨阳明病脉证并治》)

【临证体会】

调味承气汤功效为缓下热结,可用于治疗阳明病发热。还可用于治疗:①腹胀、习惯性便秘、膈肌痉挛。②中消(糖尿病)。③湿疹、荨麻疹。④急性咽炎、扁桃体炎、慢性复发性口疮。⑤齿龈出血。⑥功能性低热。

【临床案例】

患者男,25岁,右侧肱骨近端骨折切开复位内固定术后发热4天。

患者4天前行右侧肱骨近端骨折切开复位内固定术,手术顺利,术后持续低热,体温为38~38.5℃,不恶寒,不欲饮食,恶心呕吐,汗出,口渴喜饮,大便未解,小便黄赤。舌红、苔微黄腻,脉滑数。

辅助检查:血常规、C反应蛋白均无明显异常。

诊断:内伤发热。

治疗:

1. 针灸、灌肠、物理降温等。

2. 中药治疗　患者热邪在里,发热如蒸,腑气不通,胃气上逆而恶心呕吐,正如《素问·缪刺论》曰:“人有所堕坠,恶血留内,腹中满胀,不得前后,先饮利药。”中焦津伤热结,不可峻下热结,治宜润肠缓下,故予调味承气汤加减。调胃承气汤治疗阳明病肠腑燥实证,软坚通便而不伤胃气。本方加用桃仁、红花、香附、木香活血化瘀、理气止痛,使腑气得以通畅。

【原文】

二百六十三条。少阳之为病,口苦,咽干,目眩也。(《伤寒论·辨少阳病脉证并治》)

【临证体会】

本条所述乃邪入少阳的阶段,少阳介于太阳与阳明之间,是病邪由表入里,由寒化热的阶段。证候特点为半表半里热证。由于枢机不利,胆疏泄功能异常,胆腑郁热,蒸迫津液则口苦,少阳郁火,热灼津液则咽干,火热循经上扰则目眩。少阳病并非表证,里实又尚未形成,治宜和解枢机。此提纲讲述了少阳病的特征,在诊疗过程中,遇见此类证候均可从这条经脉来辨证论治。

【临床案例】

患者女,33岁。离婚半年。患者左前胸部疼痛,3日后局部渐肿大隆起,触之坚硬,压痛明显,胸闷不适,口干口苦,舌红、苔薄黄,脉弦数。胸部 X 线检查及心电图检查未见异常。诊断为肋软骨炎。投以小柴胡汤去人参,加青皮、陈皮以助行气解郁,当归、川芎活血散瘀消肿,金银花、板蓝根清解热毒。服药 5 剂后,疼痛明显好转,守原方继进 10 余剂,痛止肿消而愈。

《灵枢·经脉》载:"胆足少阳之脉……是主骨所生病者……胸、胁、肋、髀、膝外至胫、绝骨、外踝前及诸节皆痛。"本文所举病例,痛的部位与足少阳经的循行路线相吻合,且具有口苦、咽干、目眩、舌苔薄白、脉弦等症,故予小柴胡汤治疗应取效。但临证时仍须辨证论治,随症加减。如上述病例,除具少阳经气郁结不利之证外,皆兼瘀血阻滞之证,遂于小柴胡汤中纳入当归、川芎等活血祛瘀之品,增强了行血、活血的作用,使得少阳经气通利,血脉和调,气血畅通,诸症自愈。

【原文】

太阳病,关节疼痛而烦,脉沉而细者,此名湿痹。……但当利其小便。(《金匮要略·痉湿暍病脉证治》)

【临证体会】

本节讲太阳病,没有脉浮的表现,反而有脉沉细。类似太阴病的脉象。关节疼痛而烦,没有头项强痛,说明是太阳病后期,外证消失,湿邪流注关节,命名为湿痹。可以用甘草附子汤(由甘草、炮附子、桂枝、炒白术组成)治疗,方中附子温阳祛湿,桂枝祛邪外出,白术、甘草培土胜湿,如恶寒发热,脉浮紧,用麻黄加术汤。如湿困膀胱,则小便不利,湿困脾脏,大便溏薄,次数增多,则加健脾利湿,通小便以实大便的药物。

【临床案例】

患者男,41岁。近半年来自觉双上肢关节酸痛沉重,疼痛部位不移,以双手指关节为甚。实验室检查提示抗链球菌溶血素 O 试验指标异常,类风湿因子阳性,红细胞沉降率 20mm/h。曾用抗生素、激素、水杨酸类药物及中药治疗效果不著。近 1 周来,因气候潮湿,阴雨绵绵,自觉两关节酸痛加重,手指关节肿胀,周身困倦,恶风寒而无汗,纳食少思,舌苔白腻、舌质淡红,脉濡细。

依据患者关节痛处不移、沉重酸痛的特点,可辨为湿痹。此例系湿邪侵犯经络所致,患者恶风寒而无汗,知其邪在表。治宜祛风散寒,健脾祛湿。方选麻杏薏甘汤加味。药用麻黄、甘草各 5g,杏仁、桂枝、半夏、防风各 10g,羌活 15g,薏苡仁30g。水煎服,每日1剂,分2次服。药进5剂,酸痛减轻,微汗出,恶风除,苔腻化。再守上方续进10剂,疼痛基本消失。后以六君子汤加减调至旬日,复查抗链球菌溶血素O试验指标已恢复正常,类风湿因子弱阳性,随访2年未再复发。本案例以麻杏薏甘汤除湿祛风而取效,后为增强除湿,断其邪湿之源,更以六君子汤健脾化湿,以求从本论治,故治疗1个月后,诸症缓解。

【原文】

风湿相搏,一身尽疼痛,法当汗出而解,……但微微似欲出汗者,风湿俱去也。(《金匮要略·痉湿暍病脉证治》)

【临证体会】

本条论述风湿指表证,外风合并内湿或者是外风合并外湿侵入肌肤,引起一身疼痛。可以用祛风除湿、发汗解表的方法,用药为羌活、独活、柴胡、升麻一类,如羌活胜湿汤。如果用麻黄汤一类的发汗峻剂,汗出过多,阳气随过多的津液外出,导致阳虚,无力化湿,故湿仍在。或者大汗后卫阳耗伤,当时阴雨不止,外湿随即入内。所以风湿相搏者,需要祛风为主,发汗为辅。

【原文】

诸肢节疼痛,身体魁羸,脚肿如脱,头眩短气,温温欲吐,桂枝芍药知母汤主之。(《金匮要略·中风历节病脉证并治》)

【临证体会】

本条论述风寒湿化热伤阴历节的证治。诸肢节疼痛是说风寒湿流注痹阻经筋关节之间,气血运行不畅,寒多则痛,故全身肢体关节疼痛,身体魁羸是因为病久而精气不足,正气日衰而邪气日盛。瘀血阻滞于筋骨关节,导致关节肿大变形,皮肉脂髓缺乏精血灌注与濡养,所以身体逐渐消瘦。脚肿如脱是指湿伤导致足肿。头眩是指风湿上扰于头,清阳不升,则头昏目眩,短气。温温欲吐是指因为湿阻中焦,困遏脾阳,导致胃气上逆趋势。

本证的治法是调和营卫、温阳散寒、宣痹止痛、祛风除湿,佐以养阴清热。方用桂枝芍药知母汤加减。本方由麻黄加术汤、桂枝附子汤、甘草附子汤加减合成。方中桂枝汤去大枣调和营卫,防风祛风,白术除湿,麻黄峻猛散寒湿于外而温阳通痹,附子温经助阳于里。祛寒湿之痹于下而止足痛,佐知母芍药清热养阴,舒筋止痛。以治标祛邪为主,治本护正为辅。

【临床案例】

患者,女,35岁。背痛、晨僵4月余。

患者自诉4月前无诱因出现背痛,晨起僵硬,使用免疫调节剂、柳氮磺吡啶栓症状缓解,但胃纳欠佳,时欲呕吐;舌偏红,苔薄,脉细。查体:右4字试验(+)。人类白细胞抗原-B27(human leucocyte antige-B27,HLA-B27)阳性,CT示双侧骶髂关节炎Ⅱ级。

中医诊断:痹证(风湿热痹)。

西医诊断:强直性脊柱炎。

治法:祛风通络,清热活血,方以桂枝芍药知母汤加减。该方由桂枝、芍药、炙甘草、麻黄、生姜、白术、知母、防风、制附子组成。此方温经散寒、祛风除湿,表里同治。方中桂枝、芍药、甘草三药取桂枝汤调和一身营卫之意,以治疗历节病营卫不调,扶正以祛邪气;附子可祛一身之寒邪;白术可除一身之湿邪;防风可散一身之风邪;麻黄则取其开腠理;附子、白术、防风、麻黄祛风、散寒、除湿邪;知母除烦,亦有补益脏腑阴气之功。生姜其功有三:一为大剂生姜可宣散风寒水气,与病机相符;二为症状中有"温温欲吐",用之降逆止呕;三为宣畅胃肠之气,以防胃肠寄存宿食。知母、生姜二药皆用以"先安未受邪之地",既病防变。

【原文】

血痹,阴阳俱微,寸口关上微,尺中小紧,外证身体不仁,如风痹状,黄芪桂枝五物汤主之。(《金匮要略·血痹虚劳病脉证并治》)

【临证体会】

本条论述阴阳气血营卫具虚的血痹证的证治。寸口关上微,尺中小紧阐述了阴阳具虚的机制,寸脉主要候上焦病情,心之营气和肺之卫气应于两侧寸脉,两侧关脉候中焦疾病,可知脾胃之气盛衰。尺中小紧候下焦病情,后天不养先天,肝肾之阳气精血不足,寒邪内侵,故尺脉小紧。外证身体不仁,如风痹状。血痹的症状主要是局部皮肤麻木不仁,重者可有酸痛感,所以说"如风痹状"。但血痹与风痹有一定区别,前者以麻为主,后者以走窜性疼痛为主。

黄芪桂枝五物汤即桂枝汤去甘草加黄芪组成,黄芪益气通阳,与通阳之桂枝合用,既能宣通卫阳助卫气之运行,又能理营阴之血滞,佐以芍药合营行痹,生姜、大枣和胃调营卫之气,生姜量增加到六两,意在取其辛散,温阳化饮并宣通脉络。甘草因甘缓守中而不能外达,于血痹无益,故去之。

黄芪桂枝五物汤在临床可以治疗周围神经麻痹、产后身痛、气虚头疼、慢性风湿性关节炎、肩周炎、脑卒中后遗症等疾病。

第三章

医论选

第一节 《华佗神方》选

　　《华佗神方》传为汉代华佗撰,实为后世托名而作,成书年代不详,现存22卷本可能经唐至明清历代增补而成。该书共22卷,其中卷1~2以论病理和临症为主,卷3~19以论方药为主,卷20论制炼诸药法,卷21论养性服饵法,卷22托名"华佗注仓公传"。全书收载伤科方38首,外科方170余首。华佗医术全面,早在一千多年以前,他就成功地应用麻沸散作全身麻醉剂,施行了腹部外科手术、死骨摘除术及肿瘤切除术等。这不仅在我国医学史上是空前的,而且在世界麻醉学和外伤科手术史上也有重要地位。本书不仅重视内治,更重视外治,说明它是在华佗的学术思想启发下逐步充实和完善起来的。全书理、法、方、药紧密结合,且方多法广,施治灵活,具有较高的临床参考价值。

华佗论病理神方（节选）

【原文】

论各种疗治法宜因病而施

　　夫病有宜汤、宜圆①、宜散,宜下,宜吐,宜汗,宜灸,宜针,宜补,宜按摩,宜导引,宜蒸熨②,宜煖洗③,宜悦愉④,宜和缓⑤,宜水,宜火⑥等之分;若非良善精博⑦,难为取愈;庸下⑧浅识,乱投汤圆,汗下补吐,动使交错⑨,轻者令重,重者令死,举世皆然⑩。

【注释】

① 圆:通"丸",指剂型。

② 蒸熨:将药物蒸煮后热敷、热熨。

③ 煖(xuān 萱)洗:将药物加水煮汁,然后温洗。

④ 悦愉:指使患者高兴、愉快的情志疗法。

⑤ 和缓:指使得药性和缓的剂型。

⑥ 宜水、宜火:指适宜凉药、热药。

⑦ 若非良善精博:本处指医生的素质。

⑧ 庸下:指医术不高的庸工、谬工。

⑨ 动使交错:动,动辄、往往。交错,交相错乱。

⑩ 然:此,这样。

【按语】

本文论述了医家应针对各种疾病施以适宜的治法,选用对症的药物。要求医家擅长各种治法,通晓药物性味。

文中论述了各种疾病应施以不同的治法,选用对症的药物。指出高明的医生兼有众长,处方用药,手到病除;而拙劣的庸医,胡乱施治,使患者病情加剧,或者因误治而夭折。

【原文】

盖汤可以涤荡①脏腑,开通②经络,调品③阴阳,祛分④邪恶,润泽枯朽,悦养⑤皮肤。养气力,助固竭,莫离于汤也。

圆可以逐风冷,破坚癥⑥,消积聚,进饮食,舒⑦营卫,定⑧开窍,缓缓然参合⑨,无出于圆也。

散者能祛风邪暑湿之气,摅⑩寒温湿浊之毒,发散四肢之壅滞,除翦⑪五脏之结伏,关肠⑫和胃,行脉通经,莫过于散也。

【注释】

① 涤荡:洗涤、清除。

② 开通:开启、疏通。

③ 调品:调摄、区分。

④ 祛分:祛除、分辨。

⑤ 悦养:悦怡、滋养。

⑥ 坚癥:坚硬的癥结,即包块。

⑦ 舒:安也。

⑧ 定:正也。

⑨ 缓缓然参合:慢慢地化合。

⑩ 摅(shū 抒):散也。

⑪ 除翦:祛除、剪灭。翦,同"剪"。

⑫ 关肠:闭肠,指止泄。关,门闩,引申作闭合。

【按语】

本段分别论述了汤剂、丸剂、散剂所适应的证候。

【原文】

下则疏豁①闭塞;补则益助②虚乏;灸则起阴通阳③;针则行④营行卫;导引⑤则可以逐客邪于关节;按摩则可以驱浮淫⑥于肌肉;蒸熨避冷,煨洗生阳,悦愉爽神⑦,和缓安气⑧。

【注释】

① 疏豁(huò 或):疏通。

② 益助:帮助。

③ 起阴通阳:即上文"开通经络,调品阴阳"的压缩语。起,通"启"。

④ 行:走,运行。

⑤ 导引:又称行气导引,类似今之气功疗法。

⑥ 浮淫:指位于体表的病邪。

⑦ 爽神:使精神清爽。爽:《说文解字》"明也"。

⑧ 安气:使气安。

【按语】

本文分别论述了下法、补法、灸法、针法、导引法、按摩法、蒸熨法、煖洗法、悦愉法、和缓法在临床上的适应证及功效。

【原文】

若实而不下,使人心腹胀满,烦乱鼓肿①;若虚而不补,则使人气血消散,肌肉耗亡,精神脱失②志意昏迷;可汗而不汗,则使毛孔闭塞、关绝③而终,合吐④而不吐,则使结胸上喘,水食不入而死:当灸而不灸,则使人冷气重凝⑤,阴毒内聚,厥气⑥上冲,分队不散⑦,以致消减;当针而不针,则使人营卫不行,经络不利⑧,邪渐胜真⑨,冒昧而昏⑩;宜导引而不导引,则使人邪侵关节,固结难通⑪:宜按摩而不按摩,则使人淫随肌肉⑫久留未消;宜蒸熨而不蒸熨,则使人冷气潜伏,渐成痹厥⑬;宜煖洗而不煖洗,则使人阳气不行,阴邪相害⑭。不当下而下,则使人开肠荡胃,洞泄不禁⑮;不当汗而汗,则使人肌肉消绝⑯;津液枯耗;不当吐而吐,则使人心神烦乱,脏腑奔冲⑰;不当灸而灸,则使人重伤经络⑱,内蓄疲毒,反害于中和⑲,致于不可救;不当针而针,则使人气血散失,机关⑳细缩;不当导引而导引,则使人真气劳败㉑,邪气妄行;不当按摩而按摩,则使人肌肉䐜胀㉒,筋骨舒张㉓,不当蒸熨而蒸熨,则使人阳气偏行,阴气内聚㉔,不当煖洗而煖洗,则使人湿灼皮肤,热生肌体㉕;不当悦愉而悦愉,则使人神失气消㉖,精神不快;不当和缓而和缓,则使人气停意折㉗,健忘伤志。

【注释】

① 鼓肿:指腹胀。鼓,同"膨",凸起,高出。

② 脱失:夭败。

③ 关绝:同"关格",指阴阳偏盛不能互荣的严重病理状态。《灵枢·脉度》曰:"阴气

太盛则阳气不能荣也,故曰关;阳气太盛,则阴气弗能荣也,故曰格。阴阳俱盛,不得相荣,故曰关格。关格者,不得尽期而死也。"

④ 合吐:应吐。合,应也。《史记·乐书》:"合生气之合。"

⑤ 冷气重凝:即"重凝冷气"。凝,聚集。

⑥ 厥气:逆乱之气。《素问·阴阳应象大论》:"厥气上行,满脉去形。"

⑦ 分队不散:指厥逆之气在体内形成了证候。

⑧ 利:畅利。

⑨ 真:正也。指正气。

⑩ 冒昧而昏:指不明不白地便死了。

⑪ 固结难通:指邪成痼结而难通。固,通"痼"。痼结,指顽固而难以治愈的结聚。

⑫ 淫随肌肉:淫邪随着肌肉迁移。

⑬ 痹厥:病症名,指肢体寒冷,麻木不仁。

⑭ 阳气不行,阴邪相害:指阳气不能运行,病邪害人。

⑮ 禁:止也。

⑯ 消绝:消亡、灭绝。

⑰ 奔冲:横冲直撞。

⑱ 则使人重伤经络:当为"则使人(之)经络重伤"。

⑲ 中和:平和。

⑳ 机关:关节。

㉑ 劳败:剧败、大丧。劳,《说文解字》"剧也",程度副词。

㉒ 䐜胀:满胀。《素问·阴阳应象大论》"浊气在上,则生䐜胀"。

㉓ 舒张:松弛。

㉔ 阳气偏行,阴气内聚:指阴阳之气运行失常,邪气内聚。

㉕ 使人湿灼皮肤,热生肌体:当为"使人皮肤湿灼,肌体生热",湿、灼:既湿且灼,灼,炙、烧、热。

㉖ 神失气消:指神气散失。

㉗ 气停意折:当为"意气停折"。

【按语】

本文对比论证了当用某治法而未用,或不当用某治法而误用导致的不良后果。

【原文】

大凡治疗,要合其宜,脉状病候,少陈于后:凡脉不紧数①,则勿发其汗;脉不疾数②不可以下;心胸不闭,尺脉微弱,不可以吐;关节不急③,营卫不壅④,不可以针;阴气不盛,阳气不衰,勿灸;内无客邪,勿引导;外无淫气⑤,勿按摩;皮肤不痹⑥,勿蒸熨;肌肉不寒,勿煖洗;神不凝迷⑦,勿悦愉;气不奔急⑧,勿和缓。顺此者生⑨,逆此者死⑩耳!

【注释】

① 紧数:指紧脉。《脉经》"紧脉,数如切绳状",意为脉来绷急,状如车绳转索。数,象也。

② 疾数:指疾脉。脉来疾速,成人一息七八至。

③ 急:紧也。

④ 壅:塞、固。

⑤ 淫气:指四时不正之气。

⑥ 痹:《说文解字》"湿病也。"风、寒、湿三气杂至,合而为痹。

⑦ 凝迷:呆滞、恍惚。

⑧ 奔急:同奔冲。

⑨ 生:此处泛指健康、正常。

⑩ 死:此处泛指危险、死亡。

【按语】

此处是全文的小结。文中反复强调治疗要"合其宜""顺此者生,逆此者死耳",全文论点鲜明,论据充实,结论正确。对于我们今天的临床施治,仍有指导意义。

华佗神方秘方(节选)

【原文】

华佗麻沸散神方①

专治病患腹中癥结,或成②龟蛇鸟兽之类,各药不效,必须割破小腹,将前物取出。或脑内生虫③,必须劈④开头脑,将虫取出,则头风⑤自去。服此能令人麻醉,忽忽不知人事,任人劈破。

羊踯躅三钱,茉莉花根一钱,当归一两,菖蒲三分。

水煎服一碗。

【注释】

① 华佗麻沸散神方:主要用于外科麻醉。《华佗传》称:"若病结积在内,针药所不能及,当须刳割者,便饮其'麻沸散',须臾便如醉死无所知因破取。"

② 成:形成。

③ 虫:此指肿瘤。

④ 劈:剖。

⑤ 头风:指经久不愈的头痛病。

【按语】

华佗麻沸散神方,始见于陈寿《三国志·魏书·方技传》,后又见于范晔《后汉书·术列传》,均用作开刀治疾时的麻醉药,但未载其方,考本文所载之方,由羊踯躅、茉莉花根、当归、菖蒲组成。在《神农本草经》中,菖蒲为上品,当归为中品,羊踯躅为下品。而茉莉花始产于印度,晋人嵇含《南方草木状》中已有收录,明人李时珍在《本草纲目》中引汪机云:"凡跌损骨节,脱臼接骨者,用此则不知痛也。"关于"麻沸散"方的组方,虽有多种说法,从本方组成药物看,则是较早的麻醉剂型之一,尤为值得重视。

【原文】

华佗接骨神方①

本剂专治跌伤、打伤、手足折断。惟必先细心凑合端正②后,以杉木板夹持之,不可顾患者之痛楚③,再以下方使之服下,最多二服当愈,不必三服也。

羊踯躅三钱,炒大黄三钱,当归三钱,芍药三钱,丹皮二钱,生地五钱,土狗十个(捶碎),土虱三十个(捣烂),红花三钱。

先将前药用酒煎成,再加自然铜末一钱,连汤服下。

【注释】

① 华佗接骨神方:系跌打接骨的内服药。

② 端正:用手法整复骨折归原,消除畸形。

③ 痛楚:疼痛、苦楚。

【按语】

接骨,是骨伤科针对因外力、肌肉拉力或骨病造成的骨截断、碎断或斜断而采取的正骨手法复位及夹缚固定等外治法。华佗接骨神方的最大特点是结合外治,同时内服药物,内外同时治疗。组方合理,疗效显著,"最多二服当愈,不必三服也"。

华佗按摩神术[①]（节选）

【原文】

凡人支[②]节腑脏，郁积而不宣[③]，易成八疾：一曰风，二曰寒，三曰暑，四曰湿，五曰饥，六曰饱，七曰劳，八曰逸[④]。凡斯[⑤]诸疾，当未成时，当导而宣之[⑥]，使内体巩固[⑦]，外邪无目而入[⑧]。迨[⑨]既感受，宜相其机官[⑩]，循其腠理，用手术按摩疏散之，其奏效视[⑪]汤液丸散神速。

述如下：

一、两手相捉纽捩[⑫]，如洗手法。

二、两手浅相差[⑬]，翻覆向胸。

三、两手相捉共按，左右同[⑭]。

四、以手如挽五石力弓[⑮]，左右同。

五、两手相重按，徐徐[⑯]捩身，左右同。

六、作拳向前筑[⑰]，左右同。

七、作拳却[⑱]顿，此是开胸法，左右同。

八、如拓[⑲]石法，左右同。

九、以手反捶[⑳]背，左右同。

十、双手据[㉑]地、缩身曲脊，向上三举。

十一、两手抱头宛转上，此是抽胁[㉒]。

十二、大坐[㉓]斜身，偏敧如排山，左右同。

十三、大坐伸两脚，即以一脚向前虚掣[㉔]，左右同。

十四、两手拒[㉕]地回顾，此虎视法，左右同。

十五、立地反勾[㉖]身三举。

十六、两手急相叉，以脚踏手足[㉗]，左右同。

十七、起立以脚前后虚踏[㉘]，左右同。

十八、大坐伸两脚，用当相手[㉙]勾所伸脚着膝中，以手按之，左右同。

上十八法，不问老幼，日[㉚]则能依此三遍者，一月后百病悉除。行及[㉛]奔马，补益延年，能食，眼明轻健，不复疲乏

【注释】

① 华佗按摩神术：选自《华佗神方秘方》第十二篇，主要论述按摩防病、治病的十八法。手法易行，老幼皆宜。

② 支：通"肢"。

③ 宣：疏散。

④ 逸:逸乐、安闲。

⑤ 斯:此。

⑥ 导而宣之:逐除并疏散它们。

⑦ 内体巩固:指身体健康。

⑧ 无目而入:无从而入。

⑨ 迨:及,等到。

⑩ 相其机官:视那机体变化情况。相,审视。机官,肌体。

⑪ 视:比也。《孟子·万章》"受地视侯"。

⑫ 纽挒(liè 列):扣合、翻转。

⑬ 相差:相错。

⑭ 左右同:左右手法相同。

⑮ 五石力弓:指力度较硬的弓。《汉书·律历志·上》:"三十斤为钧,四钧为石。"五石,则为六百斤。

⑯ 徐徐:舒缓地。

⑰ 筑:此指握拳向前冲击。

⑱ 却:同"脚"。

⑲ 拓:《广韵》"手承物也"。

⑳ 捶:击,敲打。

㉑ 据:按也。《礼记·玉藻》"君赐,稽首,据掌,致诸地"。

㉒ 胁:腋下。

㉓ 大坐:正坐。

㉔ 掣(chè 彻):牵也。

㉕ 拒:同"据"。

㉖ 勾:当为"拘"字。

㉗ 手足:偏义复词,义在足。

㉘ 虚踏:轻踏。指脚力不达于地。

㉙ 当相手:指左右手。

㉚ 日:每天,作状语。

㉛ 行及:行动轻便、快捷。

【按语】

本文所论"按摩"十八法,实质上是古代导引调摄法。以手法为核心,牵动联结上下内外,活动关节,行脉通经,舒畅脏腑,愉悦精神,从而增强体质,祛除疾病,达到延年益寿的目的。

"按摩"十八法,简便可行,易学易记,老幼皆宜,既可以养生,又可以灭病,宜发掘而广布之。

华佗外科神方（节选）

【原文】

华佗治多骨疽神方

生于大腿之中,痈生之后,其口不收,腐烂之中,忽长一骨,疼痛难忍,俗以为骨,实为湿热之毒所化。内服用茯苓一两,车前子一两,金银花三两,牛膝五钱,紫花地丁一两,水煎服,六剂骨消,再十剂而痊愈。外用:飞过密陀僧,用桐油调膏,贴于患处,奏效尤捷。

【按语】

本条叙述了化脓性骨髓炎的好发部位、临床表现和发病原因等。在治疗上,既有方药,又有局部敷贴药,具有较好的临床参考价值。

华佗伤科神方（节选）

【原文】

华佗治折骨神方

取大麻根叶,无问多少,捣取汁饮一小升。无生青者,以干者煮取汁服。外治:用黄狗头骨一具,以汤去其皮毛,置炭火中煅之,去泥捣细末:别[1]以牡蛎亦置炭火上煅之,临用时每狗骨末五钱,入牡蛎末三钱,官桂末二钱,并以糯米粥铺绢帛上,乃掺药在粥上,裹损伤处。大段折伤者,上更以竹并夹之,少时觉痒,不可抓爬[2],宜轻拭以手帕。一、三日效。

【注释】

① 别:即"另"之意。
② 抓爬:搔抓。

【按语】

本段主要论述了骨折后的药物内治法与局部外治法。在外治方面,除详细地介绍了敷药过程外,还特别强调了可能因药物产生的局部皮肤过敏反应,应防止抓破皮肤。

【原文】

华佗治颔脱神方

先令患者平身正坐,术者以两手托住下颔①,向脑后送上关窍②,即以布扎住③。外用天南星研末,姜汁调敷两颔,越宿即愈。惟居处宜忌风寒。

【注释】

① 颔:即下颌骨。
② 关窍:指颞颌关节。
③ 扎住:捆绑固定。

【按语】

本文叙述了颞颌关节脱位的手法复位及外固定术。从记载来看,此口内整复法已早于晋代的葛洪,可供研究华佗学术者参考。

第二节 《肘后备急方》选

《肘后备急方》由晋代医药学家葛洪编著,成书于326—341年间。葛洪长期从事炼丹术和医药学研究,对传染病学、寄生虫学以及制剂化学的发展均有较大的贡献。《肘后备急方》系葛氏摘录自著的《玉函方》中可供急救医疗的实用有效的单方、验方及灸法编成。全书共8卷,计70篇。书中记述各种急性传染病及内、外、骨、妇、儿科等疾病的病因、症状和治疗。所用方药,具有简、便、廉、验的特点。所以,它不仅是方药之书,也是以治疗急症为主的综合性医著。

葛氏在《肘后备急方》及《抱朴子》等著作中,论述了开放创口感染的毒气之说,强调早期处理伤口的重要性。描述了骨折和关节脱位,并推崇小夹板的局部固定法和手法整复疗法。他的治疗理念和一些治疗方法直到现在仍普遍沿用。此外,他还记载了烧灼止血法,并首创了以口对口吹气法抢救猝死病人的复苏术,这些都为中医骨伤科学的发展做出了划时代的贡献。

治卒患胸痹痛方第二十九(全篇)

【原文】

胸痹之病,令人心中坚痞忽痛,肌中苦痹,绞急如刺,不得俛仰①,其胸前皮皆痛,不得手犯,胸满短气,咳嗽引痛,烦闷自汗出,或彻引背膂,不即治之,数日害人②。治之方:用雄黄、巴豆,先捣,雄黄细筛,内③巴豆,务熟捣,相入丸如小豆大,服一丸不效,稍④益之。

又方:取枳实捣,宜服方寸匕,日三,夜一服。

又方:捣栝楼实大者一枚,切薤白半升,以白酒七升,煮取二升,分再服⑤,亦可加半夏四两,汤洗⑥去滑,则用之。

又方:橘皮半斤,枳实四枚,生姜半斤,水四升,煮取二升,分再服。

又方:枳实、桂等分,捣末,橘皮汤下方寸匕。日三服。仲景方神效。

又方,桂,乌喙,干姜各一分,人参,细辛,茱萸各二分,贝母二分,合捣,蜜和丸,如小豆大,一服三丸,日三服之。

若已差⑦复发者,下韭根五斤,捣,绞取汁,饮之愈。

【注释】

① 俛仰:即俯仰。

② 害人:危害人命。

③ 内:通“纳”。

④ 稍:逐渐。

⑤ 分再服:分两次饮服。

⑥ 汤洗:用开水洗。

⑦ 差:通“瘥”,指病除体愈。

【按语】

胸痹痛,来势猛病情重,令人心中坚痞,胸满,短气。文论记述了胸痹痛的症状及治疗。所录七首医方,针对性强,组方简便,且组方药物皆为贱价草石,所在之处皆可觅得。各方之疗效,经验证明效果良好。

治卒患腰胁痛诸方第三十二(节选)

【原文】

葛氏治卒腰痛诸方,不得俯仰方。

正立倚小竹,度其人足下至脐,断竹,及以度①后,当脊中,灸竹上头处,随年②壮,毕,藏竹,勿令人得矣。

又方:鹿角长六寸,烧,捣,末,酒服之,鹿茸尤佳。

又方:取鳖甲一枚,炙,捣,筛,服方寸匕,食后,日三服。

又方:桂八分,牡丹四分,附子二分,捣,末,酒服一刀圭③,日再服。

治肾气虚衰,腰脊疼痛,或当风卧湿,为冷所中,不速治,流入腿膝,为偏枯冷

痹,缓弱,宜速治之方:

独活四分,附子一枚大者,炮,杜仲,茯苓,桂心各八分,牛膝,秦艽,防风,芎䓖,芍药六分,细辛五分,干地黄十分,切,水九升,煮取三升,空腹分三服,如行八九里进一服,忌如前顿服三剂。

胁痛如打方:

大豆半升,熬令焦,好酒一升,煮之令沸,热饮取醉。

又方,芫花,菊花等分,踯躅花半斤,布囊贮,蒸令熟,以熨痛处,冷复易之。

治反腰有血痛方:

捣杜仲三升许,以苦酒和涂痛上,干复涂,并灸足肿白肉际,三壮。

【注释】

① 度:忖度,揣度。

② 随年:依据不同年龄人的具体情况。

③ 刀圭:古量具名,一升的十万分之一。《名医别录·合药分剂法则》:"丸散云刀圭者,十分方寸匕之一,准如梧桐子大也。"

【按语】

腰胁痛,是多发性痼疾,或不得俯仰,或行动不便,或疼痛如被打。"治卒患腰胁痛诸方"收有各种医方,针对各种不同症状,治则多样,或内服药物,或艾灸穴位,或药熨痛处等等,颇受患者欢迎。

治虚损羸瘦不堪劳动①方第三十三（节选）

【原文】

治人素有劳根②,苦作便发,则身百节皮肤无处不疼痛,或热筋急方:

取白柘东南行根一尺,刮去上皮,取中间皮以烧屑,亦可细切捣之,以酒服三方寸匕,厚覆③取汗,日三服,无酒以浆服之。白柘,是柘之无刺者也。

《经验后方》治五劳七伤、阳气衰弱、腰脚无力。羊肾苁蓉羹法:

羊肾一对,去脂膜细切,肉苁蓉一两,酒浸一宿,刮去皱皮,细切,相和作羹,葱白、盐、五味等,如常法事治④,空腹食之。

【注释】

① 劳动:剧烈的活动。《说文解字》中提到劳为"剧也""动,作也"。

② 劳根:本处指劳疲痼疾。

③ 厚覆:指覆盖厚实的被褥。

④ 事治:即待治。

【按语】

虚损赢弱、不堪剧烈活动,患者周身百节无处不痛,阳气衰弱,腰脚无力。"治虚损赢瘦不堪劳动方",用单方取病,辅以食疗之法,既治其标,又治其本,不但能祛邪除病,更能强身固本。

第三节　《刘涓子鬼遗方》选

《刘涓子鬼遗方》由晋代刘涓子撰,南齐龚庆宣整理,成书于 499 年。该书是我国现存最早的外科学专著。全书 5 卷(全书共 10 卷,现存 5 卷)。卷 1 总论外科痈与疽的鉴别。卷 2~5 论述金疮外伤治法、杂病,并载列外科常用方剂 140 余首。该书总结了晋以前外科学的成就,提出痈疽金疮方面的病因病机及鉴别诊断;对感染创口与骨关节化脓性疾病实施外消、内托、排脓、追蚀、生肌和灭瘢的治法;说明既以外治为主,又注重内治,为后世外科的消、托、补三法奠定了基础。该书还描述了败血症和类似髋关节结核、脊柱结核的症状,提出恶性骨肿瘤的预后判断。该书继承《黄帝内经》营卫稽留于经脉之中,则血泣而不行,不行则卫气从之而不通的学术观点,将活血化瘀法用于创伤外科,这一主张这一主张对后世影响深远,清代唐容川进一步提出"离经之血便是瘀",在后世的临床中得到了广泛应用。所以,该书不仅是研究中医外科学的重要文献,而且对临床也有较高的参考价值。

刘涓子鬼遗方卷第一(节选)

【原文】

阴疽发髀若阴股①,始发腰强,内不能自止②,数饮不能多,五日坚痛。不治,三岁而死。

筋疽③皆发脊两边大筋,其色苍,八日可刺。若有脓在肌腹中,十日死。

【注释】

① 阴疽发髀若阴股:阴疽,阴证疮疡;髀,髋关节。阴疽发髀若阴股,指发于髋关节的疽像臀部、大腿那样肿大。

② 始发腰强,内不能自止:指患者腰部强直处于过伸位而不能自行控制。

③ 筋疽:指发于脊柱部位的疽。

【按语】

本论所述"阴疽",类似现在的髋关节结核或慢性骨髓炎;"筋疽"类似现在的脊柱结核。本论内容是《灵枢·痈疽》的发展。阴疽发髀,始发腰强,不能自止,这和现代临床骨科记载的髋关节结核或骨髓炎引起腰部过伸强直,不受意志支配类似,表现如西医之"托马斯征"阳性。

刘涓子鬼遗方卷第二(节选)

【原文】

一、治金疮,"止血散"方

乌樟根三两,白芷一两,鹿茸二分(烧灰),当归一两,川芎一两,干地黄一两(切,蒸焙),续断一两。

右①七味,捣筛令调,着②出血处,即止。

二、治金疮血肉痿,"蝙蝠消血散"方

蝙蝠三枚,烧令烟尽,沫下,涓筛之。

右以水服方寸匕,一日服令尽,当下如水,血消③也。

三、治金疮中腹,肠出不能内④之,"小麦饮喷疮"方

取小麦五升,水九升,煮取四升。去滓,复以绵度滤之,使极冷,傍⑤含喷之疮,肠自上,渐渐入;以冷水喷其背。不宜多人见,亦不欲令傍人语,又不可病人知。或晚未入,取病人席四角,令病人举摇,须臾肠便自入。十日之内,不可饱食。频食而宜少⑥。勿使病人惊,惊则煞人⑦。

四、治金疮弓弩所中,筋急屈伸不得,"败弩散"方

干地黄十分,干枣三枚,杜仲二分,当归四分,附子四分(炮),故败⑧弩筋(烧灰)取五分,秦胶五分。

右七味合捣、筛,理令匀。温酒服方寸匕,日三服,夜一,增一至三。

五、治金疮内伤,"蛇衔散"方

蛇衔、甘草(炙)、芎劳、白芷、当归各一两,续断、黄芩、泽兰、干姜、桂心各三分,乌头五分(炮)。

右十一味合捣、筛,理令匀,酒服方寸匕,日三服,夜一服。

【注释】

① 右:古籍竖列书写,由上向下,由右向左。此处右指前文。

② 着:附着,指敷涂。

③ 血消:指瘀血消散。

④ 内(nà 纳):通"纳"。

⑤ 傍:通"旁",指旁边。

⑥ 频食而宜少:指多餐少食。

⑦ 煞人:指预后不良。

⑧ 故败:旧坏。

【按语】

上列五则伤科医方,从适应证看,有出血、金疮血肉痿、肠出不能内、筋急屈伸不得、金疮内伤。从用法看,有外敷方、内服方,还有"喷"法治疗的方药;从效验看,有的敷药血止,有的服药体瘥,立竿见影,疗效显著。不但收录了前代医家的临证治验,而且多有发挥。在外治的同时,又注重内治。虽然如蝙蝠等药现已不用,但为后世外科托、补、消等治则的发展奠定了基础。

第四节　《诸病源候论》选

《诸病源候论》由隋代医家巢元方等人编撰,成书于 610 年,全书 50 卷,共67 门,1739 种病证。它是我国现存最早的病因证候学专著,也是世界医学史上第一部病因病理学著作。该书总结了魏晋以来的医疗经验,以病为纲,对诸病之源与九候之要进行了细致的论述,较详细地说明了各种疾病的病因和症状,包括了诊断、治疗、预后及并发症的处理。部分附有"补养宣导"的具体方法。特别是书中对开放性创口和开放性骨折感染的病因症状论述较为详细,明确地提出对开放性骨折应早期施行清创手术治疗,介绍了包括异物清除、血管结扎、骨折固定、分层缝合的清创技术,这也是当时世界上最先进的外科技术。

该书另一特点,是能将几种不同的观点同时收录,对后世医学的发展影响极大,唐以后的许多医学著作都直接或间接地引用了它的原文和论点,北宋《太医局程文》将其列为医学生必修教材,本书为中医学的全面发展奠定了基础。

腰背病诸候(节选)

【原文】

风湿腰痛候

劳伤肾气,经络既虚,或因卧湿当风,而风湿乘虚搏[1]于肾经,与血气相击而腰痛,故云风湿腰痛。

【注释】

① 搏:作侵袭。

【按语】

本段叙述风湿腰痛,是因劳役过度而损伤肾气,经络已经亏虚,或因卧处湿地而当风不蔽,风湿乘虚而侵入肾经,与血气相搏,引起腰痛。

【原文】

肾著腰痛候

肾主腰脚,肾经虚则受风冷,内有积水,风水相搏,浸积于肾,肾气内著,不能宣通,故令腰痛。其病状,身重腰冷,腰重如带五千钱,如坐于水①,形状如水②,不渴,小便自利,饮食如故。久久变为水病③,肾湿故也。

【注释】

① 于水:《金匮要略》作"水中"。
② 形状如水:《金匮要略》作"形如水状",形容既冷且重的感觉。
③ 水病:水肿病。

【按语】

肾著腰痛是肾阳虚不能化湿,风冷与水湿著于腰部导致的。本条除遵《金匮要略》原文外,还提出如若迁延日久,将会导致肾主水的功能失调,从而引起水肿发生的论点。

【原文】

背偻①候

肝主筋而藏血。血为阴,气为阳。阳气,精则养神,柔则养筋。阴阳和同,则血气调适,共相荣养也,邪不能伤。若虚,则受风,风寒搏于脊膂之筋②,冷则挛急,故令背偻。

【注释】

① 背偻(lǚ):曲背。偻,曲而俯之貌。
② 脊膂之筋:即背脊两旁之筋。"脊膂",即脊椎骨。

【按语】

此条论肝主筋而藏血。血属阴,气属阳,阳气内化精微则养神,外为柔滑则养筋。阴阳平和协调,则气血调匀适度,共相荣养,体质增强,邪气则不能侵入。若虚,风寒之邪则易侵入搏击于脊膂之筋,所以形成背偻。

腕伤病诸候(节选)

【原文】

被打头破脑出候

夫被打,陷骨伤头,脑眩不举,戴眼直视,口不能语,咽中沸声如独子[①]喘,口急,手为妄取[②],即日不死,三日小愈[③]。

【注释】

① 独(tún 屯)子:即小猪。"独"同"豚"。
② 妄取:义同"撮空"。
③ 小愈:渐渐好转。

【按语】

此段论述脑部损伤后,导致的颅内出血、脑水肿或脑疝形成的情况,颅内出血、脑水肿或脑疝形成是伤科的危重症。但如经一日治疗而未死,三日稍见好转的,有可能不致死亡。说明通过对脑外伤仔细观察,一定程度上可以对预后进行。

【原文】

腕折破骨伤筋候

凡人伤折之法,即夜盗汗者,此髓断也;七日死,不汗者,不死。

【按语】

此段论述被折伤后的一般症状,如其夜间出现盗汗提示骨髓已经伤断,即西医学的脊髓损伤及长骨干骨折后出现的失血,如出现盗汗,则预后较差,反之,则预后较好。

【原文】

卒破损瘀血候

夫有瘀血者,其人喜忘,不欲闻物声。病人胸满,唇萎舌青,口燥,但欲漱水,不欲咽。无热、脉微大来迟。腹不满,其人言我腹满,为有瘀血。汗当出不出,内结亦为瘀。病人胸满,口干,膞痛,渴,无寒热,为有瘀血。腹满,口燥不渴,唾如浆状,此有留血尔。

从高顿仆,内有血,腹胀满,其脉牢强者生,小弱者死。得笞掠[①],内有结血,脉实大者生,虚小者死。

【注释】

① 笞(chī 痴)掠:用竹板子打,是古时一种刑杖。

【按语】

此段论述临床常见的瘀血见症。瘀血在上半身者,多见胸满;在下半身者,多见腹满。文中论及"无热",提示与邪热所致的口渴、口干、口燥相鉴别。瘀血证的口干、口燥不仅无热,且有"但欲嗽水,不欲咽"的特点。

【原文】

压迮[①]坠堕内损候

此为人卒被重物压迮,或从高坠下,致吐下血,此伤五内[②]故也。

【注释】

① 压迮(zé 责):义同压挤。"迮"指被某物挤压。
② 五内:在此指内脏。

【按语】

此段是指突然被重物挤压,或者从高处坠下,以致发生吐血或大小便出血,这是损伤内脏的缘故。其论理充分,切合实际。

【原文】

腕伤初系缚候

夫腕伤重者,为断皮肉、骨髓,伤筋脉。皆是卒然致损,故血气隔绝,不能周荣,所以须善系缚,按摩导引,令其血气复也。

【按语】

此段说明掊伤是气血运行的突然受阻导致的,要求及时进行包扎、固定或托起,使伤势得到稳定。还指出同时进行按摩导引,可促进血液的循环,这符合现在的动静结合的治疗原则,也反映出当时骨伤科的学术水平。

金疮病诸候①（节选）

【原文】

金疮初伤候②

夫被金刃所伤,其疮多有变动③;若按疮边干急④,肌肉不生,青黄汁出;疮边寒清⑤,肉消臭败,前出赤血,后出黑血,如熟烂骨,及血出不止,白汁随出,如是者多凶。若中⑥络脉、髀内、阴股、天聪、眉角、横断腓肠、乳上及与鸠尾、攒毛、小腹,尿从疮出,气如贲豚⑦,及脑出,诸疮如是者,多凶少愈。

诊金疮,血出太多,其脉虚细者生,数实大者死;沉小者生,浮大者死;所伤在阳处者,去血四五斗,脉微缓而迟者生,急疾者死。

【注释】

① 金疮病诸候:收载于原书第三十六卷,总计二十三论,分别论述金疮的初伤、出血、内漏、中毒、肠出、肠断、筋急、伤筋、断骨、中风、惊肿、血惊、惊悸、烦痛、咳嗽、口渴、虫出、着风、风肿、痈肿、中水、虚竭、瘤疾等症状及其病因,是伤科学关于金疮专论。

② 金疮初伤候:论述金疮初伤的部位、症状及预后。疮,即创也。

③ 变动:指金疮初起后的变化、动向。

④ 干急:干紧。

⑤ 寒清:色泽深蓝。清,同"青"。

⑥ 中(zhòng):侵犯。

⑦ 贲豚:古病名,症见有气从少腹上冲胸脘、咽喉等。

【按语】

金疮诸病候从各个不同的角度,系统地论述了金疮的症状、病因、治疗及预后。对于金疮的症状,总结了出血等二十多种,均是临床上常见的症状。关于金疮的病因,特别重视因疮疡内外亡血,造成伤血耗气、导致脏腑病变的分析。关于金疮的治疗,着重记载了缝肠术、血管结扎术、表皮缝合术等。对于金疮的预后,则从金疮的不同情况出发,作出可治与不可治的推断。因而说金疮病诸候是伤科学关于金疮的专论。其论述症状,网罗了临床中的常见病;其论述病因,不但扣紧了病症的机制,而且与古训谋合;其论述治疗,无论创部处理、手术缝合,内外兼治,均有章有法,科学规范;其论述预后,能治则言能治,不治则言不治,实事求是,值得我们认真学习研究。

金疮初伤候,论述了金疮初起之时,疮边干急、疮边寒清、伤中络脉及脑出诸疮的症状、脉象及预后。

【原文】

金疮血不止候

金疮血出不断,其脉大而止者,三七日死。金疮血出不可止,前赤后黑,或黄或白[1],肌肉腐臭,寒冷靷急[2]者,其疮难愈,亦死。

【注释】

[1] 前赤后黑,或黄或白:指疮血色泽,疮边肤色。

[2] 靷急:硬急。靷,当为"靷(ang)",革履也。本处指肌肉似皮革一样,既硬又紧。

【按语】

金疮血不止候,论述了金疮出血不止的症状及预后。

【原文】

金疮内漏候

凡金疮通内[1],血多内漏,若腹胀满,两胁胀,不能食者死。瘀血在内,腹胀,脉牢大者生,沉细者死。

【注释】

[1] 通内:达于体内。

【按语】

金疮内漏候论述了创伤较深,创口穿达体内,致使血液漏失在内造成的症状及预后。

【原文】

毒箭所伤候

夫被弓弩所伤,若箭镞有蒳药[1],入人皮脉。令人短气,须臾命绝。口噤[2]唇干,血为断绝,腹满不言,其人如醉,未死之间,为不可治。若荣卫青瘀,血应时出,疮边温热,口开能言,其人乃活。

【注释】

[1] 蒳(wǎng)药:指毒药。

[2] 噤:口齿闭合。

【按语】

毒箭所伤候,论述了被毒箭射伤后的症状及预后。

【原文】

金疮肠出候

此谓为矛①、箭所伤,若中于腹,则气激②,气激则肠随疮孔出也。

【注释】

① 矛:古代的兵器。

② 激:腾涌。

【按语】

此节论述腹部刺伤后,腹内气体腾涌,肠从伤口挤出,是腹部创伤的急症,应及时给予处理。

【原文】

金疮肠断候

夫金疮肠断者,视病深浅①,各有死生。肠一头见者②,不可连也。若腹痛短气,不得③饮食者,大肠一日半死,小肠三日死。肠两头见者,可速续④之。先以针缕如法⑤,连续断肠,便取鸡血涂其际⑥,勿令气泄,即推内之⑦。肠但出⑧不断者,当作大麦粥,取其汁,持洗肠,以水渍⑨内之。当作研米粥⑩饮之,二十余日,稍作强糜⑪食之,百日后乃可进饮⑫耳。饱食者,令人肠痛决漏⑬。常服"钱屑散"。

若肠腹𦚠⑭从疮出,有死者,有生者,但视病取之,各有吉凶。𦚠出如手,其下牢核⑮,烦满短气,发作有时,不过三日必死。𦚠下不留⑯,安定不烦,喘息如故,但疮痛者,当以生丝缕系绝⑰其血脉,当令一宿,乃可截之,勿闭其口,膏稍导之⑱。

【注释】

① 深浅:指伤势的重、轻。

② 肠一头见(xiàn 现)者:断肠只有一个头显露的。见,同"现"。

③ 不得:不能。

④ 续:接。

⑤ 以针缕如法:按照规则用针缝合。缕,线,用作动词。法,法则。

⑥ 际:指断肠的缝合部位。

⑦ 推内之:把肠推入腹中。内,通"纳"。

⑧ 但出:仅出。

⑨ 渍:浸泡。

⑩ 研米粥:研米为粉,煮成米糊。

⑪ 强糜:浓稠的粥。

⑫ 进饮:恢复正常的饮食。

⑬ 决漏:开裂渗液。

⑭ 肠腹胐:指肠系膜之类。胐:脂肪。

⑮ 牢核:指胐出后有粘连且成硬核。

⑯ 胐下不留:指胐出后没有粘连物。

⑰ 系绝:扎牢、扎紧。

⑱ 膏稍导之:敷涂膏药慢慢疏导它。

【按语】

金疮肠断候,论述了因金疮而肠断的肠吻合术和结扎血管的方法。并对其预后作出了明确的判断。在当时的历史条件下,确属难能可贵,反映了当时的外科技术水平。

【原文】

金疮筋急相引痛不得屈伸候

夫金疮愈已①后,肌肉充满,不得屈伸者,此由伤绝经筋,荣卫不得循行也。其疮虽愈,筋急②不得屈伸也。

【注释】

① 已:合。

② 急:紧缩,指筋失去了原来的柔性。

【按语】

金疮筋急相引痛不得屈伸候,论述了金疮伤绝经筋及金疮虽愈,但已形成瘢痕及粘连等,导致其伸屈功能受到影响的情况。

【原文】

金疮伤筋断骨候

夫金疮始伤时,半伤其筋,荣卫不通,其疮虽愈合后,仍令痹不仁①也。若被疮截断,诸解②、身躯、肘中及腕、膝、髀若踝际,亦可连续,须急及热③,其血气未寒,即去碎骨便更缝连,其愈后直不屈伸。若碎骨不去,令人痛烦,脓血不绝。不绝者,不得安。诸中伤人神④,十死一生。

【注释】

① 痹不仁:肢体麻痹不仁。

② 诸解:指关节。

③ 及热:趁血尚热。

④ 人神:正气。

【按语】

金疮伤筋断骨候,论述了金疮伤筋断骨后的症状、处置及预后。

【原文】

箭镞金刃入肉及骨不出候

箭镞①金刃中骨,骨破碎者,须令箭镞出,仍应除碎骨尽,乃敷药。不尔,疮永不合。纵合,常疼痛。若更犯触损伤,便惊血沸溃②,有死者。

【注释】

① 箭镞:弓箭的矢镝。

② 沸溃:指疮口穿破。

【按语】

此节论述了箭或金刃伤及肉、骨而残留部分在体内,将会导致创口不易愈合,即使愈合,亦会经常发生疼痛。如再损伤其局部就会造成大出血,甚至发生生命危险。

【原文】

金疮中风痓候

夫金疮痓者,此由血脉虚竭,饮食未复,未满月日,荣卫伤穿,风气得入,五脏受寒,则痓①。其状,口急②背直,摇头马鸣,腰为反折,须臾十发,气息如绝,汗出如雨,不及时救者皆死。

凡金疮卒③无汗者,中风也;疮边自出黄汗者,中水④也。并欲作痓,急治之。又痛不在疮处者,伤经络,亦死。

【注释】

① 痓:病名。以项背强急,口噤,四肢抽搐,角弓反张为主症。

② 口急:指牙关紧闭。

③ 卒:始终。

④ 中水:本处指感染水毒。

【按语】

此节论述了外伤可造成破伤风及其他并发症,如若治疗不及时,将会造成休克或死亡等严重后果。

【原文】

金疮惊肿候

夫金疮愈闭后,忽惊肿①。动起糜沸②跳手,大者如盂,小者如杯,名为盗血。此由肌未定,里③不满,因作劳、起早,故令盗血涌出,在人皮中,不肯自消,亦不成脓,反牢核。又有加血④,加血者,盗血之满也。其血凝深,不可妄破,破之者,盗血前出,不可禁止,加血追之。出即满疮中,便留止,令人短气,须臾命绝。

【注释】

① 惊肿:指金疮愈合后,创面因惊而肿的症状。
② 糜沸:似粥在锅中沸腾。
③ 里:腠理。
④ 加血:泛指瘀血。

【按语】

此节论述金疮愈合以后,突然伤处肿起,大如盂,小如杯,似乎是血肿的情况。所谓"盗血"和"加血",是指局部的内出血。文中指出不可妄破,破之出血不能止,是值得临床注意的。

【原文】

金疮因交接血惊出候

夫金疮,多伤经络,去血损气。其疮未瘥,则血气尚虚,若因房室,致情意感动,阴阳发泄,惊触①于疮,故血汁②重出。

【注释】

① 触:犯。
② 汁:液。

【按语】

金疮因交接血惊出候,论述了金疮未愈时而行房事,导致病情恶化的症状。

【原文】

金疮惊悸候

金疮失血多者,必惊悸,以其损于心故也。心主血,血虚则心守不安,心守不安,则喜①惊悸。悸者,心动也。

【注释】

① 喜:好也。

【按语】

金疮惊悸候,论述了金疮失血导致心神不安的症状。

【原文】

金 疮 烦 候

金疮损伤血气,经络空虚则生热,热则烦痛不安也。

【按语】

金疮烦候,论述了金创生热而烦痛不安之病因。

【原文】

金 疮 咳 候

金疮伤血损气,气者肺之所主①,风邪中于肺,故咳也。

【注释】

① 气者肺之所主:即肺主气。《素问·五脏生成》"诸气者,皆属于肺"。《素问·六节脏象论》"肺者,气之本"。

【按语】

金疮咳候,论述了金创后又被风邪所伤而致咳嗽的病因。

【原文】

金 疮 渴 候

夫金疮失血,则经络空竭,津液不足,肾脏虚燥,故渴①也。

【注释】

① 渴:口渴。因肺胃有热,阴虚津少而口咽干燥欲饮。

【按语】

金疮渴候,论述了金疮后因失血等导致口渴的病因。

【原文】

金疮虫出候

夫金疮久不瘥,及裹缚不如法,疮内败坏,故生虫①也。

【注释】

① 生虫:指疮口败坏细菌感染。

【按语】

金疮虫出候,论述了金疮创口败坏而感染的症状及病因。

【原文】

金疮成痈肿候

夫金疮,冬月之时,衣厚絮温,故裹①欲薄;夏月之时,衣单日凉,故裹欲厚。重寒伤荣,重热伤卫,筋劳结急②,肉劳惊肿,骨劳折沸③,难可④屈伸。血脉劳者,变化作脓;荣卫不通,留结成痈。凡始缝,其疮各有纵横⑤;鸡舌隔角⑥,横不相当⑦。缝亦有法,当次⑧阴阳,上下逆顺,急缓相望⑨,阳者附阴,阴者附阳,腠理皮脉,复令复常⑩。但亦不晓⑪,略作一行,阴阳闭塞,不必⑫作脓。荣卫不通,留结为痈。昼夜不卧,语言不同,碎骨不去,其人必凶⑬。鸡舌隔角,房⑭不相当,头毛解脱,忘失故常。疮不再缝,膏不再浆⑮。

【注释】

① 裹:指包扎创部。

② 结急:指拘紧、拘急。

③ 折沸:指骨折断骨溃烂。

④ 难可:难以。

⑤ 纵横:指视创面情况而适宜的纵向、横向缝合法。

⑥ 鸡舌隔角:鸡舌,指创面似鸡舌状。隔角,指多种创面形成的隔角度。鸡舌隔角,指伤口的不规则形状。

⑦ 横不相当:指用横缝时,视创面情况,可作连续缝合等。

⑧ 次:次第、次序。

⑨ 相望:即适当之意。

⑩ 复令复常:再使它恢复正常。

⑪ 不晓:指创面情况复杂,造成暂未弄明白的问题。

⑫ 不必:不一定。

⑬ 凶:危险。

⑭ 房:此处指层次。

⑮ 浆:敷涂。

【按语】

此节论述金疮的包扎缝合,对手术操作记述得十分清楚,同时也指出错误的操作可能造成不良后果。

【原文】

金疮中风水候

夫金疮裹缚不密,为风水气所中①,则疼痛不止而肿痛,内生青黄汁。

【注释】

① 为风水气所中:被风邪水毒所侵害。

【按语】

金疮中风水候,论述了金疮中风、中水的症状。可参见前文"金疮中风痉候"。

【原文】

金疮下血虚竭候

金刃中于经络者,下血必多。脏腑空虚,津液竭①少,无血气荣养,故须补之。

【注释】

① 竭:绝,尽。

【按语】

金疮下血虚竭候,论述了金疮中于经络,导致下血、体虚、津竭的症状及治法。

【原文】

金疮久不瘥候

夫金疮有久不瘥者,脓汁不绝,肌肉不生者,其疮内有破骨①断筋,伏血②腐肉,缺刃③竹刺,久而不出,令疮不愈,喜出青汁④。当破除之,疮则愈。

【注释】

① 破骨:破碎的残骨。

② 伏血:指潜伏疮内的坏血。

③ 缺刃:指残缺的刀刃。

④ 青汁:清稀的脓液。

【按语】

金疮久不瘥候,论述了金疮痼疾的症状、病因及治疗。说明造成创口不易愈合的原因是残骨、腐肉及其他异物在其间。治疗应去除死骨及其他异物,创口方可愈合。

小儿杂病诸候(节选)

【原文】

金 疮 候

小儿为金刃所伤,谓之金疮。若伤于经脉,则血出不止,乃至闷顿①。若伤于诸脏俞募,亦不可治。自余腹破肠出,头碎脑露,并亦难治。其伤于肌肤,浅则成疮,终不虑死。而金疮得风则变痉。

【注释】

① 闷顿:昏闷气绝。

【按语】

金疮候,论述了小儿病金疮的症状、传变、病因及预后。

【临床应用】

小儿为锐器割伤,以电器、刀具最多,受伤部位以手指多见。如若在治疗过程中小儿配合度差,治疗不及时彻底,多遗有伤害。血行脉内,血能载气,若为金刃所伤,导致经脉破损,血溢脉外,则可出现气随血脱的危重状态。血是气的载体,血脱则气必虚。若出血部位位于体内脏腑或发生股骨干骨折(长骨)等,出血量大,亦可为脱证。若出血于颅内,则病情凶险危重。"痉"证多以项背强直、四肢抽搐,甚至口噤、角弓反张为主要表现。"当做气血内虚,外物干之所致",需注重养血滋阴。因此,小儿为金刃所伤,治疗时要及时评估损伤处金刃伤情,及时就医,宜进行彻底清创、消毒、止血、包扎,必要时可使用破伤风抗毒素。《血证论》

曰:"平人被伤出血,既无偏阴偏阳之病,故一味止血为要,止得一分血,则保得一分命"。如伤于骨者,须及时进行手法复位及固定。对金刃切割性损伤的患儿,要尽可能地保护血管、保存组织、妥善处理、保留功能,从而减少致残的可能。此外,小儿为金刃所伤后,家长和患儿均会出现焦虑情绪,医生应及时给予心理疏导,缓解焦虑紧张情绪,医患配合,使患儿尽快恢复健康。

第五节　《备急千金要方》选

　　《备急千金要方》由唐代医家孙思邈所著,成书于 652 年,是我国医学上的第一部临床百科全书,全书共 30 卷,包括内、外、妇、儿、骨等科病证及解毒、急救、食治、养性、导引、针灸及医德规范等内容。孙思邈重视前人的宝贵经验,但尊古而不泥古。他将《伤寒论》内容较完整地收集在《千金翼方》中,为后世研究《伤寒论》提供了可靠的依据。在骨科方面,他辑录了唐以前的治伤药方和他自己治疗骨伤的经验。他对颞颌关节脱位主张采用葛洪的口内整复法,然后再采用蜡疗和热敷,以助关节功能的恢复。并总结了补骨髓、长肌肉、坚筋骨的药物,这奠定了骨伤科药物疗法的基础。

　　《备急千金要方》对唐以前的医药资料进行了整理汇总,内容十分丰富,实为集唐以前医药之大成,对后世医学的发展有深远的影响。直到今天,临床常用的许多方剂,均出自该书的原方或由这些方剂化裁而来。此书成书不久,即传到日本和朝鲜,受到国外医学家的重视。

七窍病上（节选）

【原文】

　　　　　　　　　　治失欠颊车蹉开张不合①方。
　　一人以手指牵其颐②,以渐推之,则复入③矣,推当疾出其指,恐误啮伤人指也。

【注释】

① 蹉开张不合:指下颌关节脱位后口不能闭合。

② 颐:颊、腮,此指下颌骨。

③ 复入:即复位。

【按语】

　　本条论述对颞颌关节脱位采用的是晋代葛洪的口内整复法。该条文清晰记载了颞颌关节脱位的症状、体征、整复步骤及注意事项。这一复位法,直至近代仍被沿用。

【原文】

治失欠颊车蹉方。

消蜡①和水傅②之。

【注释】

① 消蜡:将蜡熔化。

② 傅:敷药。

【按语】

为促进颞颌关节复位后功能的尽早恢复,孙思邈在葛洪口内整复法的基础上,又采用蜡疗和热敷的方法以促进瘀消肿散。这说明了孙思邈对后期功能恢复的重视。

腰痛第七(节选)

【原文】

腰背痛导引法。

正东坐,收手抱心,一人于前据蹋①其两膝,一人后捧其头,徐牵令偃卧②,头到地,三起三卧,止便瘥③。

【注释】

① 据蹋:作固定。

② 偃(yǎn 演)卧:即仰卧。

③ 瘥:痊愈。

【按语】

此条系孙思邈治扭挫伤腰痛的导引法。从解剖生理角度分析,这一导引法可使腰骶小关节间隙增宽,通过三起三卧的屈曲运动,棘上韧带、竖脊肌和小关节囊因外伤导致的紊乱得以调整,从而改善了局部的血运。

被打第三(节选)

【原文】

论曰:凡被打损,血闷抢心①,气绝不能言,可擘②开口,尿中令下咽③,即醒。又堕车落马及车碾木打已死者,以死人安著④,以手袖掩其口、鼻、眼上,一食倾⑤活,眼开,与热小便二升。

【注释】

① 抢心:即攻心。

② 擘:掰的异体字。

③ 尿中令下咽:即以尿灌注口中使咽下之意。

④ 以死人安著:将死人稳当放置。以,介词。著,着也。死人,指患者休克昏迷。

⑤ 一食倾:一会儿。

【按语】

本段论述孙氏对创伤危重证候的辨证论治。采用"尿"来救治恶血攻心,于古有之,民间亦多用。此法可救治损伤昏厥、瘀血攻心的危重证候(现已不用)。

【原文】

当归散,治落马堕车诸伤,腕折臂脚痛不止方。

当归 桂心 蜀椒 附子各二分 泽兰一分 芎䓖六分 甘草五分

右七味并熬令香,治下筛。酒服方寸匕,日三。凡是伤损,皆服之,十日愈。小儿亦同。《急救方》云:治坠马、落车、被打、伤腕、折臂,叫唤痛声不绝。服此散,呼吸之间,不复大痛,十三日筋骨相连。

【按语】

此系主治跌打损伤方。跌打损伤往往造成瘀血,故在治疗上必须从活血化瘀着手。方以当归为主药,活血养血、通络止痛,善治跌扑损伤。《名医别录》称之为:"温中止痛,除客血内塞……补五脏,生肌肉。"配川芎以助活血祛瘀。再助以桂枝疏导血脉;佐以泽兰苦辛微温,活血行气。加川花椒、附子温中祛寒而止痛,甘草以调和诸药。全方共奏活血祛瘀、通络止痛之效,广泛应用于各种跌打损伤。

火疮第四（节选）

【原文】

金　疮

论曰:治金疮者,无大小冬夏,及始初伤血出,便以石灰厚传裹之。既止痛,又速愈,无石灰,灰亦可用。若疮甚深,未宜速合者,内少骨石令疮不时合也。凡金疮出血,其人必渴,当忍之,啖[1]燥食并肥腻之物以止渴,慎勿咸食[2]。若多饮粥及浆,犯即血动溢出杀人。又忌嗔怒[3]、大言笑、思想、阴阳行动[4]、作劳[5]、多食酸咸、饮酒、热羹、臛辈[6],疮瘥后犹尔[7]。出百日半年,乃可复常也。

【注释】

① 啖(dàn 淡):同"啖",异体字。吃也。

② 咸食:含盐分的食物。

③ 嗔怒:生气。

④ 阴阳行动:指男女房事。

⑤ 作劳:指活动过度。

⑥ 臛辈:肉羹类食物。

⑦ 犹尔:仍可照旧。指身体痊愈后解除禁忌。

【按语】

本段论述金疮的症状、治疗及禁忌等事项。孙氏治疗金疮有两大特别之处:一是有方有论;二是一症多方。如"金疮"症的医方就达五十余首,这样便于临床针对各种不同情况而选方用药,为后世的治疗既揭示了规律,也积累了经验。

第六节　《外台秘要》选

《外台秘要》由唐代医家王焘编撰,成书于 752 年。该书主要选辑东汉至唐朝的许多方书而成。书凡 40 卷,分 1 104 门,载方 6 000 余首,是唐代规模巨大的综合性医籍之一。其理论以《诸病源候论》为主,医方则选《备急千金要方》《千金翼方》最多。

《外台秘要》的学术价值,归纳起来有以下两个方面:第一,搜罗广泛而不庞杂。临床各科编排较合理,先论后方,秩序井然。它不仅包括了内、妇、外、儿、骨伤、皮肤、五官、精神、传染病等诸科,还记载了关于检验、护理、急救等技术及兽医知识。第二,它保存了十多种亡佚医籍的若干内容。如反映 7 世纪骨伤科一些先进技术水平的《古今录验》。又如引用张文仲的《救急方》,可了解中医骨伤科在 7 世纪的一些状况。尤其是张文仲推荐的铜类药物接骨,对后世影响很大。引用了《广济方》中的压伤、内伤的治疗方法。另外还引用了《近效方》《许仁则方》中论及的创伤骨病的治疗。其中以许仁则论述的内伤诊断较为详细,为中医骨伤科内伤的诊断奠定了基础。

坠堕金疮等四十七门①(节选)

【原文】

从高堕下瘀血及折伤内损方一十八首②

《广济》③疗从高堕下,内损瘀血,消血散方:

蒲黄十分　当归　干姜　桂心各八分　大黄十二分　虻虫四分(去足、翅熬)

右六味捣为散,空腹以酒服方寸匕,日再,渐渐④加至一匕半。忌生葱、猪、犬肉。

【注释】

① 坠堕金疮等四十七门:系治疗金疮的医方专章,计分有 47 类,据坠堕金疮的不同症状,从晋唐医家十六部方书中,选方 307 首。其特点有三:一,所引各家方药,均一一注明出处,如《范汪方》《小品方》《深师方》《许仁则方》《张文仲方》等。因无传本,本书专有收录,特别珍贵;二,所收各方,有症状、方药、炮制、服法、禁忌、效验、预后等项,便于指导临床;三,所有医方,或疗效奇特,或简便易行,或秘方要旨,均极有实用价值。

② 从高堕下瘀血及折伤内损方一十八首:各代关于治疗从高堕下、瘀血、损伤、内损等症的十八首医方。本文选两首。

③《广济》:指唐代《开元广济方》。

④ 渐渐:逐渐。

【按语】

本段论述从高处跌下后,导致瘀血内留,血行之道不得宣通,瘀积则为肿为痛。故采用"消血散"以除去恶瘀,使气血流通,则可防止恶血攻心及其他不良后果。

【原文】

《深师》^①疗从高堕下伤内,血在腹聚不出,疗下血方:

取好大黄二两,桃仁三十枚。

右二味捣,以水五升,煮取三升,分为三服;去血后作地黄酒服,随能服多少^②;盖血过百日成微坚者,不可复下之,虚极杀人也。

【注释】

①《深师》:指南北朝宋齐时《深师方》。

② 随能服多少:指依患者的酒量随意服用多少。

【按语】

本段论述损伤后,导致恶血内停之症。是根据《素问·缪刺论》中"有所堕坠,恶血留内,腹中满胀,不得前后,先饮利药"而立法制方的。说明了当时对攻下逐瘀法的临床应用是很广泛的。

【原文】

坠损方三首^①

《广济》疗坠损骨肉,苦疼痛,不可忍方:

故马毡两段,其毡欲得故腻者,于铛^②中。以酒五六升,著一抄盐^③,煮令热,即内毡于铛中;看^④毡热,便用裹所损处。冷即易之,勿令久热伤肉。如是三五遍,痛定^⑤即止。仍服止痛药散,即渐差^⑥。

【注释】

① 坠损方三首:收录唐代关于治疗坠损等症的医方三首。本文选两首。

② 铛:当为"裆"。裆,《玉篇》"袴裆也"。

③ 一抄盐:一把盐。抄,把。

④ 看:等待。

⑤ 痛定:痛止。

⑥ 差:通"瘥"。

【按语】

本段叙述中医传统的热熨法。此法选用温经散寒、行气活血止痛的药物或盐,加热后用布包裹,热熨患处,借助热力作用于局部,以起到消瘀、祛寒、止痛的效果。

【原文】

《近效》①疗坠损方：

生地黄一斤分为三分。

右②每服取一分，熬令焦黄，以酒半斤煎一两，沸绞去滓。令温暖得所③，食前④。日三，无所忌。马坠⑤亦疗之。

【注释】

①《近效》：指《近效方》。《外台秘要》所录《近效方》，系转引自《开元广济方》。

② 右：相当于"上"。

③ 得所：适当。

④ 食前：指饭前服。

⑤ 马坠：指从马上坠落。

【按语】

本段论述酒制生地黄用于损伤的治疗，是取其生津、补髓、长肌肉之功效以调养筋骨。如《神农本草经》记载："主折跌绝筋、伤中。逐血痹，填骨髓，长肌肉。"在此充分体现了中医注重分型论治法。

【原文】

折骨方三首①：

《肘后》②疗凡脱折折骨，诸疮肿者，慎不可当风卧湿，及多自扇，若中风则发痉、口噤、杀人，若已中此，觉颈项强身中急束者，急服此方。

竹沥③饮三二升，若口已噤者，可以物拗④开内之，令下⑤。禁冷饮食及饮酒。竹沥卒烧⑥难得多，可合束十许枚⑦，并烧中央，两头承其汁，投之可活。（《小品》⑧《备急》⑨《文仲》⑩《古今录验》⑪同。出第三卷中）。

【注释】

① 折骨方三首：收录关于治疗骨折症的三首医方。本文选两首。

②《肘后》：指晋代葛洪《肘后备急方》。

③ 竹沥：指熏烤竹茎而收取其流出的汁液。

④ 拗（ǎo袄）：撬。

⑤ 令下：使（之）下。

⑥ 卒烧：急烧、暴烧。

⑦ 十许枚：十余枚。许，约数词。

⑧《小品》：指东晋陈延之《小品方》。

⑨《备急》:指唐代孙思邈《备急千金要方》。

⑩《文仲》:指唐代张文仲等撰《疗风气诸方》《四时常服及轻重大小诸方》《随身备急方》。统称《文仲方》。书佚。

⑪《古今录验》:指唐代甄立言《古今录验方》,书佚。

【按语】

本段叙述伤损后,要注意饮食起居,因损伤后会导致人体气血运行不畅,腠理空虚,一旦当风受冷或饮冷等,外邪将乘虚侵入人体而发痉。文中还介绍了发病后所采取的急救之法。

【原文】

《救急》①疗骨折,接令如故,不限人畜也方:

取钻锛铜错取末②,仍捣,以绢筛,和少酒③服之;亦可食物和服之。不过两方寸匕,以来④任意斟酌之。

【注释】

①《救急》:张文仲的《救急方》。

②取钻锛铜错取末:疑为"取钻锛铜锉取末",即以钻锛铜锉取其末。钻,凿也。锛(bēn 奔),斧也。锉,磋磨也。

③和少酒:即以少量之酒调和。

④以来:当为"以(之)来"。

【按语】

本段叙述张文仲推崇的用铜类接骨药物治疗骨折的方法。张氏用铜屑治疗骨折,可能来自民间治牛马骨折的经验,然后移用于人。此后,铜类药物在接骨处方中被广泛应用,成为接骨方剂中必不可少的药物。经近代研究,证实铜类药物在骨折修复中疗效显著。

【原文】

筋骨俱伤方七首①

《肘后》疗腕折、四肢骨破碎及筋伤蹉跌方

烂捣生地黄熬之,以裹折伤处,以竹片夹裹之。令遍病上,急缚勿令转动。一日可十易,三日即差(《千金》《删繁》②《备急》《文仲》《古今录验》同)。

又方:取生栝蒌根捣之,以涂损③上,以重布裹之。热除痛止(《备急》同)。

又方:捣大豆末,合猪膏和涂之,午即易之。

【注释】

① 筋骨俱伤方七首:收录关于治疗筋骨俱伤症的医方七首。本文选一首。

②《删繁》:指谢士泰《删繁方》。

③ 损:指创部。

【按语】

本段叙述损伤后局部敷药的操作方法。伤科在临床中一向比较重视外敷药,早在《神农本草经》《五十二病方》等著作中就有记载。局部敷药可增强消肿、止痛、化瘀及接骨续筋的作用。

【原文】

许仁则疗吐血及堕损方三首①

许仁则论曰:此病有两种,一者缘②堕打损内伤而致此病;一者缘积热兼劳而有此病。若内伤,自须依前堕坠内损大便血等诸方救之。若积热累劳吐血状,更无余候③,但觉心中悁悁④,似欲取吐,背上烦热,便致此病。宜依后鸡苏七味汤、桑白皮八味散疗之。

鸡苏七味汤:

鸡苏五两　生地黄(切)　青竹茹各一升　生姜　桑白皮各六两　小蓟根(切)六合　生葛根(切)六合

右药切,以水九升,煮取三升,去滓,分温三服,服别相去如人行十里久;若一剂得力,欲重合服,至四五剂尤佳,隔三四日服一剂。如未定⑤,则宜合后桑白皮八味散服之。

桑白皮散方:

桑根白皮六两　生姜屑六两　柏叶　鸡苏各四两　小蓟根五两　干地黄七两　青竹茹一升(新者)　地松三两

右药捣散,煮桑白皮饮和一方寸匕,日再服,渐渐加至二三匕,以竹茹下,亦得⑥。

又此病有两种,一者外损,一者内伤。外损因坠打压损,或手足肢节肬头颈伤折骨节,痛不可忍。觉内损者,须依前内损法服汤药。如不内损,只伤肢节,宜依后生地黄一味薄之法⑦,及芥子苏⑧等摩之方。

生地黄一味薄之法、芥子苏等摩之方:

生地黄无问多少,净洗捣碎令烂熬之,候水气尽,及热⑨以薄折处,冷即易之。如骨蹉跌,即依疗折伤法。缥缚⑩兼薄羊脑、生龟、生鼠等法。为有所损,此不复载。如伤损处轻,捣芥子和苏以摩伤处。若被打坠压伤损,急卒虽不至昏闷,腹内无觉触,然身之中相去非远,外虽无状,内宜通利,惑虑损伤气不散外,虽备用诸方,腹内亦须资⑪药。但不劳大汤,如前内损欲死者,服汤取利,欲用时间小小诸物服之,理应无嫌⑫。其法略出如后;小便酒煮生地黄,每始王木、缬木、梓叶、蘆药、栝药、猪脂,及石蜜、白石、地菘、延胡索、赤泥药。(以上十一物并出下卷。吴昇⑬同。)

【注释】

① 许仁则疗吐血及堕损方三首:收唐代医书《子母目录》中关于治疗吐血及堕损症医方三首。

② 缘:因。

③ 余候:别的症状。

④ 悁悁(yuān yuān):忧也。《诗经·泽陂》:"中心悁悁。"

⑤ 未定:未止。

⑥ 亦得:也可以。

⑦ 薄之法:即"敷之法"。

⑧ 芥子苏:即"芥子酥"。

⑨ 及热:趁热。

⑩ 缥缚:松扎。

⑪ 资:助。

⑫ 无嫌:无妨碍。

⑬ 吴昇:唐代医家,撰有《新修钟乳论》一卷。

【按语】

本段指出吐血的原因,一是跌打所伤的"内伤",另一是内科方面的疾病所致。还指出,在损伤方面又有外伤和内伤之分。许氏把"内伤"和"外损"将内伤与内科的疾病进行区别,并进行分别论治,这对推动内伤学的发展起到了重要的作用,是前所未有的。

【原文】

金疮禁忌序一首①

凡金疮伤天窗、眉角、脑户、臂里跳脉、髀内阴股、两乳上下、心、鸠尾、小肠及五脏六腑输②,此该是死处,不可疗也,又破脑出血而不能言语,戴眼③直视,咽中沸声,口急唾出,两手妄举,亦皆死候,不可疗;若脑出④而无诸候者,可疗。又疗卒无汗者,中风⑤也,疮边自出黄汁者,中水⑥也;并欲作痉⑦候,可急疗之。又痛不在疮处者,伤经也,亦死之兆⑧。又血出不可止,前赤后黑或白,肌肉腐臭,寒冷坚急⑨者,其疮难愈,亦死也。

【注释】

① 金疮禁忌序一首:收晋代葛洪《肘后备急方》中关于金疮伤后的禁忌及预后的论文一篇。

② 输:通"腧"。

③ 戴眼:目睛上视不能转动。《素问·诊要经终论》:"太阳之脉,其经也戴眼反折瘛疭。"

④ 脑出:指头部出血。

⑤ 中风:被风邪侵袭。

⑥ 中水:被水毒感染。

⑦ 痉:病名。以项背强急、口噤、四肢抽搐、角弓反张为主症。实证多因风、寒、湿、痰、火邪壅滞经络所致;虚证又多因过汗、失血、素体虚弱、气虚血少、津液不足、筋失濡养、虚风内动所致。

⑧ 兆:征兆。

⑨ 坚急:坚硬。

【按语】

此段描述了严重创伤可致死的部位,这些部位指颅脑、肱动脉、股动脉及心、肺、肝、脾等组织脏器,记载比较客观、科学,对后世创伤科学的发展具有一定的影响。"脑出"指头部出血,其描述与西医学的脑干损伤、颅内血肿及脑疝形成症状十分相似。可见当时对危重证候的观察较细致,对帮助判断预后具有一定意义。

第七节 《仙授理伤续断秘方》选

《仙授理伤续断秘方》由唐代医家蔺道人著,成书于会昌年间。该书是我国现存最早的骨伤科专著。全书1卷,首论医治整理补接第口诀,次论方论,后论又治伤损方论。后载处方,有外敷、内服,大多具有较好疗效。

该书学术思想源于《黄帝内经》和《难经》,以气血学术为立论依据,继承了葛洪、孙思邈、王焘等骨伤科方面的学术成就。书中包括了骨折后损伤程度以及预后的判断、对抗牵引、手法复位、清创缝合、止血敷药、夹缚固定及内服药等一系列治疗原则和方法。蔺道人尤其重视对开放性损伤的处理,主张用快刀扩大创口,煎水清创,缝合后用洁净的绢片包裹;并强调在有效固定和不发生骨折再移位的前提下,要适当进行关节功能活动,以促进愈合和功能恢复。该书还首次描述了髋关节、肩关节脱位的临床表现和整复方法,说明在当时伤科治疗体系已初步形成,亦标志着中医伤科学在隋唐时期已达到相当高的水平。这些原则和方法奠定了中医骨伤科的临床基础,影响深远。

医治整理补接次第口诀(全篇)

【原文】

一煎水洗,二相度①损处,三拔伸,四或用力收入骨②,五捺正③,六用黑龙散④通,七用风流散⑤填疮,八夹缚,九、服药,十再洗,十一再用黑龙散通,十二或再用风流散填疮口,十三再夹缚,十四仍前用服药治之。

【注释】

① 相度(duó夺):仔细观察考虑。
② 用力收入骨:系挤压复位手法,又称"搏捺"。
③ 捺正:反复推揉按压。捺,接也。又称"捻捺""捺平"。
④ 黑龙散:治跌扑、伤损、骨折、脱位的方药。适用于皮肤未破损之敷贴用,由穿山甲、丁香皮、土当归、百草霜、枇杷叶根等药物组成。
⑤ 风流散:用于皮肤破损处,填疮口用。由石膏、白矾等药物组成。

【按语】

本段详细地论述了开放性骨折的治疗原则和基本步骤,并将其规范化,前九法是清创复位外固定法,后五法是换药法。蔺氏首先强调要进行清创,然后才能进行整复、敷药、固定及内服药等一套完整措施,从而使临床工作有章可循,有条不紊,说明他已认识到创口清创的重要性。这些中医骨伤科的传统疗法,对今天的学科发展仍有临床价值和指导意义。

【原文】

凡脑骨伤碎,轻轻用手搏①令平正。若皮不破,用黑龙散敷贴。若破,用风流散填疮口,绢片包之。不可见风著水②,恐成破伤风③。若水与风入脑,成破伤风,则必发头痛,不复可治。在发④内者,须剪去发傅之。

凡脑骨伤碎,在头骨⑤上则可治。在太阳穴⑥乃是命处,断然不可治矣。

凡肩甲骨出⑦,相度如何整,用椅当圈住胁⑧,仍以软衣被盛簟⑨,使一人捉定⑩,两人拔伸,却⑪坠⑫下手腕,又著曲著手腕⑬绢片缚之。

凡金井骨⑭,在胁之下有损伤,不可夹缚,只是捺平,令安贴平正,用黑龙散贴,绢片缚。两胁骨⑮亦如此。

凡跨骨⑯从臀上出者,可用三两人挺定腿拔伸,乃用脚踵⑰入。如跨骨从档内^⑱出,不可整矣。

　　凡手骨出者,看如何出。若骨出向左,则向右边拔入。骨向右出,则向左拔入。

　　凡手脚骨,皆有两胫,若一胫断,则可治,两胫俱断^⑲,决不可治矣。凡手脚骨伤甚者,不可治。

　　凡伤损重者,大概要拔伸捺正,或取开^⑳捺正,然后傅贴、填涂、夹缚。拔伸当相近^㉑本骨损处,不可别^㉒去一节骨上。

　　凡拔伸,且要相度左右骨如何出,有正拔伸者,有斜拔伸者。

　　凡认损处,只须揣摸^㉓骨头平正,不平正便可见。

　　凡左右损处,只相度骨缝^㉔,子细撚^㉕捺,忖度^㉖,便见大概。要骨头归旧,要搏捺皮相就^㉗入骨。

　　凡拔伸,或用一人,或用二人三人,看难易如何。

　　凡皮破骨出,差爻^㉘拔伸不入,搏捺相近争^㉙一二分,用快刀割些^㉚捺入骨,不须割肉。肉自烂碎了,可以入骨。骨入之后,用黑龙散,贴疮之四周肿处,留疮口,别用风流散填。所用刀最要快,剜刀^㉛、雕刀皆可。

　　凡捺正,要时时转动使活。

　　凡骨碎断,须要本处平正如何。大抵骨低,是骨不曾损,左右看骨方是。损处要拔伸捺正,用药贴夹缚,要平正方是。

　　凡损伤,其初痹而不痛,应拔伸捺正,复用刀取开,皮皆不痛。三二日后方痛。

　　凡损,一月尚可整理,久则不可。

【注释】

①搏:勒住。

②见风著水:感受风邪、秽水浸染。此泛指感染。

③破伤风:又名"伤痉""金疮痉"。多因外伤而又中风邪所致。

④发:头发。

⑤头骨:即颅骨。

⑥太阳穴:别名前关,位于眉梢与外眼角连线中点,向后约一寸凹陷处。

⑦肩甲骨出:指肩关节脱位。

⑧用椅当圈住胁:即"椅背式复位法",让患者面向椅子,胸胁对着椅背,反背椅上,然后进行正骨。

⑨以软衣被盛簟(diàn 电):用柔软的布单披在患者身上像床上平正地铺上床单一样。被,通"披"。

　　盛,饰也。簟,《说文解字》"竹席也",本处作床单。

⑩捉定:手把握牢。

⑪ 却:结束。

⑫ 坠:落。

⑬ 著曲著手腕:即让患者弯曲手腕。第一个"著"字是动词;第二个"著"字是助词。

⑭ 金井骨:锁骨。

⑮ 胁骨:左侧胸部腋下十二肋骨的统称。

⑯ 跨骨:即髋骨。

⑰ 踪:为足法,此当作蹬。

⑱ 档内:"档",通"裆"。指两腿之中间。

⑲ 两胫俱断:此指双骨发生骨折。

⑳ 取开:切开。

㉑ 相近:接着、挨着。

㉒ 别:另。

㉓ 揣摸:即揣摩,意为探求、估量。

㉔ 相度骨缝:仔细检查骨折的移位程度、方向。

㉕ 撚:推拿手法。即手捏。

㉖ 忖度:思考。

㉗ 相就:就近,就便。

㉘ 差爻(yáo 摇):指骨折错位。

㉙ 争:差。

㉚ 快刀割些:即用快刀扩大创口。

㉛ 剜刀、雕刀:系手术用刀具。

【按语】

此段论述了蔺氏总结运用的整复骨折方法拔伸撙正(闭合性复位)法和取开撙正(切开复位)法的具体操作。将骨折的手法归纳为:"相度""拔伸""撙捺"和"撙正",即手摸心会、拔伸牵引、端挤提按等主要整骨手法。并且介绍了靠背椅式整复肩关节脱位,手牵足蹬法整复髋关节脱位等操作。他还主张早期复位,并首先记载一个月以后自然愈合的生理现象。蔺氏的骨伤理论对后世骨伤科的发展影响很大。

【原文】

凡夹缚,夏三两日,冬五三日,解开夹缚处用热药水泡洗去旧药。洗时切不可惊动。损处了,仍用黑龙散敷夹缚,盖伤重者方如此。

凡皮破,用风流散填,更涂。未破,用黑龙散贴,须用杉木皮夹缚之。

凡拔伸撙正要软物如绢片之类奠①之。

凡皮里有碎骨,只用黑龙散傅贴,后来皮肉自烂,其碎骨必然自出来,然后方愈。

凡骨破打断,或筋断有破处,用风流散填涂,却用针线缝合。其皮又四围用黑龙散傅贴。

凡夹缚,用杉木皮数片,周回②紧夹缚,留开皆一缝③,夹缚必三度④,缚必要紧。

凡平处⑤骨碎皮不破,用药贴,用密夹缚⑥。大概看曲转处。脚凹之类不可夹缚,恐后伸不得,止⑦用黑龙散贴,帛片包缚,庶可⑧曲转屈伸有数处。如指骨断,止用苎麻⑨夹缚,腿上用苎麻绳夹缚,绳如钱绳许大⑩。

凡贴药,用版子一片,将皮纸或油纸,以水调黑龙散摊匀在上,然后卷之,贴损处。

凡用杉皮浸约⑪如指大片,疏排⑫令周匝用小绳三度紧缚,三日一次,如前淋洗,换涂贴药。

凡曲缚⑬,如手腕、脚凹、手指之类,要转动,用药贴,将绢片包之,后时时运动。盖曲则得伸,得伸则不得屈,或屈或伸,时时为之方可。

【注释】

① 奠:作垫。

② 周回:周围反复。

③ 留开皆一缝:夹缚时每条杉木皮之间应保持一定间隔。

④ 三度:指扎带缠绕三周。

⑤ 平处:指不是关节的部位。

⑥ 密夹缚:细密地夹缚。

⑦ 止:通"只"。

⑧ 庶可:或许可以。

⑨ 苎麻:荨麻科多年生草本。茎皮可用于骨折夹缚。

⑩ 绳如钱绳许大:绳子的粗细像串铜钱的绳子一样。许,约。

⑪ 约:大约。

⑫ 疏排:疏密排列。

⑬ 曲缚:屈伸、转动。

【按语】

本段主要介绍骨折脱位后的固定和练功法。蔺氏总结了前人的外固定经验,对杉木皮夹板从制造到包扎技术、具体运用等都作了详细说明。他强调用夹板固定时,要注意因换药而影响骨折的稳定性,明确地指出洗药时切不可惊动损处。

对药膏的应用要求必须均匀平正,以免因高低不平的药膏在夹板压力的作用下引起骨折的移位。这充分说明他既重视骨折的复位,又重视固定。

蔺氏从实践中,将骨折固定法同时与练功活动结合起来,从而奠定了骨折治疗动静结合的治疗原则,成为后世骨折治疗之原则。

【原文】

凡肿,是血作①,用热药泡洗,却用"黑龙散"傅贴。

凡伤重,必用药水泡洗,然后涂药。如伤轻,不必洗便涂药。

凡损,不可吃草药②,吃则所出骨不能如旧。

凡跌损,肠肚中污血,且服散血药,如四物汤之类。

凡损大小便不通,未可便服损药。盖损药用酒必热,且服四物汤,更看如何。又服大成汤③加木通。如大小便尚未通,又加朴硝。待大小便通后,却服损药。

凡伤重者,未服损药先服气药,如匀气散④之类。

凡浑身无故损痛,是风损,当服风损药,如排风汤⑤之类。凡服损药,不可吃冷物,鱼、牛肉极冷,尤不可吃。若吃牛肉,痛不可治。

凡损药必热,便生血气,以接骨耳。

凡服药,不拘在红酒⑥、无灰酒⑦、生酒⑧皆可。

凡药,三四月炼⑨,不可多合⑩,五月尤甚,存散药随时旋丸⑪。

凡收药,丸子、末子并用罐子收入厨子内,以火焙之。

凡损用火灸,则医不得,服药不效矣。

诸药,惟小红丸⑫、大活血丹⑬最贵。盖其间用乳香、没药。枫香可代乳香三之一,血碣难得合,大活血丹欠此亦可,若有更佳。

合药断不可乱无乳香、没药,若无没药,以番降真代血碣,无,亦用此代。

凡所用药材,有外道者⑭,有当土者⑮。如当归,土与川不同,丸子可用土当归,土药材、末子须用外道者。

【注释】

① 血作:指瘀血作怪。

② 草药:指在中药书上没有记载的药。

③ 大成汤:治严重伤损、大小便不通方。由大黄、川芒硝、甘草、陈皮、红花、当归、苏木、木通、枳壳、厚朴组成。

④ 匀气散:治严重伤损之调气方。由茴香、青皮、厚朴、白芷、乌药、杏仁、陈皮、焦麦芽、前胡、桔梗、苍术、甘草组成。

⑤ 排风汤:治诸风疾损方。由白鲜皮、白术、芍药、肉桂、川芎、川当归、杏仁、防风、甘草、独活、麻黄、白茯苓组成。

⑥ 红酒:用红曲酿造之酒。

⑦ 无灰酒:指透明无色、无杂质的蒸馏酒。

⑧ 生酒:未经煮制的米酒。

⑨ 炼:炮制。

⑩ 合:合药。

⑪ 旋丸:将药丸翻动。

⑫ 小红丸:治损伤方。由骨碎补、土当归、川乌、白杨皮、肉桂、莪术、丁香、干姜、川芎、细辛、附子、乳香、没药、芍药组成。

⑬ 大活血丹:治损伤方。由天南星、芍药、骨碎补、黑豆、栗子、川乌、自然铜、血竭、细辛、白芷、木鳖子、川牛膝、没药、乳香、青桑炭组成。

⑭ 外道者:指地道药材、正宗药材。

⑮ 当土者:指本地土产药材。

【按语】

本段论述蔺氏对损伤后的内外用药法,他主张要根据病情的不同而辨证用药,不可千篇一律。并对用药期间的禁忌等也阐述得非常清楚,为骨伤科的辨证、处方和用药奠定了基础,是辨证论治在骨伤科中具体运用的典范。

又治伤损方论(节选)

【原文】

如伤重者,第一用大承气汤,或小承气汤,或四物汤,通大小便,去瘀血也。唯妇人别有阴红汤通下。第二用黄末药①,温酒调,不拘时。病在上,食后服;在下空心服。遍身痛,临卧时服。第三服白末药②,热酒调,其法同黄末服。妇人产后诸血疾,并皆治之。第四服乌丸子③。第五服红丸子④。第六服麻丸子⑤,用温酒吞下。妇人艾醋汤下,孕妇不可服。第七服活血丹⑥、当归散⑦、乳香散⑧,二散方见前方内,并用酒调不拘时,与黄末、白末服法同,唯乳香散参之。山泉方⑨则又加六味,白杨皮一斤,生芥子十个,泽兰一斤,檀香六两,沉香二两,川芎一斤,余方条具如后。

【注释】

① 黄末药:治跌扑伤损方,由川乌、草乌、枫香、当归、赤芍、川独活、川芎、细辛,香白芷、肉桂、白姜、黄姜、五加皮、桔梗、骨碎补、苍术、何首乌、知母、没药、牛膝组成。

② 白末药:治跌扑伤损方。由白杨皮、桔梗、赤芍、川芎、白芷、肉桂、细辛、甘草、花椒、川乌、续断、牛膝、泽兰、当归、香附子组成。

③ 乌丸子:治跌扑伤损方。由赤小豆、白蔹、赤芍药、何首乌、细辛、草乌、白及、肉

桂、胆南星、当归、川芎、百草霜、骨碎补、天台乌药组成。

④ 红丸子:治打扑损伤方。由牛膝、川乌、胆南星、细辛、何首乌、桔梗、肉桂、当归、自然铜、白蔹、赤芍药、骨碎补、没药、羌活、赤小豆组成。

⑤ 麻丸子:治蹉折伤损方。由川当归、桔梗、牛膝、骨碎补、川乌、川芎、百草霜、草乌、木鳖子、赤芍药、乌豆、金毛狗脊组成。

⑥ 活血丹:治跌扑伤损方。由荆芥、枫香、檀香、降香、草乌、肉桂、当归、苍术、川羌活、白及、乌豆、地龙、四季青、麝香、川芎、五灵脂、乳香、没药、川乌、骨碎补、川牛膝、细辛、花桑木、白芷、赤芍药、川牵牛、胆南星、自然铜、栗子、木鳖子组成。

⑦ 当归散:治跌扑伤损方。由泽兰、川当归、芍药、白芷、川芎、肉桂、川续断、牛膝、川乌、川花椒、桔梗、甘草、白杨皮、细辛组成。

⑧ 乳香散:治跌扑伤损方。由肉桂、干姜、牛膝、羌活、白芷、川芎、细辛、姜黄、骨碎补、当归、芍药、草乌、川乌、苍术、桔梗、赤小豆、乳香、没药、何首乌、木鳖子组成。

⑨ 山泉方:治跌扑损伤方。由白杨皮、生芥子、泽兰、檀香、沉香、川芎组成。

【按语】

本段论述蔺氏七步内治伤损法,提出要根据不同时期的症状表现,分别辨证用药。每一步每一方都列举了症状和药物组成及应用法。蔺氏的七步内治伤损法,是中医古代医学整体观念和辨证论治在创伤骨科中的具体运用,翻开了创伤骨科辨证论治的新篇章。

第八节 《太平圣惠方》选

《太平圣惠方》由宋代翰林医官王怀隐等编撰。成书于 992 年。该书是集宋代医方之大成的医学巨著,为宋初官修的重要医药文献。

《太平圣惠方》共 100 卷,分 1 670 门,载方 16 834 首。书中首列"诊断脉法",次列"用药法则",然后按类分述各科病证的病因、病理及方剂的适应证、药物组成、用药剂量等,务使方随证设,药随方施。该书对骨折提出了"补筋骨、益精髓,通血脉、止疼痛"的治疗法则;推广淋熨、贴熁、膏摩等外治法治疗损伤。对疮毒提出的"五恶七善"之说,就现存医籍来看,最早见于此书。总之,该书既继承了前代的医学成果,又反映了当时的医学发展水平,是一部较好的临床实用方书。

治压砸坠堕内损诸方（节选）

【原文】

治被压砸损,瘀血在腹中,疠痛不出,心胸短气,大小便不利,宜服此方。

荆芥半两　川大黄一两(铧碎微炒)　芎䓖一两　当归一两(铧微炒)　蒲黄二两　桂心一两　木通一两(铧)　桃仁四十枚(去皮尖双仁微炒)

右件药,捣细罗为散,不计时候,以温酒调下二钱。

【按语】

本段主要叙述了治疗坠堕内损而致腹中刺痛、大小便不通的方法。疠痛不出,心胸短气,大小便不利,是瘀血阻滞腹中、内伤脏腑的表现。本文对内伤的诊断、辨证论治着重在瘀血上,较前人对内伤的诊治又有所发展。

治坠损吐唾血出诸方（节选）

【原文】

治从高坠下,伤折跪①损,内伤五脏,微者唾血,甚者吐血,宜服阿胶丸方。

阿胶二两(捣碎炒令黄燥)　肉苁蓉一两(酒浸一宿刮去皱皮炙干)　艾叶一两半(微炒)　川椒一两(去目及闭口者微炒去汗)　白芍药一两　当归一两(铧微炒)　芎䓖一两　延胡索一两　熟干地黄一两　桂心一两　川大黄一两(铧碎微炒)　牛膝一两(去苗)　牡丹一两　附子一两(炮裂去皮脐)　黄芪一两(铧)

右件药,捣罗为末。先用酒一升,煎三五沸。将一半药末入酒内,调如面糊,以慢火煎令稠。入余上药末,和捣三二百杵。丸如梧桐子大。每服,以豆淋酒下三十丸,日三四服。

【注释】

① 跪:同"腕"。

【按语】

此段是论述外损导致内脏损伤,并有唾血或吐血的证候和治疗方法,处方用药有其独特之处,可供临床参考应用。

治一切伤折淋熨诸方(节选)

【原文】

治从高失坠,及一切伤折,筋伤骨碎,瘀血结痛,淋熨。顽荆散方。

顽荆三两 蔓荆子二两 白芷二两 细辛二两 防风二两(去芦头) 桂心二两 芎䓖二两 丁香皮二两 羌活二两

右件药,捣筛为散。每度①用药三两,盐半匙,葱白连根七茎②,用浆水一斗,煎十会沸,去滓。通手淋熨痛处,冷即再换,淋熨了,宜避风,暖盖。

又方。

黑豆二斤 乳香三两 白矾三两 接骨草五两 桑根白皮三两(锉)

右件药,捣罗为末,每用浆水一斗,药末三两,煎五七沸,去滓,通手淋熨患处。冷即换之。

治伤折,踠损蹉跌,筋骨俱伤,黯肿疼痛,无疮口,宜用熨药方。

生地黄一斤(细切) 生姜半斤(细切) 艾叶三两 芫花三两 川椒三两(去目) 松脂五两

右件药,捣筛,入前二味搅和令匀。分为三分,用醋三合,于炭火炒令热,用热布裹熨痛处,冷即再炒熨之。

又方。

生姜一斤 芫花五两 白芷三两 桑根白皮三两 故马毡一尺 盐五两

右件药,都细锉。用醋一升,炒令热。以绢裹熨痛处,冷即再炒熨之三二十度。

【注释】

①度:次。
②茎:根。

【按语】

此段论述淋药和熨药临床应用方法,并介绍了方药。淋药和熨药是中医临床治疗疾病的一种外治法,对伤损疼痛、风寒湿痹等诸多疾病都有较好的疗效,在临床应用比较广泛。

治一切伤折疼痛贴熁诸方（节选）

【原文】

治伤折接骨。穿山甲骨贴熁膏方。

穿山甲骨三两(涂醋炙令黄)　桂心一两　当归一两　生地黄汁三合　飞曲(面)一匙　附子一两(去皮脐生用)　生姜汁五合

右件药,捣细罗为散。热暖地黄生姜汁,调散五钱令匀,摊于绢上,乘热裹贴损折痛处,急系缚,每日换之。

接骨,木鳖子贴熁膏方。

木鳖子二两(去壳)　川椒一两(去目)　虎胫骨一两　龟甲一两　松节三两(细锉醋一升炒令醋尽)

右件药,捣细罗为散。用小黄米半升,作稠粥。调药五钱,摊于绢上,封裹损折处。立效。

【按语】

此段两条主要是介绍外贴药的方药组成和应用,外贴药是中医治疗损伤临床应用广泛且效果颇佳的一种治疗方法。

第九节　《圣济总录》选

《圣济总录》又名《政和圣济总录》,宋代宋徽宗时由朝廷组织人员编撰。成书于1111—1117年。全书共200卷,载方2万多首,分60余门,每门之中,又分若干病证,每一病证均先论病因、病理,次列方药治疗。全书所载病证包括内、外、妇、儿、骨伤、五官、针灸、杂治、养生之类,其内容极为丰富,成为当时既有理论,又有实践经验的医学巨著。

在理论方面,除引用《黄帝内经》等医学经典外,博采了当时的众家医论,进一步阐述医理。在方药方面,多选用民间效验方和医家秘方,疗效一般可靠,故受到了后世医家的重视。在治疗上注重整体观,强调多种疗法的早期治疗。其中的"伤折门"不仅介绍了外固定法,而且强调了骨折脱位后复位的重要性。书中有关治疗骨折的资料虽然比较零散,但却是收录宋代骨伤科内容较多的唯一现存文献。可见,本书乃是一部具有研究价值的历史医学文献,在临床方面有一定参考价值。

伤折门(节选)

【原文】

伤 折 统 论

论曰:诸脉从^①肉,诸筋从骨。骨三百六十有五,联续固。手所以能摄,足所以态步,凡厥^②运动不顺从,若乃仓卒之际,坠堕倒仆,折伤蹉跌^③,患生不测^④,讵^⑤可不图疗治。小则消肿而伸挛,大则接筋而续骨。各有方剂存焉。

(上标①②③④⑤为注释编号)

【注释】

① 从:就,随从。此处引申为依循。
② 厥:其,他的。
③ 蹉(cuō 搓)跌:亦作"差跌"。失足跌倒。
④ 不测:意外。
⑤ 讵(jù 距):讵,岂,表示反问。

【按语】

《素问·五脏生成》中说:"足受血而能步,掌受血而能握,指受血而能摄。"本节不仅指出了骨与关节具有使"手所以能摄,足所以态步"的功用,同时还强调了骨头之间"联续固"的特点。同时也指出外伤可以破坏骨与关节的正常生理功能,从而变生百病。故作者在此提出了骨与关节损伤的两大治疗原则:"消肿而伸挛""接筋而续骨",这对以后各节详细论述各种损伤的证治起到了提纲挈领的作用。

接筋续骨概念的提出,说明当时人们已认识到对骨折、脱位的治疗最重要的是恢复原来的解剖关系。

【原文】

从高坠下伤损肿痛

论曰:凡坠堕伤损肿痛,轻者在外,涂傅^①可已,重者在内,当导瘀血,养肌肉,宜察浅深以治之。

【注释】

① 傅:通"敷"搽,涂。

【按语】

本节指出应根据外伤肿痛的轻重而分别采取外敷、内服的方法治疗。外伤肿痛不显者,可仅以外敷药物治疗;肿痛严重、明显,则当配合内服药物,以"导瘀血,养肌肉"。

【原文】

伤折恶血不散

论曰:脉者血之腑,血行脉中,贯于肉理,环周一身。因其肌体外固,经脉内通,乃能流注,不失其常。若因伤折内动经络,血行之道不得宣通,瘀积不散,则为肿为痛。治宜除恶瘀,使气血流通,则可复完[1]。

【注释】

① 完:完全,完好。

【按语】

本节论述了人体内血液循环的正常生理过程,指出损伤所致"肿""痛"的病理机制,针对"血行之道不得宣通,瘀积不散",提出了祛瘀止痛消肿的治疗原则,对后世治疗损伤瘀血有着一定的指导意义。

【原文】

筋骨伤折疼痛

论曰:人之一身,血荣气卫,循环无穷,或筋肉骨节,误致伤折,则血气瘀疼痛。仓卒之间,失于调理,所伤不得完[1],所折不得续。轻者肌肤焮[2]肿,重者髀肉[3]挫脱[4]。治宜先整其骨,续[5]其所折,后施贴熻[6]封裹[7]之剂。

【注释】

① 完:修复,修治。

② 焮(xìn 信):烧灼。

③ 髀(bì 币)臼:即大腿、大腿骨。

④ 挫脱:指骨折、脱位。《周礼·冬官考工记》:"凡揉牙,外不廉而内不挫,旁不肿,谓之用火之善。"

⑤ 续:连接。

⑥ 贴熻(xié 胁):熻,熏烤。贴熻,古代外治法之一,指用热的药膏敷贴伤处,以促进溃脓消散。

⑦ 封裹:封,涂抹、覆盖。裹,包扎。敷药包扎疗法。

【按语】

本节强调了在筋伤骨折同时并存的时候，应分清轻重缓急，首先整复骨折、脱位，之后再予施药治疗筋伤。同时，指出了"伤折""髀肉挫脱"均可引起"血气瘀"，而产生疼痛。由此可知，当时对损伤疼痛的认识已经比较全面。

【原文】

伤折腹中瘀血

夫伤折腹中瘀血，因高坠下，倒仆攧仆①，气血离经，不得流散，瘀在腹中，速宜下之。迟即日渐瘀滞，使人枯燥，色不润泽，则变瘦②瘁③。血瘕④之病。

【注释】

① 仆(pū 扑)：向前跌倒。

② 瘦：指肢体筋脉松弛、软弱无力，手不能握物，足不能任身，肌肉萎缩而不能随意运动。

③ 瘁(cuì 翠)：憔悴、枯槁。

④ 血瘕(jiǎ 甲)：瘀血积滞，经络壅阻而致腹中结块，聚散无常，痛无定处。

【按语】

本节指出了外伤血瘀腹中的治疗原则为"速宜下之"。病理变化为瘀血内阻，气血运行不利，肌肤失养，则"使人枯燥，色不润泽""瘁"；血不养筋，则见痿证；瘀血凝聚局部，日久不散，则成"血瘕"之症。

【原文】

伤折风肿

论曰：肌肉伤折，皮肉破裂，久而未合，为外风所触，则令肌肉受寒。既不得收敛，又与血气相搏①，不得消散，故为风肿。风肿不散，即变脓血败坏之疾。

【注释】

① 搏：搏斗；侵夺；侵搏。

【按语】

外伤开放伤口，经久未愈，又感受风邪，则成风肿。本节指出治疗不及时或不得法，则有溃烂化脓之虞。因此，对于开放性损伤，既应注意避免感受外邪，又要及时进行有针对性的治疗，防止毒邪深入，病情加重。

【原文】

打 仆 伤 损

凡打仆损伤,或为他物所击,或乘①高坠下,致伤手、足、腰、背等处,轻者气血凝滞,随处②疼痛,重则聚为瘀肿,痛甚不可忍。当察其内外轻重以治之。

【注释】

①乘:升、登。

②随处:随,顺着;处,到处。

【按语】

本节指出外伤所致疼痛有轻重之别,当分而治之。

【原文】

闪 朒

凡举动不慎,为外物所击致死,腕折①者,筋骨损,血气蹉跌,或留积,或瘀,瘀肿疼痛,宜速治之。外则傅贴肌肉,内加调养荣卫之剂,则肢体可完矣。

【注释】

①腕折:指骨折,或筋伤。

【按语】

本节论述外伤性的骨折或筋伤,出现"瘀肿"疼痛,其治疗当内服外敷并施,以期痊愈。

【原文】

坠车落马附论

夫或因乘车马,或登陟①危险,误多倒仆,轻则蹉跌,筋脉蹴②损,不得伸屈,甚者乃至踒③折筋骨。治宜速以养血脉续筋骨之剂服之,则其效速矣。

【注释】

①陟(zhì 治):登、上。一般指登高或登山。

②蹴(cù 促):踢、踏。

③踒(wō 窝):(手、脚等)猛折而筋骨受伤。《韩非子·说林》:"此其为马也,踒肩而肿膝。"

【按语】

对筋伤、骨折患者,给予"养血脉续筋骨"药物内服,这在宋元时期已经较为普遍,为后世中医骨伤科"平补派"的用药提供了实践经验。

【原文】

被伤①绝筋

论曰:凡肢体为物所伤,致筋断绝不相续者,使荣卫失道,血气留瘀而为肿痛。宜治以活血续筋之法。

【注释】

① 被伤:被,遭、受。被伤,受伤。

【按语】

外伤而致筋断,多因气滞血瘀而成,因此,本节提出了"活血"以治肿痛、"续筋"以治筋断的治疗原则。

【原文】

伤堕致损吐唾出血附论

凡堕坠打扑,内动心气,荣卫气血不至,为患多矣。若暴①损胸胁,气留肓膜②,损血入胃,停积不去,甚则欬唾③吐血。治法:当调其荣卫,缓其中,逐去损血。

【注释】

① 暴:突然。
② 肓(huāng 荒)膜:心下膈上的脂膜。
③ 唾:吐唾沫。

【按语】

胸部受伤,营卫气血失调,瘀积肺胃,则见咯血、吐血之症。本节提出了调和营卫、行气活血、祛瘀生新的治疗方法。

【原文】

伤损止痛生肌附论

凡肢节为物所伤,皮肉破裂,久而疼痛不止,肌肉不生者,以①寒冷搏②之。荣卫不温③,津液不养故也。

【注释】

① 以:因为。

② 搏:侵袭。

③ 温:温养,温煦。

【按语】

损伤复加遇寒受冷,可致病情久迁延难愈。其病机为"荣卫不温,津液不养"。

【原文】

头伤脑髓出

凡脑为物所击,伤破而髓骨出者,治药宜速。盖头者诸阳所会,脑者物所受命。若脑破髓出,稽①于救治,毙不旋踵②。宜速以药封裹,勿为邪所中。调养荣卫,安定精神,庶几③可活。若其证戴眼④直视不能动者,不可治。

【注释】

① 稽:拖延。

② 毙不旋踵:毙,身体向前摔倒,引申为"死"。旋踵,旋转脚跟。毙不旋踵,死亡立至,喻时间之短。

③ 庶几:也许可以。

④ 戴眼:眼睛上视不能转动。

【按语】

脑损伤是临床常见损伤,发病率仅次于四肢损伤。本节指出脑部损伤的救治原则是"速""以药封裹"预防感染。"其证戴眼直视不能动者,不可治"。说明当时医家对脑部损伤的预后也有了一定的认识。

【原文】

治诸伤折淋熨贴熁附论

凡伤折有轻重浅深、久新之异,治法亦有服食、淋①、熨②、贴燎之殊,当详③所损之势而药之。去毒散滞,生肌长肉,亦各有序。无致差④紊⑤,乃明伤折之本末⑥也。

【注释】

① 淋:淋洗。指洗浴疗法。

② 熨:指药熨疗法,把药物炒热,布包,热熨患处,以散寒止痛。一指"熨贴"以药物涂敷患处,均可。

③ 详:详细、详尽。引申为详细地知道。

④ 差:差错。

⑤ 紊:紊乱。

⑥ 本末:事物的根源和结局,引申为主次、先后的意思。

【按语】

本节强调了根据损伤的轻重缓急不同,采取不同的内外用药治疗方法。以达到"去毒散滞,生肌长肉"的目的,淋、熨、贴燎等外治疗法的广泛应用,说明当时治疗手段也已增多。

【原文】

诸 骨 蹉 跌

凡坠堕撷仆,骨节闪脱①,不得入臼,遂致蹉跌者,急须以手揣②搦③,还复关纽④。次用药调养,使骨正筋柔,荣卫气血皆不失常度,加以封裹膏摩⑤,乃其法也。

【注释】

① 闪脱:因动作过猛而导致关节脱位。

② 揣(chuǎi):量度、估计、猜度。

③ 搦(nuò 诺):按压。

④ 关纽:此处指关节。

⑤ 膏摩:指用药膏涂擦体表一定部位的一种治疗方法,具有按摩和药物的结合作用。

【按语】

对骨折、脱位,本节强调了必须先予整复,使"骨正筋柔"此后再给予其他的药物疗法,或内服,或外用。由此可见,当时对骨折、脱位的首选治疗方法是复位。这也是符合临床上的整复、固定、内外用药、伤科练功的治疗原则。

金疮门(节选)

【原文】

金疮血不止附论

夫血行脉中,周行灌溉而无穷矣。金刃所伤者深,则其流湍①激,若海沸河决,御之至难,要在杜②其冲溢之势。外观其形,内订其脉之如何。若血出不断,其脉大止者为难治。若血出不止,前赤后黑③,或黄或白,肌肉腐臭,寒冷喘急者亦为难治。不可不察也。

【注释】

① 湍(tuān):水势急。

② 杜:通"斁(dù)",堵塞。

③ 前赤后黑:先红后黑。

【按语】

　　血行脉中,内流脏腑,外达皮肉筋骨,对全身各脏腑组织器官起着充分的营养、滋润作用,以维持人体正常的生理活动。若被金刃所伤,经脉破损,血液离经妄行,溢出体外,则导致金疮出血。这种损伤创口较深,出血量也较大,治疗较为棘手。本节提出了根据出血情况,用局部脉诊的方法判断预后,在临床诊治损伤出血上具有一定指导意义。

【原文】

金刃伤中筋骨附论

　　夫金刃所中,至于筋骨,所伤深矣。然折骨绝筋,亦可接续。要在乘血气未寒,急施治法,若不乘热,则风冷易入,疮纵①暂愈,后必不仁②,亦致痛烦,而终身不完③。至于小碎之骨,即当出之,不尔,则脓血不绝,肌亦不敛矣。

【注释】

① 纵:即使,纵然。

② 不仁:(肢体)失去知觉、丧失感觉,感觉迟钝。

③ 完:完整,完好。此指恢复。

【按语】

　　本节指出了开放创伤的处理应该及时,否则外邪入侵,易于留下后遗症,如肢体麻木、疼痛、疮口不愈合等。此外,还特别强调了开放骨折清创时去除碎骨的重要性,这些处理原则,至今仍为骨伤科临床所遵循。

【原文】

金疮烦闷及发渴附论

　　夫金疮烦闷者,以血出太甚,经络空虚而发热躁也,经①所谓阴虚生内热,阳虚生外寒者如此。其有发渴者,亦以经络乏竭,津液枯燥,故欲引饮。

【注释】

① 经:指《黄帝内经》。

【按语】

本节论述损伤后烦闷、口渴的病理机制。损伤出血过多,则血虚。血为阴,阴不制阳,则虚阳上越而"发热躁"。津血同源,津液是血液的组成部分,损伤后失血过多,则可导致津液不足而出现"发渴"等症,治宜补血生津。

【原文】

金疮中风水及痉附论

金疮中风水者,以封裹不密所致也。中风之候,其疮卒①无汗,中水②之候,则青黄汁。而又疼痛发作,肌肉肿硬,将为痉状,可急治之,凡痉状口急③背直,摇头马鸣,腰为反折,须臾十发,气息如绝,汗出如雨,治不可缓,缓则不救矣。

【注释】

① 卒:终,终于。
② 中水:中,被外物所侵袭,遭受。《诸病源候论》指出:"中水则肿""夫金疮裹缚不密,为风水气所中,则疼痛不止而肿痛,内生青黄汁"。
③ 口急:急,急迫、紧缩。口急,牙关紧闭。

【按语】

中风、中水,指因包扎不当而导致局部创口感受外邪出现的化脓感染,严重者可见"痉状",即西医学所指破伤风之类。本文指出了其发病预兆、症状,强调了治疗应当及时,否则"不救"。这从另一角度也提示后人,对开放性创口,应保持清洁,避免感染。以预防破伤风类病症的出现。

【原文】

附骨痈附论

凡身体盛热不可当,盖风冷之气入于肌肉,则热气搏伏不得出,故附着于骨而成痈也。其状无头,但肿而阔。皮肤薄泽者,以毒气伏留于内故也。法宜外散其寒,内达蕴热。

【按语】

本节论述了附骨痈为风冷之气与热气相搏结于肌肉,附着于骨而成,指出其诊断要点为"其状无头,但肿而阔,皮肤薄泽"。因其病机为内外邪气合并,故在治疗上既要散外寒,又要清内热,唯此才是标本同治。

【原文】

附　骨　疽

论曰:附骨疽者,由风入骨解①,与热相搏,复冷湿所折②,风热伏结,不得发散,蕴积成毒,故附骨而为疽。喜发于大节③解间。按之应骨,皮肉微急,隐在肌而不外见是也。治之宜急,稍缓则脓不得溃,而肢体变青黯者,不可治也。

【注释】

① 骨解:解,缝隙。骨解,指骨关节缝。

② 折:伤。

③ 大节:节,骨节。大节,即大的骨关节。

【按语】

本节论述了附骨疽的发病是由于"风热伏结""蕴积成毒",指出了其多发部位为大骨节,主症为"按之应骨,皮肉微急",其治疗应及时,如延误失治,脓不得溃,毒不得出,病情进一步发展,则成不治。

第十节　《三因极一病证方论》选

《三因极一病证方论》,简称《三因方》,由宋代医家陈言编撰。成书于1174年。全书18卷,分180门,录方1 050余首。包括病类有内、外、妇、儿科诸疾。每类均有论有方,条理清晰,论证简要。并结合病证治疗,重点讨论三因致病学说,把复杂的病因分为内因、外因和不内外因三类,以"分别三因,归于一治"取为书名。该书强调临证施治必先详审其三因所在,抓住病因是疗效优劣之关键。在伤科方面,陈氏在继承前人基础上,又有新的发展,如他提倡用攻下逐瘀法治伤,并创制了著名的鸡鸣散。

陈氏三因学说发展了张仲景病因学理论,为后世病因、病理学的发展奠定了基础,长期以来为后世医家所遵循。迄今本书对临床疾病的治疗,以及病因学的研究,均有重要的参考价值。

三因论（全篇）

【原文】

夫人禀①天地阴阳而生者,盖天有六气②,人以三阴三阳而上奉之;地有五行③,人以五藏六府而下应之。于是资生皮肉筋骨、精髓血脉、四肢九窍、毛发、齿牙、唇舌,总而成体。外则气血循环,流注经络,喜④伤六淫;内则精神、魂魄、志意思,喜伤七情。六淫者,寒、暑、燥、湿、风、热是也;七情者,喜、怒、忧、思、悲、惊、恐是也。若将护⑤得宜,怡然安泰。役⑥冒⑦非理,百病生焉。病证既成,须寻所自⑧。故前哲示教,谓之病源。经不云乎,治之极于一者,因得之闭户塞牖,系病者数问其经,以从其意⑨,是欲知致病之本也。然六淫天之常气,冒之则先自经络流入内舍于藏府为外所因。七情人之常⑩性,动之则先自藏府欝⑪发外形肢体,为内所因。其如饮食饥饱,叫呼伤气,尽神度量⑫,疲极筋力,阴阳违逆⑬,乃至虎狼毒虫,金疮踒折⑭,疰忤附着⑮,畏压溺⑯等,有非常理,为不内外因。金匮有言,千般疢⑰难,不越三条。以此详之,病源都尽,如欲救疗,就中寻类⑱,别其三因。或内外兼并,淫情交错,推其深浅,断以所因为病源,然后配合诸证,随因所治,药石针艾,无施不可。

【注释】

① 禀:领受,承受。
② 六气:自然变化的六种现象,此指风、寒、暑、湿、燥、火六种气候。
③ 五行:指水、火、木、金、土五种物质。
④ 喜:容易。
⑤ 将护:将,养。护,护理、护助。将护,调养护理。
⑥ 役:使用。
⑦ 冒:犯、冲犯、冒犯。
⑧ 自:始。
⑨ 闭户塞牖,系病者数问其经,以从其意:出自《素问·移精变气论》,原文为:"闭户塞牖,系之病者,数问其情,以从其意。"户,门;牖,窗。
⑩ 常:常常。
⑪ 欝(yù):同"郁"。
⑫ 度量:限度。
⑬ 违逆:违,违背。逆,不顺。违逆,失于调和。
⑭ 踒(wō倭)折:肢体猛折而筋骨受伤。
⑮ 疰忤附着:疰,具有传染性的疾病。忤,逆反。附,黏附不去。疰忤附着,指传染

性疾病侵入人体,滞留难去。

⑯ 畏压溺:《礼记·檀弓上》:"死而不吊者三:畏、厌、溺。"畏,因畏惧而自杀;厌(yā压),通"压",因物倾覆压伤;溺(nì逆),被水淹没。

⑰ 疢(chèn趁):疾病。《诗经·小雅·小弁》:"疢如疾首。"郑玄笺:"疢,犹病也。"

⑱ 类:指疾病的门类、类别。

【按语】

张仲景在《伤寒论》中提出的三因分类法,为后世病因学说的研究、发展建立了一个基本的模式。本节进一步阐述了三因致病学说,充实了三因说的具体内容,以喜、怒、忧、思、悲、恐、惊七情失调为内因;以风、寒、暑、湿、燥、热六气反常为外因;以饮食饥饱、呼叫伤气、虎狼毒虫、金疮、压溺及各种偶然性因素为不内外因。自此,中医学的病因研究开始趋于系统化、理论化,三因分类的原则也就一直为后世病因分类研究所沿用。但是,把各种疾病都以三因来划分,未免过于牵强。因为疾病的发生都是内外因相互作用的结果,不能简单地、孤立地归于内因或外因。本节所论内因,细加深究,仍与外因有联系,因为情绪的变化也会由外界客观条件所引起的。此外,"不内外因"的提法欠妥,但其基本精神是正确的,它是指既不属外感六淫,又不属内伤七情的另一类致病因素。三因学说虽然没有科学地指示内因和外因的辩证关系,但却是把致病因素和发病途径结合起来的分类方法,对辨证施治仍有一定的意义。

外所因论(全篇)

【原文】

夫六淫者,寒、暑、湿、燥、风、热是也。以暑热一气,燥湿同源,故上经①收而为四,即冬伤寒,春伤风,夏伤暑,夏飧泄②,秋伤湿,秋痎疟③,冬咳嗽④,乃因四时而序者。若其触冒,则四时皆能交结⑤以病人。且如温病增寒发热,不特拘⑥伤寒也。冒风暑湿,皆有是证。但风散气,故有汗;暑散气,故倦怠。湿溢⑦血,故重着。虽折伤⑧诸证不同,经络传变咸尔⑨,不可不知,飧泄亦然。经曰:寒甚为肠澼⑩,又湿热久客肠胃滑而下利,亦不止于伤风痎疟诸证,亦以寒暑风热互络而为病。因初不偏胜于暑也,咳论以微寒为咳,热在上焦,咳为肺痿⑪,厉风⑫所吹,声嘶发,岂独拘于湿也?以是观之,则知四气本乎六化,六化⑬本乎一气。以运变而分阴阳,则又为六淫。故经曰:阴为之主,阳为之正。若逆之则为病,乃乱生化之常矣。常则天地四塞⑭。治之必求其本。当随交络互织而推之。所谓风寒、风温、风湿、寒湿、湿温五者为并。风湿、寒风、湿温二者为合。乘⑮前四单,共二十一变,倘有所伤,当如是而推之。又兼三阳经络,亦有并合,所能简辨,甄别⑯脉证,毫厘不差,乃可论治。非通乎义理之精微,其孰能与于此?

【注释】

① 上经:指《黄帝内经》。

② 飧(sūn 孙)泄:病名,出自《素问·阴阳应象大论》。一作飧泻,又名水谷利。指泄泻完谷不化。因脾胃气虚阳弱,或风湿、寒、热诸邪客犯肠胃所致。

③ 痎(jiē 阶)疟:病证名。出自《素问·生气通天论》,即疟疾的总称。

④ 冬伤寒,春伤风,夏伤暑,夏飧泄,秋伤湿,秋痎疟,冬咳嗽:见《素问·生气通天论》。

⑤ 交结:交互结合。

⑥ 拘:限制。

⑦ 溢:水满外流泛滥。此指充斥、充满。

⑧ 折伤:受致病因素的损伤。

⑨ 咸尔:咸,都、皆。尔,如此、这样。咸尔,都是这样。

⑩ 肠澼:病名,即血箭。《医学入门》:"原因伤风犯胃,飧泄久而湿毒成癖,注于大肠,传于少阴,名曰肠澼,俗呼血箭,固其便血即出有力,如箭射之远也。"肠澼,是形容肠内有积滞,排便时澼澼有声。

⑪ 肺痿:指肺叶枯萎,而以咳吐浊唾涎沫为主症的慢性虚弱疾患(见《金匮要略》),一作肺萎,多由燥热熏灼,久咳伤肺或其他疾病误治之后,重伤津液,肺失清润,渐致枯萎不荣。

⑫ 厉风:大风,《庄子·齐物论》:"厉风济,则众窍为虚。"郭庆藩《庄子集释》引司马彪云:"厉风,大风。"厉,猛烈,迅疾。

⑬ 六化:风、寒、暑、湿、燥、热六气的化生变化。

⑭ 阴为之主,阳为之正,若逆之则为病,乃乱生化之常矣,常则天地四塞:见《素问·阴阳离合论》:"阳予之正,阴为之主,故生因春,长因夏,收因秋,藏因冬,失常则天地四塞。"

⑮ 乘:计算。

⑯ 甄(zhēn 真)别:甄,鉴别、选取。甄别,审察区分。

【按语】

本节论述了外感六淫致病的病理机制以及证候特点。临床上,六淫往往相兼为患,为此,本节对六淫交互结合为病作了尤为详细的阐述。关于六淫的内容,明确地提出是寒、暑、燥、湿、风、热,其中不言"火",而谈"热",改变了《素问·六元正纪大论》中"寒、暑、燥、湿、风、火"的提法,更为符合临床实际,这种观点对后世影响很大。

应该指出的是,文中所论热邪,指温热病邪,即引起温热病的致病因素。

叙痹论（节选）

【原文】

夫风、湿、寒三气杂至，合而为痹。虽曰合痹，其用自殊。风胜则为行痹，寒胜则为痛痹，湿胜则为着痹。三气袭人经络，入于筋脉、皮肉、肌骨，久而不已，则入五藏。凡使人烦满，喘而吐者，是痹客于肺。烦心上气，嗌^①干空噫^②，厥胀满者，是痹客于心。多饮数小便，小腹痛如怀孕，夜卧则惊者，是痹客于肝。善胀，尻以代踵^③，脊以代头^④者，是痹客于肾。四肢解惰，发咳呕沫，上为大寒者，是痹客于脾。又有肠痹者，数饮而小便不利，中气喘急，时发飧泄。又胞^⑤痹者，小便按之内痛，若沃^⑥以汤，涩于小便，上为清涕。又六府各有俞。风、寒、湿中其俞^⑦，而饮食引之，故循俞而入，各舍其府治之，随其府俞以施针灸之法。仍服逐风温寒发散等药，则病自愈。大抵痹之为病，寒多则痛，风多则行。湿多则着，在骨则重而不举。在脉则血凝而不流。在筋则屈而不伸，在肉则不仁，在皮则寒，逢寒则急，逢热则纵。又有血痹，以类相从。

【注释】

① 嗌（yì 意）：咽喉。

② 噫（yī）：即噫气。呼气、嘘气。

③ 尻（kāo）以代踵：指脚不能行，以尻代之。尻，脊骨的末端，尾骶部。踵，足后跟。

④ 脊以代头：头俯不能仰，背驼较甚，致脊高于头。

⑤ 胞：指膀胱。

⑥ 沃（wò 卧）：灌，浇。《素问·痹论》："若沃以汤。"王冰注："沃，犹灌也。"

⑦ 俞：通"腧"，即腧穴。为经气输注之处，同时也是邪气入侵的门户。

【按语】

痹，泛指邪气闭阻躯体或内脏的经络而引起的病证。本节进一步阐发了《素问·痹论》："风寒湿三气杂至，合而为痹。"的论点，以及有关筋痹、骨痹、脉痹、肌痹、皮痹、五脏痹的论述。对后世临床治疗痹证有一定的指导意义。值得提出的是，本文同时指出了风寒湿三气还可中腧穴为病，其治疗为"施针灸之法"。文中虽没描述具体症状，根据"各舍其府"之述，当结合相应部位临床特点而参考。

历节①论(全篇)

【原文】

夫历节疼痛,不可屈伸,身体尪羸②,脚肿如脱③,其痛如掣,流注骨节,短气自汗,头眩,喎喎④欲吐者,皆以风湿寒相搏而成。其痛如掣者为寒多。肿满如脱者为湿多;历节黄汗出者为风多。顾⑤病源⑥所载,饮酒当风,汗出入水,浴水从汗孔入得之,遂成斯疾。原其所因,虽涉风湿寒,又有饮酒之说,自属不内外因亦有不能饮酒而患此者,要当推求所因,分其所因先后轻重为治。久而不治,令人骨节蹉跌,变为癫病,不可不知。

【注释】

① 历节:痹证的一种,出自《金匮要略·中风历节病脉证并治》。又名历节风、白虎风、白虎历节、痛风等。由风寒湿邪侵入经脉,流注关节所致。

② 尪(wāng 汪)羸(léi 雷):瘦弱。

③ 脱:肌肉消瘦,如肉离骨。《尔雅··释器》:"肉曰脱之。"邢昺疏引李巡曰:"肉去其骨曰脱。"

④ 喎喎:恶心的意思。

⑤ 顾:回看。

⑥ 病源:指隋代巢元方《诸病源候论》。

【按语】

本节指出了历节病的病理机制为"风寒湿"相搏,较为详尽地描述了其症状特点以及鉴别诊断要点,强调在治疗上要审因论治,分清先后轻重,如治疗不及时,则预后不佳。这对后世医家治疗历节病,有一定的启发。

折伤吐血证治(节选)

【原文】

病者因坠闪朒,致伤五脏,损裂出血,停留中脘。脏热则吐鲜血,脏寒则吐瘀血,如豆羹汁,此名内伤。

【按语】

本节指出了内伤吐血脏寒、脏热的鉴别诊断要点。

折伤瘀血证治（全篇）

【原文】

病者有所坠堕，恶血留内。或因大怒，肝血洴①湿，停蓄不散。两胁疼痛，脚善瘛②，骨节时肿。气上不上，皆由瘀血在内，治之各有方。

鸡鸣散：治从高坠下，及木石所压，凡是伤损所瘀之血，凝滞气结欲死。并久积瘀血。烦躁疼痛，叫呼不得。并以此药利去瘀血，即此推陈致新，治折伤神效。

大黄一两，（酒蒸）杏仁三四十粒（去皮尖）

右研细，酒一盏。煎至六分，去滓，鸡鸣时服。次日取下，瘀血即愈。若便觉气绝不能言，取药不及，即擘开口，以热小便灌之。

【注释】

① 洴（píng 平）：《庄子·逍遥游》："宋人有善为不龟手之药者，世世以洴澼絖为事。"成玄英疏："洴，浮；澼，漂也；絖，絮也。"龟，通"皲"，皮肤皲裂。

② 瘛（chì 赤）：通"瘈"，病名。《素问·玉机真藏论》："病筋脉相引而急，病名曰瘈。"一作"瘈疭"，筋急引缩为"瘈"，筋缓纵伸为"疭"。手足时缩时伸，抽动不止者，称为"瘈疭"。

【按语】

攻下逐瘀法，自汉代起，就被历代医家用于治疗外损内伤，尤其是胸腹内伤，如唐代蔺道人的大成汤。作者在此继承、发展了这一方法，针对损伤瘀血在内之特点，创用了验方"鸡鸣散"。

附骨疽证治（节选）

【原文】

附骨疽，与白虎飞尸①，历节风②，皆相类。历节则走注不定。白虎飞尸痛浅，按之则止。附骨疽痛深，按之无益。又一说，白虎飞尸亦能作脓，着骨而生，及其腐溃，碎骨尽出方愈。如是，则附骨疽与白虎飞尸是一病，但浅深不同耳。白虎飞尸，又俗名风煞。然病附骨疽少有骨出者，宣拔毒气，不可执泥一向五香、连翘、漏芦之属，当先温肾，如灵宝膏乃神药，惟在针烙浅深，刺拔其毒根，则易愈。不尔，则顺脉流走。遍体红肿，卒③致不救。

【注释】

① 白虎飞尸:病名。《仙传外科集验方》:"附骨疽,又名白虎飞尸。"

② 历节风:即"历节"。

③ 卒:最终。

【按语】

本节讨论了附骨疽与白虎飞尸、历节诸病的鉴别诊断要点,指出了当以"温肾""宣拔毒热"为治疗原则,否则病邪深入,流走全身,则预后不良。这些观点对临床上治疗相关疾病有一定的指导意义。

腰痛叙论(节选)

【原文】

夫腰痛虽属肾经,亦涉三因所致。在外则脏腑经络受邪,在内则忧思恐怒,以及房劳坠堕,皆能使之。

【按语】

本节概述了腰痛主要病因病机是肾虚,在外因脏腑经络感受外邪,在内因则情志内伤、房劳坠堕所伤。

外因腰痛论(节选)

【原文】

太阳腰痛,引项脊尻骨如重状;阳明腰痛,不可以顾①,顾则如有所见,善悲。少阳腰痛,如针刺其皮,循循②然不可俛③仰,不可以顾;太阴腰痛,烦热,腰下如有横木居其中,甚则遗溲;少阴腰痛,痛引脊内;厥阴腰痛,腰中强急,如张弩④弦。以为外因治备。大抵太阳、少阴多中寒,少阳、厥阴多中风热,太阴、阳明多燥湿,以类推之。

【注释】

① 顾:回头看。

② 循循:有次序貌。《论语·子罕》:"夫子循循然善诱人。"

③ 俛(fǔ 俯):同"俯",低头,身体前屈。与"仰"相对。

④ 弩(nǔ努):用机械力量发箭的弓。

【按语】

本节论述外感六淫而致腰痛的症状特点、六经分症,殊为清晰,不失为腰痛论治的一种辨证方法,有一定的临床指导意义。腰痛系外因而致时应用汗、下等法从外而解。

内因腰痛论(全篇)

【原文】

失志①伤肾,郁怒伤肝,忧思伤脾,皆致腰痛。以肾肝同系脾胃表里,脾滞胃闭,最致腰痛。其证:虚羸不足,面目黧②黑,远行久立,力不能尽,失志所为也。腹急胁胀,目视肮肮③,所求不得,意淫④于外。宗筋弛张,及为白淫⑤,郁怒所为也。肌肉濡溃,痹而不仁,饮食不化,肠胃胀满,闭坠腰胁,忧思所为也。准此,从内所因,调理施治。

【注释】

① 志:意志。《灵枢·本神》:"意之所存谓之志。"
② 黧(lí离):黑里带黄的颜色。
③ 肮(huāng慌):目不明。《灵枢·经脉》:"目肮肮如无所见。"
④ 淫:浸淫。
⑤ 白淫:古病名。出自《素问·痿论》,一指男子尿中带精和女子带下病。《黄帝内经·素问》王冰注:"白淫,谓白物淫衍,如精之状,男子因溲而下,女子阴器中绵绵而下也。"一指精滑。

【按语】

本节论述了伤肝、伤脾、伤肾均可导致腰痛,因肝主筋,肾主骨,脾主肌肉,筋骨、肌肉都与人体的运动负重功能相关,而其中伤肾尤为重要。并叙述了内伤七情所致腰痛的症状特点,指出其治疗当以"调理"从内而解。

不内外因腰痛论(全篇)

【原文】

肾着①腰痛,腰冷如冰,身重不渴,小便自利,饮食如故。腰以下冷重如带五千钱,因作劳汗出,衣里冷湿,久久得之。臂②公对反。腰痛者,伛偻③肿重。引季胁痛,因于坠地,恶血流滞,及房劳疲力,耗竭精气,致腰疼痛。准此,从不内外因补泻施治。

【注释】

① 肾着:病名。出自《金匮要略·五脏风寒积聚病脉证并治》。多由肾虚寒湿内著所致。主要表现为身重,腰冷似肿、如坐水中、不渴、小便正常、饮食正常等。

② 臂(guì):古时的一种腰痛病名。

③ 伛(yǔ 雨)偻(lóu 楼,又读 lǚ 旅):伛,曲背。偻,曲背。伛偻,驼背。

【按语】

本节论述了外感、内伤之外的原因(如作劳汗出、衣里冷湿、坠堕、房劳等)引起腰痛的症状特点。提出当根据病因分别采用补泻的治疗原则施治。

本节可与《金匮要略》有关条文互参。

第十一节 《医说》选

《医说》由宋代医家张杲编撰。成书于 1189 年。书中广泛地搜集了南宋以前各种著述中有关医学典故、传说等。共 10 卷,分 74 门。记述了历代名医、医书、本草、针灸、诊法、医方、各种疾病及急救、养生、休养调摄等内容。

张氏在《医说》中报告切除死骨治疗开放性胫腓骨骨折并发骨髓炎的成功病例,并作出切除死骨后,骨能再生的结论。对骨折后期脚筋挛缩,采用机械的搓揉舒筋法治疗。张氏记载的内托散,为中医外科疾病的托里排脓内治法奠定了基础。

该书内容丰富,且引证资料多注明出处,具有较高的实用价值。

搓揉舒筋(全篇)

【原文】

道人詹志永,信州人,初应募①为卒,隶②镇江马军。二十二岁,因骁骑③坠马,右胫折为三,困顿④且绝,军帅命舁⑤归营医救,凿出败骨数寸,半年稍愈,扶杖缓行,骨空处,骨皆再生,独脚筋挛缩不能伸。既⑥落军籍⑦,沦⑧于乞丐。经三年,遇朱道人,亦旧在辕门⑨,问曰:汝伤未复初,何不求医? 曰:穷无一文,岂堪办此。朱曰:实不费一丈,但得大竹管长尺许,钻一窍,系一绳,挂腰间。每坐则置地上,举足搓衮之,勿计时日,久当有效。如其言,两日便觉骨髓宽畅,试猛伸之,与常日差远。不两月,筋悉舒,与未坠时等。予顷⑩见丁子章以病足故,作转轴踏脚用之,其理正同,不若此为简便。

【注释】

① 应募:应招募的命令,此指从军。

② 隶:属于。

③ 骁(xiāo 肖):良马。

④ 困顿:疲惫,劳累。

⑤ 舁(yú):共举,手爪并用。指用力抬。

⑥ 既:不久之后。

⑦ 落军籍:落籍,犹除名。落军籍,从军籍中除去姓名。

⑧ 沦:没落。

⑨ 辕门:辕,车的组成部分。驾车用的直木或曲木,压在车轴上,伸出车舆的前端。辕门,古代帝王巡狩、困猎、止宿在险阻的地方,用车子作为屏藩。出入之处,仰起两辆车子,使两车的辕相向交接,成一半圆形的门,叫"辕门",后也指领兵将帅的营门及督抚等官署的外门。

⑩ 顷:不久。

【按语】

骨伤疾病的康复,是治疗的一个重要组成部分。文中关于脚踏转轴、搓滚竹管以促进骨折损伤后膝、踝等关节功能恢复的记载,是我国采用物理康复方法治疗创伤后遗症较早、较为详尽的记录,这一方法至今仍在中医骨伤科临床沿用。

"凿出败骨数寸",是运用切开、去除死骨的方法治疗骨折并发骨髓炎的记录,说明当时骨外科的手术治疗已达到了相当高的水平。

第十二节 《河间六书》选

《河间六书》又名《刘河间医学六书》,由金代医家刘完素及其弟子马宗素编撰。成书于1172—1211年。六书包括《黄帝素问宣明论方》15卷、《素问玄机原病式》1卷、《素问病机气宜保命集》3卷、《伤寒直格论方》3卷、《伤寒标本心法类萃》2卷及《刘河间伤寒医鉴》。其中《黄帝素问宣明论方》《素问玄机原病式》《素问病机气宜保命集》三书为刘氏结合自己的临床经验发挥《黄帝内经》之作。而《伤寒直格论方》《伤寒标本心法类萃》论理伤寒,书中所列"秽气""秽毒"致病说,对后世温热病学之发展影响颇深。至于马氏所著的《刘河间伤寒医鉴》,则以《南阳活人书》为蓝本,据以《黄帝内经》并参以刘完素之说,广为阐述,其所说内容多属温热病范畴。

在这些著作中,他们根据当时热性病流行的实际情况,实事求是地提出了辛凉解表和泻热养阴的治疗原则,充分地阐发了自己的学术主张,不仅丰富了中医学的理论宝库,也为以后温病学的创立奠定了基础。

破伤风论(节选)

【原文】

夫风者,百病之始也。清净则腠理闭拒①,虽有大风苛毒②,而弗能为害也。故破伤风者,通于表里,分别阴阳,同伤寒证治。闾阎③往往有不知者,只知有发表者,不知有攻里者、和解者,此汗、下、和三法也,亦同伤寒证,有在表者,有在里者,有半在表半在里者。在里宜下,在表宜发汗,在表里之间宜和解。然汗下亦不可过其法也。又不可妄意处治,各通其藏脉,免汗泄之非宜也。

故破伤风者,从外至内,甚于内者则病也。因此卒暴伤损,风袭其间,传播经络,至使寒热更作④,身体反强,口噤不开,甚者邪气入藏,则分汗、下之。治诸疮不差⑤,荣卫虚,肌肉不生,疮眼⑥不合者,风邪亦能外入于疮,为破伤风之候。故诸疮不差时。举世皆言著灸为上,是谓熟疮,而不知火热客毒,逐经诸变,不可胜数。微则发热,甚则生风而搐,或角弓反张,口噤目斜,皆因疮郁结于荣卫,不得宣通而生。亦有破伤不灸而病此者,疮著白痂,疮口闭塞,气难通泄,故阳热易为郁结,而热甚则生风也。

故表脉浮而无力者,太阳也;脉长而有力者,阳明也;脉浮而弦小者,少阳也。太阳宜汗,阳明宜下,少阳宜和解。若明此三法,而治不中病者,未之有⑦也。

大法伤中风,风热燥甚,怫郁⑧在表,而里气尚平者,善伸数欠,筋脉拘急,或时恶寒,或筋惕⑨而搐,脉浮数而弦也。宜以辛热治风之药,开冲结滞,荣卫宣通而愈,由伤寒表热怫郁,而以麻黄汤辛热发散者也。凡用辛热开冲,风热结滞,或以寒药佐之犹良,免致药不中病,而风热转甚也。犹《伤寒论》热药发表不中效,则热转甚也。故夏热用麻黄、桂枝汤类热药,发表须加寒药,不然则热甚,发黄或斑出矣。故发表诸方,佐以黄芩、石膏、知母、柴胡、地黄、芍药、栀子、茵陈、葱白、豆豉之类寒药,消息用之。如世以甘草、滑石、葱、豉寒药发散,甚妙。是以甘草甘能缓急,湿能润燥,滑石淡能利窍,滑能通利,葱辛甘微寒,豉咸寒润燥⑩,皆散结缓急,润燥除热之物。因热服之,因热而玄府郁结宣通,而怫热无由再作。病势虽甚,而不得顿愈者,亦获小效而无加害尔。此方散结,无问上下中外,但有益而无损矣。散结⑪之方,何必辛热而已耶? 若破伤中风,表不已而渐入于里,则病势渐甚。若里未太甚,而脉在肌肉者,宜以退风热、开郁滞之寒药调之,或以微加治风辛热亦得以意消息,不可忘也。此犹伤寒,病势半在表半在里,而以小柴胡汤和解之也。若里势已甚,而舌强口噤,项背反张,惊搐惕搦,涎唾稠粘,胸腹满塞⑫,而或便溺闭结,或时汗出,脉洪数而弦也。然汗出者,由风热郁甚于里,而表热稍罢,则腠理疏泄,而心火热甚,故汗出也。大法:风热怫郁,因汗当解,今不解者,若里热出之于表,因汗而结散,热去则气和而愈也。今风热郁甚于里,而非出之于表,故虽汗泄而热不退,则不能解也。犹阳明证,热甚于里,而日晡潮热,大汗虽出,热不退而不能解也,故当大承气汤下之,其里热也,是以亢则害,承乃制。而今火热极甚,筋劲急而口噤尔,风热加之,故惊而搐也。风热燥并,郁甚于里,故烦满而或闷⑬结也。法宜除风散结,寒药下之,以使郁滞流通,而后以退风热、开结滞之寒药调之,而热退结散,则风自愈矣。

【注释】

① 清净则腠理闭拒:净,通“静”。闭,固密。拒,抵御。清净则腠理闭拒,此指阳气的卫外功能,阳气清静正常,则使肌肉腠理固密,卫外功能强盛。

② 苛毒:苛,暴。苛毒,厉害的毒邪。

③ 闾阎:民间也。《史记·苏秦传》:“夫苏秦起于闾阎,连六国从亲,此其智有过人者。”

④ 更作:更,轮流更替。更作,交替发作。

⑤ 差:(chài):病愈。

⑥ 疮眼:指疮口。

⑦ 未之有:即“未有之”。没有这样的情况。

⑧ 怫(fú 弗)郁:郁闷气愤。

⑨ 筋惕:肌肉抽掣跳动。

⑩ 燥:原作“湿”,诸本均同。据下文“皆散结缓急,润燥除热之物”改。

⑪ 散结:原作“结散”,据嘉靖本改。

⑫ 塞:原作“寒”,形近之误,据嘉靖本、万历本、宣统本改。

⑬ 闷:大便干涩不利也。

【按语】

本段论述了破伤风的病因病机及辨证施治。指出创口不愈,再复感外邪,时人首选灸法但“疮郁结于荣卫,不得宣通”可致破伤风;也有不灸,因出现疮痂而导致疮口闭塞、气难通泄、郁热生风形成破伤风者。其治疗,应当根据患者的脉象,辨清太阳、阳明、少阳,而分别采用汗、下、和的方法。邪尚在表,可用辛热开冲风热结滞之药,并佐以寒药;邪渐入里,里热未甚,可用退风热、开结滞之寒药;里热已甚,则须用除风散结之寒药下之。作者对《黄帝内经》《伤寒论》等深有研究,将破伤风的治疗,用伤寒论治作了类比,通俗易懂,虽然不一定全面、完整,但对后世破伤风一症的治疗有一定的启示。

第十三节　《东垣试效方》选

《东垣试效方》亦名《东垣先生试效方》《东垣效验方》,系金代医家李杲的经验效方,经其弟子罗天益辑录整理。成书于 1266 年。全书 9 卷,下设 24 门,每门之下,先有总论,以证候为主,详论各证候之病源、治法;后列诸方,其收方共240 多首,医案医话 20 余则。其论阐述透彻,辨析至微,有十几篇是李氏其他著作所不载而仅见于本书。其方配伍精当,切于实用,如普济消毒饮、益气聪明汤等名方,即载于本书。

综观全书,所涉病证较广,但重点为脾胃病证用方,反映了补土派的特色。有关疮疡、腰痛等病证的证治,亦占有一定篇幅。此书对研究李氏学术思想及指导临床,都有重要的价值。

腰痛门(节选)

【原文】

腰　痛　论

六元正纪论曰:太阳所致为腰痛。又云:巨阳即太阳也,虚则头项腰背痛。足太阳膀胱之脉所过,还出别①下项,循肩膊②内挟脊抵腰中,故为病项如拔③,挟脊痛,腰似折,髀④不可以曲,是经气虚则邪客之,痛病生矣。夫邪者,是风热湿燥寒皆能为病,大抵寒湿多而风热少。然有房室劳伤,肾虚腰痛者,是阳气虚弱不能运动⑤故也。经云:腰者肾之腑,转摇不能,肾将惫矣。宜肾气丸、茴香丸之类,以补阳之不足也。膏粱之人,久服汤药,醉以入房,损其真气,则肾气热,肾气热则腰脊痛而不能举,久则髓减骨枯,发为骨痿。宜六味地黄丸、滋肾丸、封髓丹之类,以补阴之不足也。《灵枢》云:腰痛,上寒取足太阳、阳明。上热取足厥阴。不可俯仰取足少阳,盖足之三阳,从头走足,足之三阴,从足走入腹,经所过处,皆能为痛。治之者当审其何经,所过分野⑥,循其空穴而刺之,审何寒热而药之。假令足太阳令人腰痛,引项脊尻背如重状,刺其中太阳二经出血。余皆仿此。彼执一方治诸腰痛者,固不通矣。

【注释】

① 别:另,另外。

② 肩膊:膊,膀子,此作肩膊。

③ 如拔:如像受牵拉,为痉挛之状。

④ 髀:指髋关节。

⑤ 运动:运行流动。

⑥ 分野:本指分封诸侯的境域,后借用为分界、界限的代称。

【按语】

腰痛是指腰部一侧或两侧的疼痛症状,西医学中的肾脏疾病、风湿病、类风湿病、腰肌劳损、增生性疾病等均可出现此症。本节进一步阐发了《素问》所论的腰痛病证,指出了腰痛的病机是"经气虚则邪客之"。并已经认识到寒湿腰痛较风热腰痛为多,这与临床所见是相符合的,"腰为肾之府",本节将腰痛分为肾阳虚、肾阴虚两类,并提出了具体的证治方法。所用方剂,临床沿用至今。采用针药结合的方法治疗腰痛,对临床治疗具有一定的指导意义。此外,"髀不可以曲",类似今之直腿抬高试验阳性的体征,说明当时对腰痛体征的观察是极为细致的。

第十四节　《医学发明》选

《医学发明》由金代医家李杲编著。成书于1315年。原书9卷。全书分两大部分,一是医论,旨在阐发脏腑、经络、病机等学说;二是方论,共载75方。

李杲为金元四大家之一,创立脾胃学说,是补土派的代表人物。他在治学上的最大特点,是深究《黄帝内经》等古典医著,密切联系临床实践,并以此据经立论,创立新说,故名《医学发明》。他不仅提倡脾胃学说,而且发挥《黄帝内经》"肝藏血"的理论,提出"恶血必归于肝"论。从而创立了疏肝活血逐瘀的治疗方药。特别是他创立的复元活血汤,不仅明、清大多治伤方书都沿用,至今还是治伤的常用方剂。

该书虽已残缺,但仍能看出李氏推求经旨,以胃气为本、恶血归肝的学术思想,对后世很有启发和影响。

中风同从高坠论(节选)

【原文】

夫从高坠下,恶血留于内,不分十二经络,圣人俱作风中肝经,留于胁下,以中风疗之。血者皆肝之所主,恶血必归于肝。不问何经之伤,必留于胁下,盖肝主血故也。痛甚则必有自汗,但人汗出皆为风症。诸痛皆属于肝木,况败血凝洉①,从其所属入于肝也。从高坠下,逆其所行之血气,非肝而何?以破血行经药治之。

复元活血汤,治从高坠下,恶血留于胁下,及疼痛不可忍。

【注释】

① 凝洉(hù 互):凝,凝结。洉,本作"沍",冻结。

【按语】

本节阐述了恶血留内的病理机制。《灵枢·本神》说:"肝藏血。"《素问·五脏生成》说:"故人卧,血归于肝。"因肝主血,肝在胁下,肝经起于足大趾,循少腹,布两胁,故败血凝滞,"必留于胁下"。东垣由此而提出"恶血必归于肝"的论点,建立了破血行经的治疗原则,并创制了著名的复元活血汤,此方吸取唐代蔺道人攻下逐瘀相伍的配方经验,加入了大黄、桃仁、穿山甲、甘草、红花、柴胡、天花粉、当归等药,不仅屡被明、清治伤方书收载,而且还成为历代临床医家治伤的常用方剂。

第十五节 《永类钤方》选

《永类钤方》由元代医家李仲南编撰,成书于 1331 年,全书共 22 卷,最后一卷介绍的"损伤折"即骨伤科专篇。李氏在该书中除介绍了蔺道人的经验外,尚有新的发展。如书中介绍的以悬吊牵引复位法治疗颈椎骨折脱位;采用过伸位牵引复位法治疗脊柱屈曲型骨折等,都是骨伤科史上的创举。尔后的《回回药方》所记载治疗腰脊骨折方法,亦都源于该书。从中可以看出,李氏对损伤精研有素,具有特色分明、切于实用的特点,对中医骨伤科学的发展起到了极其重要的作用。

风损伤折(节选)

【原文】

肩胛颈骨及手肘脱手盘手指骨伤

凡捽进颈骨,用手巾一条,绳一茎,系在枋上垂下来,以手中兜缚颏下,系于后脑,杀①缚接绳头,却以瓦罂②一个五六寸高,看捽入浅深,斟酌高低,令患人端正坐于其罂上,令伸脚坐定,医用手采捺平正,说话不觉,以脚一踢,踢去罂子。如在左,用手左边缀出,在右边,右边缀出。又一法,令患人卧床上,以人挤其头,双足踏两肩即出。

【注释】

① 杀:收束。

② 罂:盛酒器,口小肚大。

【按语】

用手法牵引治疗颈椎骨折,国外始于沃尔顿,之后,泰勒、布鲁克斯分别在1924 年及 1933 年相继作了报道。现今骨伤科所用的克拉奇菲尔德颅骨牵引法,也是在手法牵引的基础上发展起来的。而本段说明早在 14 世纪时,我国古代医家已经在临床上用牵引手法治疗颈椎骨折了。

【原文】

凡左右两肩或颠坠失落,若骨脑叉出在前,可用布袋腕系在前;如出在后,腕系手在背后,若左出折向右肱,右出折向左肱,骨即入。接左摸右髻,接右摸左髻。

【按语】

本节论述了肱骨外科颈骨折的治疗。"左出折向右肱,右出折向左肱",指外展型骨折应予内收整复,内收型骨折予外展整复。"接左摸右髻,接右摸左髻",则指出了骨折整复后的固定也要根据骨折不同类型而定。这些治疗原则,至今被临床所遵循。

【原文】

凡背上被打,伤处带黑,单调肉桂末贴,热肿用一黄散。血不出,内疼痛者,乳香没药酒调一黄散贴,却下破血药。

【按语】

本节介绍背部被打伤后的局部治疗法,即根据病情的不同,而采用不同的外敷贴药。

【原文】

胸 胁 肠 伤

凡胸前跌出骨不得入,令患人靠突处立,用两脚踏患人两脚,却以手于其肩掬起其胸脯,其骨自入。用药封缚,亦在随机应变。凡胸脯有拳槌伤,外有肿,内有痛,外用贴药,内服化血药。如刀伤,可用安骨定皮合口,外用贴药掺口,内用吃药。

【按语】

本节介绍胸锁关节脱位的整复方法。虽然整复法与现代临床不尽相同，但其基本原理是相同的，即要使患者两肩极度背伸，前胸自然挺出，从而使脱位整复。

【原文】

凡胸骨肋断，先用破血，却用黄云膏贴。胸胁伤，血作不通，用生绿豆汁、生姜自然汁和服，以一壮力在后挤住，自吐出其血也。

【按语】

本节介绍胸部肋骨骨折的治疗方法。"以一壮力在后挤住，自吐出其血"的涌吐治伤法，临床上已不采用，但其祛除胸胁部瘀血的主导思想是应该继承的。

【原文】

腰脚臀股两腿膝伤

凡腰骨折断，先用门扉一片，放斜一头，令患人覆眠，以手捍止下，用三人拽伸，医以手按损处三时久，却用贴药，病人浑身动作一宿，至来日患处无痛，却可自便左右翻转，仍用通贴药。若前后不便，听其施溺，更用内外住痛神授乳香散在后。

【按语】

对屈曲型脊柱骨折，西医学多采用俯卧位或仰卧位过伸复位法进行治疗，如1885年波伦提出的两桌复位法，1927年戴维斯提出的两足悬吊复位法，都是这一治则的具体应用。而我国的中医骨伤，较波伦、戴维斯两人早500余年。

【原文】

凡臀股左右跌出骨[①]者，右入左，左入右[②]，用脚踏进。如跌入内，令患人盘脚，按其肩头、用膝抵入，虽大痛，一时无妨，却用贴药。从缓仰卧，用手捺衬入，再加贴药、吃药，患人未可翻卧，大动后恐成损。腰腿伤，全用酒佐通气血药。

【注释】

① 跌出骨：指脱位。
② 右入左，左入右：指髋关节脱位后的类型。

【按语】

本节介绍了髋关节脱位的治疗方法,并指出复位后应注意防止再脱位及发生并发症。

【原文】

凡两腿左右或打或跌断者,多用葱。打断者不用姜葱,以手法整其骨,在上于前,在下于后,以手拽正,上拽七分,下拽五分,整定用贴药,后以杉皮夹缚,缚时先缚中,坐后缚上下,外用副夹竹绳。若上下有肿痛,毋虑。五日方可解外缚,约一七方可转动,解外缚,未可换药,仍浑①用酒服药。

【注释】

① 浑:同"混"。

【按语】

本文介绍下肢股骨骨折的不同移位方向、治疗方法、整复固定方法,以及整复后的注意事项等,至今仍在指导着临床实践。

【原文】

凡辨腿胯骨出,以患人膝比并之,如不粘膝①便是出②向内;如粘膝不能开,便是出外③。

【注释】

① 粘膝:两膝相互靠拢。不粘膝,指两膝不能互相靠拢。
② 出:关节脱位。
③ 出外:指髋关节后上脱位。

【按语】

髋关节脱位的诊断,早在《仙授理伤续断秘方》中即有骨折从臀上出、从裆内出的论述,十分清楚地表明,这是以股骨头的脱出方向作为主要诊断依据,但蔺氏并未把髋关节脱位后下肢所呈现的特殊体征参考。本节着重记述了患肢体位的变化,并用有无粘膝来概括了患肢所表现的症状和体征,其观点符合髋关节脱位的分型鉴别方法。

【原文】

凡脚盘①出臼,用人以脚从腿上一踏一搬,双手一搏,摇二三次,却以药夹。

【注释】

① 脚盘:指踝关节。

【按语】

本节论述了踝关节脱位后的整复和固定。

【原文】

凡膝盖或左右损断,用手按直①,用贴药夹一月。若肿痛,须用针刀去血,却敷贴用夹。或外胫踝骨兀②折,左右脚盘,用脚踏直,或针患处,却敷贴、吃住痛药,不得令冷。

若膝头骨跌出臼,牵合不可大直,不可大曲,直则不见其骨稜③,曲亦然,可半直半曲,以竹菰菰住,以帛缚之。

【注释】

① 直:径直,直接。

② 兀(wù 悟):断足。

③ 稜:同“棱”,物体的边角或尖角。

【按语】

现代骨科学认为,对髌骨骨折的治疗,除要求恢复伸膝装置功能外,还应保持关节面的光滑与完整,从而减少或防止创伤性关节炎的发生。所以,在处理上,应包括消除关节内积血及整复并恢复关节面平整两个重要环节。

值得注意的是,在髌骨骨折的夹缚固定上,临床均采取膝伸直位,而本文提出“不可大直,不可大曲”的整复固定法,是以前文献中罕见的,这一论述,为今后髌骨骨折的研究提供了线索。

【原文】

筋 骨

凡断筋骨者,先用手寻采伤处,整顿其筋,如前方用贴药,及用正副夹,正用杉皮,副用竹片。

凡骨断皮破者,不用良姜、肉桂,止用葱汁调贴。或损在内,可用童便、姜葱、生油和通药服。如通气已过,只用顺气止血药,或余血在腹作胀,更进前药,无事后方用损药。仍看病人虚实,若骨断皮不破,整其骨,先用贴药,加良姜、肉桂在贴药内,以葱姜汁调涂(以上皆郡氏口教)。

【按语】

本节论述筋断、骨折的辨证治疗方法,指出用药要根据损伤情况而定,不能千篇一律。上述治疗方法对筋伤的治疗有一定参考价值。

【原文】

束缚敷贴换药

凡伤重,其初麻而不痛,应拔伸捺正,或用刀取开皮,二三日后方知痛,且先匀①气血。

【注释】

① 匀:指调理。

【按语】

本节论述骨伤的治疗原则:应尽早进行,如手法整复不成功,应及时切开复位。

【原文】

凡打伤在两胁、两胸、两肚、两肋,却用通气通血药,又看病人虚实不同,虚者通药须兼补药,实者补药放缓,且用贴药在前,通药在后。

凡用通药反不通者,后用顺气药,腹肚全无膨胀而得安,此为不于血作,乃是气闭不通。如腹肚果有血作,一通便下,亦须以顺气药兼之。庶胸膈腹肚不致紧闭,气顺后却用损药,无不愈,须先顺气故也。有人醉卧跌末下,脾背疼痛,不可屈伸,损药不效,服刀豆酒数日愈,豆下气所损轻也。有小儿误跌凳角上,只用萝卜子煎汤愈,亦顺气也。

【按语】

本节强调胁肋部、腹背部损伤的治疗应根据患者体质虚实,采用行气活血或补益药物加减应用。这些观点,对临床诊治胸腹部内伤疾患都有一定的参考价值。

第十六节 《世医得效方》选

《世医得效方》由元代医家危亦林编撰。成书于1337年。书凡19卷,按元代医学十三科的顺序分别记述内、外、骨、妇、儿、五官等各类疾病的脉病证治。

其中卷 1~10 为大方脉杂医科；卷 11~12 为小方科；卷 13 为风科；卷 14~15 为妇产科；卷 16 为眼科；卷 17 为口齿兼咽喉科；卷 18 为正骨兼金镞科；卷 19 为疮肿科。

本书最大的特点是述证准确、条理清晰、组方严密，对骨伤科的有关整骨手法记述颇详。尤其应用悬吊复位法治疗脊柱骨折，为伤科史上的创举，比西方医学家戴维斯在 1927 年开始使用这一方法早了近 600 年。有关麻醉法的记载亦有较高的科学价值。他还首次把踝关节骨折脱位分成内、外翻两个类型，发明了脊椎夹板固定法，并强调要固定过伸位等。所以，《世医得效方》不仅是祖国医籍中的重要著作，而且很有史料参考价值。

正骨兼金镞科（节选）

【原文】

手六出臼四折骨

凡手臂肘出臼，此骨上段骨是臼，下段骨是杵[1]，四边筋脉锁定[2]。或出臼，亦挫损筋。所以，出臼此骨，须拽手直。一人拽，须用手把定此间骨，搦教归窠。看骨出那边，用竹一片夹定一边，一边不用夹。须在屈直处夹。才服药后，不可放定，或时又用拽屈拽直。此外筋多，吃药后若不屈直，则恐成疾，日后曲直不得。肩胛上出臼，只是手骨出臼，归下，身骨出臼，归上。或出左，或出右。须用舂杵一枚，小凳一个。令患者立凳上，用杵撑在下出臼之处。或低，用物簟[3]起，杵长则簟凳起，令一人把住手尾拽去，一人把住舂杵。令一人助患人放身从上坐落，骨已归窠矣。神效。若不用小凳，则两小梯相对，木棒穿从两梯股中过，用手把住木棒，正棱在出臼腋下骨节蹉跌之处，放身从上坠下，骨节自然归臼矣。

【注释】

① 杵：捣物的棒槌。
② 锁定：此指固定。
③ 簟：供坐卧或晾晒谷物用的竹席。

【按语】

本节论述肘关节和肩关节脱位的复位方法。并对复位后的固定、功能练习等方面进行了较为详细的阐述。其使用杠杆原理进行复位，该理念仍为现代骨伤科各家所沿用。

【原文】

脚六出臼四折骨

或脚板上交脬处^①出臼,须用一人拽去,自用手摸其骨节,或骨突出在内,用手正从此骨头拽归外,或骨突向外,须用力拽归内,则归窠。若只拽不用手整入窠内,误人成疾。脚膝出臼,与手臂肘出臼同。或出内、出外,不用一边夹定。此处筋脉最多,服药后时时用屈直,不可定放。又恐再出窠,时时看顾,不可疏慢^②。

脚大腿根出臼

此处身上骨是臼,腿根是杵。或出前,或出后。须用一人把住患人身,一人拽脚,用手尽力搦归窠。或是挫开,又可用软绵绳从脚缚,倒吊起,用手整骨节,从上坠下,自然归窠。

【注释】

① 交脬处:踝关节。
② 疏慢:疏,疏忽,不周密。慢,怠忽,轻忽。此指忽视之意。

【按语】

本节论述将踝部骨折、脱位分为外翻和内翻两个类型,并介绍了复位方法。对膝关节脱位,危氏强调了复位后不应完全固定,并指出膝关节脱位容易再脱位,在整个治疗中应当注意。

危氏当时已经认识到髋关节是杵臼关节,他沿用了蔺道人的前后脱位的分型法及治疗方法,并提出了一种利用身体重量作牵引的复位法,比蔺氏又前进了一步。

【原文】

背脊骨折法

凡挫脊骨,不可用手整顿,须用软绳从脚吊起,坠下身直,其骨使自归窠。未直,则未归窠,须要坠下,待其骨直归窠。然后用大桑皮一片,放在背皮上,榆树皮两三片,安在桑皮上,用软物缠,夹定,莫令屈。用药治之。

【按语】

本节论述脊椎骨折的复位法。危氏提出采用悬吊复位法来整复,这种过伸位整复固定法,是符合脊椎解剖学生理特点的,也符合屈曲型脊椎骨折的固定要求,他不仅在我国医学史上是先例,在世界医学史上也是创举。国外戴维斯1927年才应用悬吊法治疗脊椎骨折,较危氏晚了近600年。

【原文】

用 麻 药 法

撅扑损伤,骨肉疼痛,整顿不得,先用麻药服,待其不识痛处,方可下手。或服后麻不倒,可加曼陀罗花及草乌五钱,用好酒调些少与服。若其人如酒醉,即不可加药。被伤有老有幼,有无力,有血出甚者,此药逐时①相度入用,不可过多。亦有重者,若见麻不倒者,又旋②添些,更未倒,又添酒调服少许,已倒便住药,切不可过多。

【注释】

① 逐时:逐,挨着次序。逐时,按时。
② 旋:随后,不久。

【按语】

本节详细记载了麻醉药物的使用法,并强调了使用注意点。从文中所论,可知当时对麻醉药物的使用已较为重视,观察也非常仔细。

第十七节 《玉机微义》选

《玉机微义》由明代医家徐彦纯编著。成书于 1396 年。全书共 50 卷,分 50门。原名为《医学折衷》,后经刘纯续增,更名为《玉机微义》。该书收罗广泛,自《黄帝内经》以下,诸如张仲景、王叔和、巢元方等医论无不采入,而尤以刘河间、李东垣、朱震亨等诸家之说为要。徐氏贵在于摘表其要,对诸门证治方例叙述,无不疏通其源流,引申其义类,言简意赅。

该书还有一大特点,即所列内容,既无泥古之失,又无违古之讥。如损伤门列举《黄帝内经》的瘀血学说,则又根据自己对瘀血的见解进行论述,再列出治法与方剂,使这一学说更加完善和充实。本书具有较高的临床价值,对于指导临床实有可取之处。

损伤门(节选)

【原文】

论损伤宜下

子和云:诸落马坠井,打扑伤损,闪脑损折,杖疮肿发焮痛不止者,可峻下二三十行。痛止肿消,宜以通经散、导水丸等药,或加汤剂泻之后,服和血消肿散毒之药。

【按语】

本节论述损伤的攻下法治疗。肢体损伤后,离经之血阻塞脉道,使气血不得流畅,瘀不去则血不生,甚至会越络妄行而变症多端,因此要峻下祛瘀。

【原文】

按子和于堕车落马、杖疮闪胸者,俱用峻下。其有心恙牙关紧急者,云是惊涎^①堵塞于上,俱用三圣散,先吐后下,其法虽峻,然果有惊涎瘀血停留于内,焮痛肿胀发于外者,亦奏捷功。但于出血过多老弱之人,脉虚大者,亦当求责。

【注释】

① 惊涎:惊,惊风;涎,口水。此指因惊风而出现的口吐白沫。

【按语】

本节论述损伤兼证的治疗。损伤常有兼证出现,瘀血停内,则可见心急、牙关紧闭等,同时外现焮痛肿胀等。当用三圣散先吐后下,祛痰逐瘀。但年老体弱之人,则应慎用。

腰痛门(节选)

【原文】

论腰痛宜下

子和云:腰者肾之腑,为大关节血气不行,则沉痛不能转侧,世人多服补肾药,鲜有效者,惟用牵牛、甘遂等药,大泻其湿,其痛自可。

按此论治,只是谓气郁气挫,经壅血瘀及湿热甚者,宜行此法。至于气血不足,肾虚之类,皆未宜轻举,宜以脉体别之。丹溪有曰:腰痛脉大者,肾虚。脉涩者,瘀血。缓者,寒湿。或滑或伏为痰,不可不辨。

【按语】

本节阐发前人所论腰痛的治疗。张子和提出,腰痛为大关节气血不行所致,治当用牵牛、甘遂大泻其经,此论偏颇。本文认为,子和之法仅适用于气郁气挫之实证。但对于气血不足、肾虚者,当用补法。最后引用了朱丹溪的辨证方法,三论结合,腰痛一症的治疗可谓一目了然。

第十八节　《普济方》选

　　《普济方》由明代医家朱橚编撰。成书于 1406 年。书凡 426 卷,是我国历史上收方最多的一本方书。全书共 1 960 论,2 175 类,778 法,61 739 方,239 图,950 万言。本书的具体内容,从层次来看,首列总论,次列脏腑身形、外科、妇科、儿科、针灸等。

　　《普济方》的编辑仿《圣济总录》,所列的"折伤门"4 卷中,载方共 710 余首,记录了骨折脱位内容以及方药。在"接骨手法"一节中,列 12 项骨折脱位的复位固定方法,较危亦林所记载的骨关节脱位增加约一倍。"金疮门"共 2 卷,载方 480 余首。"膏药门"又载治杖伤方 30 余首,实为 15 世纪以前治伤方法和方药的总汇。书中记载的一些骨折脱位整复手法和固定技术,是当今一些疗法的起源。由此可见,《普济方》所记载的骨伤方面的资料,不仅是研究骨科历史的重要资料,更有其临床之实用价值。

折伤门（节选）

【原文】

接　骨

　　夫正骨续筋,方法备急,非虞①断筋折骨之疼,喎②讹③闪朒,裨止相当。覆涂之药,绵缠水温净息,永通玄府④,开舒汗隙,药归肿散痛消。血脉旋流,布周荣卫,省身爱力,以时中养气。痊平余月而已。

【注释】

①虞:臆度,料想,猜测。

②喎:同"呙"。嘴歪。

③讹:错误。

④玄府:汗孔。

【按语】

　　本节论述筋骨损伤的治疗方法,强调了治疗时应当时刻注意汗孔通畅,血脉、荣卫的正常运行,诊治法只要得当,一月左右即可痊愈。

【原文】

缺盆骨①损折法

令病者正坐,提起患人胳膊,用手揣捏骨平正。用乳香消毒散数贴。以软绢掩如拳大,兜于腋下。上用一薄板子,长寸阔过半软纸包裹按定。止用鹰爪长带子拴缚定。七日换药。内服乌金散定痛,疼肿破消后,次伸舒手指,以后骨可如旧。

【注释】

① 缺盆骨:即锁骨。

【按语】

本节介绍锁骨骨折的复位固定方法。其固定法与现代临床所用的"十字架"固定法相类似。"伸舒手指"是强调复位固定后的练功活动。

【原文】

肩胛骨脱落法

令患人服乌头散麻之,仰卧地,左肩脱落者,用左脚登定。右肩落者,右脚登。用软绢如拳大,抵于腋窝内,用人脚登定。拿病人手腕近肋,用力倒身扯拽。可再用手按其肩上,用力往下推之。如骨入臼,用软绵卷如拳大,于腋下用消毒散敷贴,内服降圣丹。痛者黄耆散,三日一换药。定痛肿消,换膏药贴之,常以伸舒起指,演习如旧。

【按语】

本节介绍采用手牵足蹬法整复肩关节脱位。此法疗效可靠、方法简便,是当今临床常用之法。

【原文】

胯骨脱落法

令病人服乌头散麻之。仰卧倒看,比两腿膝盖高者,蹯在下也。一手拿定脚腕,右蹯在下,往上动摇送之。若蹯在上,往下伸舒扯拽。如骨入臼,再用比双脚根齐。用走马散贴。内服降圣丹,没药乳香散。如痛定肿消,用膏药贴之。后次演习行步。

【按语】

"胯骨脱落"即髋关节脱位,可分为前脱位和后脱位两类。本节介绍了这两种脱位的整复方法,对前者,采用将胫骨上段往上摇转,松解后往上送的复位法;对后者,则采用伸直位对抗牵引的方法。强调了在治疗前后用比双脚跟齐、仰卧倒比的诊断法,这些观点有一定科学价值。

【原文】

破伤骨折法

如破伤折骨,服乌头散麻之。如骨折签出皮者,用铜匙柄挑起皮,皮破如旧,用玉真散敷贴。如骨折低者,往上抬之。如骨折高者,往下按之。揣捏骨平正,用油擦皮肤,或蜜亦可,用敷药干糁,揾洗用生肌散,并太乙膏贴之,初服导滞散下之,后服止痛祛风药方,并接骨药托里散调治。如皮破骨折者,髓血相混成脓,接不正,以后次演习行步,终不得定完成全。

【按语】

本文所介绍的是由内向外穿通的开放性骨折。其所用方法实际为后世及现代应用的"撬骨复位法"。并指出了清创术的治疗原则,是很科学的。

【原文】

脚腕蹉跌出臼法

令病人正坐倒,一手拿病人脚腕,一手拿脚大趾,拽摇动援,捏骨入臼平正,用走马散敷贴,外用长片板子,绢带缚于脚腕并小腿上,恐脚不正,用软衣垫之。内服降圣丹、乳香散。以后行步演习,痊可为妙。

【按语】

本节论述踝关节脱位的整复手法与固定法,在此特别提出要超关节外固定,与现代临床所用方法大致相同。

第十九节 《证治要诀》选

《证治要诀》由明代医家戴思恭编撰。成书于1443年,是一部以论治内科杂病和外科疾病为主的专著。全书共12卷,分诸中、诸伤、诸气、诸血、诸痛、诸嗽、寒热、大小腑、虚损、拾遗、疮毒、妇人12门。

本书条理分明,纲举目张,推详丹溪之所未言,调剂丹溪之所偏胜。如在分析病例证中,先论病因,再叙病源,根据病象,分析病证,最后说明治法,充分体现其理、法、方、药配合之严谨。戴氏除擅长内科杂病的深研细审外,尚对外伤的治疗极为重视,如他用"白芍药散"内服并外敷伤口以止血等,具有一定的科学性,对外伤科的临床应用有较高的参考价值。

【原文】

颠　扑

仆踬[①]不知曰颠,两下相碰曰扑,其为一损也。因颠扑而迷闷者,酒调苏合香丸,或鸡鸣散,或和气饮加大黄,入醋少许煎,或童便调黑神散,不用童便,用苏木煎,酒调亦得。颠扑伤疼,酒调琥珀散极佳,再有乌药顺气散,用以治之,风腰疼尤宜。有颠扑人服药并熏洗搽贴药皆不效自若,或教以用白芍药、赤芍药、威灵仙、乳香、没药各等分,为细末,和匀,酒调服之,随即痛减其半。

刀伤血不止,一味白芍药散,白酒调服,即以散掺伤处,或其血出不透,致恶血壅滞,伤处赤肿,或攻四肢、头面,并鸡鸣散,或煎红花调黑神散。其有血出不止,势难遏者,用龙骨、乳香等分研末,置患处,蛇鱼草捣塞,尤妙,非特[②]可治刀伤,扑血不止亦可。

【注释】

① 踬(bó 箔):向前扑倒。
② 特:只。

【按语】

本节论述内伤的治疗,跌扑损伤可导致许多内伤之症,临床上应分别辨证施治。

第二十节 《跌损妙方》选

《跌损妙方》为明代医家异远真人编著,成书于 1523 年,是至今所能见到最早的少林派伤科著作。全书列治法总论、用药歌、血头行走穴道歌、左右论等;根据不同穴道收载方药,分 7 门,计 145 首:分全身方 27 首、头面方 28 首、身中方 37 首、背脊方 20 首、腿足方 11 首、金创方 12 首,通行方 10 首。全书注重用药的循经走穴,升降浮沉、上下左右。所用方药多为微温、辛平或滋养、甘凉之行气化瘀药方,所载方剂中,有不少是作者将前人有效之方与自己的临床实践相结合,精裁简化而来。书中同时倡导"要仔细看明,随轻重用药",反对乱用猛剂克伐。正如后世评其为"用药平稳,立法精详,洵医林中仅见之作,可补灵素以来所未备"。可谓少林派伤科按穴治伤、平和用药的祖师。

治法总论（全篇）

【原文】

夫跌打损伤,气血不流行,或人事昏沉、往来寒热①,或日轻夜重,变化多端。昧者②不审原因,妄投猛剂,枉死③多人,诚可惜也。治宜及早,半月后才医,瘀血已固,水道不通,难为力矣。既表不可复表④,要仔细看明,随轻重用药。青肿转红色,血活将愈。若牙关紧闭,不能进药,万无生理。坐卧避风,忌一切生冷,牛肉缩筋,猪肉发病,亦不宜食。遇有重伤,解衣谛⑤视遍身,血道形色若何?诊脉调和与否?脉绝不至者死,沉细者生。山根⑥好,阴囊有子⑦可治。肾子入小腹,无治。顶门一破,骨陷难存。囟门被伤,髓出即死。心胸紧痛,青色胜裹心,乃偏心受伤,可治。红色胜裹心,乃心口受伤,不治。上心口青肿,一七即死。伤小腹而不及肚,可治。若阴阳⑧不分,粪下不止,气出不收,则肚伤矣。食管虽断,在饱食之后,延二日不死者,可治。若鼻孔黑色,舌大神昏,则脏腑绝矣。耳后为制命之处,脊骨无续断之方。男子乳伤,犹非重症,妇人乳伤,却是危机。正腰受伤,笑者凶。小腹受伤,孕妇最忌。以上姑述其大者,并列各方于左。

【注释】

① 往来寒热:亦称寒热往来。指忽寒忽热,寒与热相往来。《类证活人书》曰:"往来寒热者,阴阳相胜也。阳不足则先寒后热,阴不足则先热后寒。"

② 昧者:昧,愚昧。昧者指医术不高明的医生。

③ 枉死:不该死而死。

④ 既表不可复表:已经发表之后,切不可再发表。

⑤ 谛(dì 第):仔细。

⑥ 山根:鼻梁的别称。

⑦ 阴囊有子:此指阴囊内有肾子(即睾丸)。

⑧ 阴阳:此指大小便。

【按语】

本文论述了跌打损伤的病机、诊断治疗、护理和预后等有关问题。

本文运用中医学气血学说阐述跌打损伤的主要病机。《灵枢·脉度》曰:"气之不得无行也,如水之流,如日月之行不休。"人体的气血是脏腑、经络等一切组织器官进行生理活动的物质基础。反之,《素问·调经论》曰:"气血不和,百病乃变化而生。"认为"跌打损伤,气血不流行",可造成气滞、血瘀、肿、痛等伤科疾患。这一观点对后世少林派伤科很有影响,且得到发展。

在伤科诊断方面,本文主张除了一般望、闻、问、切四诊外,还注重损伤的部位以及全身脉道的望诊和触诊检查。指出诊治伤病患者,"要仔细看明",尤其"遇有重伤"的患者。对伤科穴道、鼻部等特殊检查也十分重视。

在伤科治疗方面,本文主张辨证"审原因"和及早运用行气活血祛瘀治疗,反对"妄投猛剂"。

在伤后调摄,本文要求"坐卧避风,忌一切生冷"。至于文中的病情预后,可供临床参考,由于历史条件限制,有些"死症""无续断之方",至今却不然。

用药歌(全篇)

【原文】

归尾兼生地,槟榔赤芍宜[1];
四味堪为主,加减任迁移[2]。
乳香并没药,骨碎以补之[3]。
头上加羌活,防风白芷随。
胸中加枳壳,枳实又云皮[4]。
腕[5]下用桔梗,菖蒲厚朴治。
背上用乌药,灵仙妙可施。
两手要续断,五加连桂枝。
两胁柴胡进,胆草紫荆医。
大茴与故纸,杜仲入腰支。
小茴与木香,肚痛不须疑。
大便若阻隔,大黄枳实推。
小便如闭塞,车前木通提。
假使实见肿,泽兰效最奇。
倘然伤一腿,牛膝木瓜知。
全身有丹方,饮酒贵满卮[6]。
苎麻烧存性,桃仁何[7]累累[8]。
红花少不得,血竭也难离。
此方真是好,编成一首诗。
庸流[9]不肯[10]传,无乃[11]心有私。

【注释】

①宜:韵脚。本文为押"一"韵,且一韵到底。下文"移""之""皮""治""施""枝""医""支""疑""诗""私"皆为韵脚。

②迁移:迁,变易;移,改变。迁移,变动。

③骨碎以补之:意思是有骨折,加(乳香、没药)骨碎补。骨碎,双关语,既指骨碎(折),又指骨碎补。

④云皮:即茯苓皮。

⑤脘:通"脘",胃脘部。

⑥卮(zhī 支):古代一种盛酒器。

⑦何:犹"啊"。

⑧累累(lěi):多貌。

⑨庸流:指医德医术不高的医生。

⑩肯:犹"能"。

⑪无乃:犹"得非"或"得无",俗言即"岂不是",反诘词。

【按语】

本文以诗歌为体裁,总结明代以前治伤用药的经验,结合少林疗伤用药的体会,揭示伤科用药的规律:以养肝活血导滞的生地黄、当归尾、赤芍、槟榔四味为主,配合按部位用引经药和随证加减用药。这些用药的经验在伤科临床上行之有效,简便易记,故被后世医家所采纳,且得以发展,创制方药如少林寺秘传内外损伤主方。

血头①行走穴道歌(全篇)

【原文】

周②身之血有一头,日夜行走不停留③;
遇时遇穴若伤损,一七不治命要休;
子时④走往⑤心窝穴⑥,丑时须向泉井⑦求;
井口⑧是寅山根卯,辰到天心⑨巳凤头⑩;
午时却与中原⑪会,左右蟾宫⑫分在未;
凤尾⑬属申屈井酉,丹肾⑭俱为戌时位;
六宫⑮直等亥时来,不教乱缚斯为贵。

【注释】

①血头:气血交注某经之始,称为"血头"。

②周:遍,全。《少林绝技秘本珍本汇编·古传点穴歌》为"人"。

③留:韵脚。本文有换韵,先押"尤"韵,后换"未"韵。后文"休""求""头""未""位""贵"皆为韵。

④ 子时:古时以十二地支(子、丑、寅、卯、辰、巳、午、未、申、酉、戌、亥)计时。子时即 23:00—01:00,后文丑时即 01:00—03:00,寅时即 03:00—05:00,卯时即 05:00—07:00,辰时即 07:00—09:00,巳时即 09:00—11:00,午时即 11:00—13:00,未时即 13:00—15:00,申时即 15:00—17:00,酉时即 17:00—19:00,戌时即 19:00—21:00,亥时即 21:00—23:00。

⑤ 往:《少林点穴》为"在"字。

⑥ 心窝穴:剑突心窝部。

⑦ 泉井:膻中部位(第五肋相应的肋骨处)。

⑧ 井口:指人中穴。

⑨ 天心:额前正中发际处。

⑩ 凤头:后枕正中处。

⑪ 中原:命门部位。

⑫ 蟾宫:指命门旁开 2 横指的肾俞部位。

⑬ 凤尾:指长强穴处。

⑭ 丹肾:关元穴处。

⑮ 六宫:耻骨联合处。

【按语】

本文以诗歌的体裁阐述了十二时辰血头行走十二穴道说。这是以经络腧穴气血流注为基础,同时结合少林练功、治伤长期积累经验而创立的伤科点穴疗伤理论,其对伤科的临床有一定指导意义,故称为伤科子午流注。

子午流注,即指气血在经络中日夜循时流注的规律。血头行走穴道论是经络学说之子午流注学在伤科的具体运用。本文认为气血在经络运行总有一个头,此即气血流注十二经脉之血头(简称十二穴道)。

血头行走的十二个穴道除蟾宫外,都处于任督两脉上,与十二经脉有密切联系。按经络流注之说,子时气血流注于足少阳经,而足少阳经循行贯膈,络肝属于胆,心窝穴位于横膈之心窝。丑时气血流注于足厥阴经,而足厥阴络于膻中,所以血行厥阴,血头聚于膻中的泉井穴。寅时气血流注于手太阴经,而手太阴从属肺系,鼻门为肺之窍,故血行于手太阴,在十四椎下归属带脉,通过带脉与任脉交会于神阙,故血行足少阴,血头始于任脉,交会于屈井穴。戌时血头始于足少阴与任脉交会关元穴处丹肾穴。亥时气血流注于手少阳经,手少阳与任脉相会,血头始于任脉,起始之中极下,曲骨处之六宫穴。

总之,"血头行走穴道"论是基于手足三阳经和足少阴经皆会于督脉,而足三阴经和手少阳、手太阳、足阳明经都会于任脉等经络的内在联系,再根据十二经气血流注的时辰,及这些经络与任、督脉联系密切的穴位作为血头行走的穴道。

伤科点穴疗法,则是根据"血头行走穴道"论记载的时辰、穴道而实施的。"遇时遇穴"致伤,须施行点穴治疗。《武术汇宗·跌打治法》说:"如遇点穴之打击,则需点活后服药始有效,不然不易治,即治活亦带残疾。"可见掌握它,有利于提高伤科临床疗效。至于其科学性,有学者从生物钟角度解释,但其实质,有待气功、经络研究工作者进一步研究发掘。

左右论(全篇)

【原文】

凡受伤不知左右,若有吐血症,见血自明。血黑者左受伤,血鲜者右受伤。若无血吐出,即看眼珠,亦可知其定所:乌珠包丑①者伤在左,白珠包丑②又加红大者伤在右。左属肝,右属肺③,乌珠属肝,白睛属肺,瞳人④属肾。常见右边受伤,发时左边便痛,不可单治一边,必左右兼治,其病始愈。

【注释】

① 乌珠包丑:《少林绝技秘本珍本汇编·伤科治疗解救秘方》为"乌珠色观奇丑特征"。

② 白珠包丑:《少林绝技秘本珍本汇编·伤科治疗解救秘方》为"白珠色观奇丑特征"。

③ 左属肝,右属肺:此据五脏配五方而言。肝属木,位于东方为左;肺属金,位于西方为右。

④ 瞳人:亦称瞳仁、瞳神。

【按语】

本文介绍"左右"受伤望吐血的颜色和望眼法两种诊断方法,同时提出"左右"兼治的观点,虽然左右论方法不一定准确,但提出察目验伤,却是伤科诊断的一大创新。

望眼诊伤法是以中医学五脏与眼之关系的理论为依据。《灵枢·大惑论》曰:"五脏六腑之精气,皆上注于目为精,精之窠为眼,骨之精为瞳子,筋之精为黑眼,血之精为络,其窠气之精为白,肌肉之精为约束。"说明五脏与眼的生理关系。明代付仁宇《审视瑶函》引华佗之言曰:"目形类丸,瞳仁居中而独前,……内有大络者五,乃心肝脾肺肾各主一络;中络者六,膀胱、大小肠、三焦、胆、包络各主一络;外有旁支细络,莫知其数,皆悬贯于脑,下达脏腑,通乎气血,往来以滋于目。故凡病变后,则目的有形色、丝络一一显见而可验,方知何胜何腑之受病。"则论述了眼与五脏的联系,及其病理反应。

望眼诊伤法以眼科五轮八廓学说为指导。五脏、五行与五轮各有所分属：肝属木，曰风轮，在眼为乌睛（乌珠）；心属火，曰血轮，在眼为眦；脾属土，曰肉轮，在眼为上下眼睑；肺属金，曰气轮，在眼为白眼（白珠）；肾属水，曰水轮，在眼为瞳仁。

望眼诊伤法在伤科有很大影响。其后《赵除瑛秘本》所载验伤症五法，其中就有："先看两眼，眼白有血筋，腹内必有瘀血，筋多瘀多，筋少瘀少，两眼活动有神易治，两眼无神难治。"现代微循环学说已证实望眼诊伤有一定的科学性。

第二十一节　《正体类要》选

《正体类要》为明代医家薛己编著，成书于 1529 年，该书是最早的骨伤内伤专著。分为上下卷：上卷为正体主治大法、扑伤之症治验、坠跌金伤治验和汤火所伤治验 4 门；下卷附诸伤方药。全书记载内伤证治 19 条大法和扑伤、坠跌、金伤及汤火伤治验医案 65 则（85 例），方剂 71 首。薛氏治则除外治方药外，并注重内治。强调以补气血、补肝肾为主，行气活血为次。他偏于温补，慎用寒凉，重视脾胃不亚于东垣，重视肝肾有异于丹溪。本书阐明和强调了伤科疾病局部与整体的辨证思路。他的调肝肾、补气血、消补结合观点自成体系，为后世医家所重视。

序（节选）

【原文】

肢体损于外，则气血伤于内，营卫有所不贯，脏腑由之不和。岂可纯任手法，而不求之脉理，审其虚实，以施补泻哉！

【按语】

本文阐述了跌打损伤后的重要病机。《黄帝内经》认为有诸内必有诸外，本书提出了伤诸外必损诸内的观点，认为肢体由于外力损伤，必然引起气血、经络、脏腑的损伤，其治疗不能单靠手法，还需要诊脉辨证施治。这一理论被后世骨伤医家继承，至今仍有临床意义。

正体主治大法（节选）

【原文】

一胁肋胀痛，若大便通和，喘咳吐痰者，肝火侮肺也，用小柴胡汤加青皮、山栀清之。若胸腹胀痛，大便不通，喘咳吐血者，瘀血停滞也，用当归导滞散通之。《内经》云：肝藏血，脾统血。盖肝属木，生火侮土，肝火既炽，肝血必伤，脾气必虚，宜先清肝养血，则瘀血不致凝滞，肌肉不致遍溃，次壮脾健胃，则瘀肉易溃，新肉易生，若行克伐，则虚者益虚，滞者益滞，祸不旋踵①矣。

一肚腹作痛，或大便不通，按之痛甚，瘀血在内也，用加味承气汤下之。既下而痛不止，按之仍痛，瘀血未尽也，用加味四物汤补而行之。若腹痛按之不痛，血气伤也，用四物汤加参、芪、白术补而和之。若下而胸胁反痛，肝血伤也，用四君、芎、归补之。既下而发热，阴血伤也，用四物、参术补之。既下而恶寒，阳气伤也，用十全大补汤补之。既下而恶寒发热，气血俱伤也，用八珍汤补之。既下而欲呕，胃气伤也，用六君、当归补之。既下而泄泻，脾肾伤也，用六君、肉果、破故纸补之。若下后手足俱冷，昏愦出汗，阳气虚寒也，急用参附汤。吐泻手足俱冷，指甲青者，脾肾虚寒之甚也，急用大剂参附汤。口噤手撒遗尿，痰盛唇青体冷者，虚极之坏症也，急投大剂参附汤，多有得生者。

一肌肉间作痛，营卫之气滞也，用复元通气散。筋骨作痛，肝肾之气伤也，用六味地黄丸。内伤下血作痛，脾胃之气虚也，用补中益气汤。外伤出血作痛，脾肺之气虚也，用八珍汤。大凡下血不止，脾胃之气脱也，吐泻不食，脾胃之气败也，苟预为调补脾胃，则无此患矣。

一作痛，若痛至四五日不减，或至一二日方痛，欲作脓也，用托里散。若以指按下复起，脓已成也，刺去其脓，痛自止。若头痛时作时止，气血虚也；痛而兼眩，属痰也，当生肝血，补脾气。

一青肿不消，用补中益气汤以补气。肿黯②不消，用加味逍遥散以散血，若焮③肿胀痛，瘀血作脓也，以八珍汤加白芷托之。若脓溃而反痛，气血虚也，以十全大补汤补之。若骨骱④接而复脱，肝肾虚也，用地黄丸。肿不消，青不退，气血虚也，内用八珍汤，外用葱熨法，则瘀血自散，肿痛自消。若行血破血，则脾胃愈虚，运气愈滞。若敷贴凉药，则瘀血益凝，肉腐益深，致难收拾。

一发热若出血过多，或溃脓之后，脉洪大而虚，重按全无，此阴虚发热也，用当归补血汤。脉沉微，按之软弱，此阴盛发躁也，用四君、姜、附。若发热烦躁，肉𥆧筋惕⑤，亡血也，用圣愈汤。如汗不止，血脱也，用独参汤。其血脱脉实，汗后脉躁者，难治；细小者易治。《外台秘要》云：阴盛发躁，欲坐井中，用附子四逆汤加葱白。王太仆先生云：凡热来复去，昼见夜伏，夜见昼伏，不时而动者，名曰无火。

此无根之虚火也。

一作呕,若因痛甚,或因克伐而伤胃者,用四君、当归、半夏、生姜。或因忿怒而肝伤者,用小柴胡加山栀、茯苓。若因痰火盛,用二陈、姜炒黄连、山栀。若因胃气虚,用补中益气汤、生姜、半夏。若出血过多,或因溃后,用六君子汤加当归。

一喘咳,若出血过多,面黑胸胀,或胸膈痛而发喘者,乃气虚血乘于肺也,急用二味参苏饮。若咳血衄血者,乃气逆血蕴于肺也,急用十味参苏饮加山栀、芩、连、苏木。

一作渴,若因出血过多,用四物参术。如不应,用人参、黄芪以补气,当归、熟地以养血。若因溃后,用八珍汤。若胃热伤津液,用竹叶黄芪汤。胃虚津液不足,用补中益气汤。胃火炽盛,竹叶石膏汤。若烦热作渴,小便淋涩,乃肾经虚热,非地黄丸不能救。

一出血,若患处或诸窍出者,肝火炽盛,血热错经而妄行也,用加味逍遥散清热养血。若中气虚弱,血无所附而妄行,用加味四君子汤补益中气。或元气内脱,不能摄血,用独参汤加炮姜以回阳;如不应,急加附子。或血蕴于内而呕血,用四物加柴胡、黄芩。凡损伤、劳碌、怒气、肚腹胀闷、误服大黄等药,伤阳络则为吐血、衄血、便血、尿血;伤阴络则为血积、血块、肌肉青黯。此脏腑亏损,经隧失职,急补脾肺,亦有生者,但患者不悟此理,不用此法,惜哉!

一手足伤损,若元气虚弱,或不戒房劳,或妄行攻伐,致死肉上延;或腐而不痛,黑而不脱者,当大补元气,庶可保生。若手足节骱断去者,无妨。骨断筋连,不急剪去。若侵及好肉则不治。若预为调补脾气,则无此患。大凡脓瘀内焮者,即针之,而投托里散,或口噤遗尿,而似破伤风者,急用十全大补汤加附子,多有生者。

一腐肉不溃,或恶寒而不溃,用补中益气汤。发热而不溃,用八珍汤。若因克伐而不溃者,用六君子汤加当归,其外皮黑,坚硬不溃者,内火蒸炙也,内服八珍汤,外涂当归膏。其死肉不能溃,或新肉不能生而致死者,皆失于不预补脾胃也。

一新肉不生,若患处夭白[6],脾气虚也,用六君、芎、归。患处绯赤[7],阴血虚也,用四物、参、术。若恶寒发热,气血虚也,用十全大补汤。脓稀白而不生者,脾肺气虚也,用补中益气汤。脓稀赤而不生者,心脾血虚也,用东垣圣愈汤。寒热而不生,肝火动也,用加味逍遥散。晡热[8]而不生,肝血虚也,用八珍、牡丹皮。食少体倦而不生,脾胃气虚也,用六君子汤。脓秽而不生者,阴虚邪火也,用六味地黄丸。四肢困倦,精神短少而不生者,元气内伤也,用补中益气汤,如夏月用调中益气汤,作泻用清暑益气汤,秋令作泻,用清燥汤。

一伤重昏愦[9]者,急灌以独参汤。虽内瘀血,切不可下,急用花蕊石散内化之,恐因泻而亡阴也。若元气虚甚者,尤不可下,亦用以前散化之。凡瘀血在内,大小便不通,用大黄、朴硝。血凝而不下者,急用木香、肉桂末三二钱,以热酒调灌服,血下乃生。如怯弱之人,用硝黄须加肉桂、木香同煎,假其热以行其寒也。

一大便秘结,若大肠血虚火炽者,用四物汤送润肠丸,或以猪胆汁导之。若肾虚火燥者,用六味地黄丸。肠胃气虚,用补中益气汤。

一伤损症用黑羊皮者,盖羊性热能补气也。若杖疮伤甚,内肉已坏,欲其溃者,贴之成脓固速。苟内非补剂壮其根本,毒气不无内侵,外非砭刺泄其瘀秽,良肉不无伤坏。若受刑轻,外皮破伤者,但宜当归膏敷贴,更服四物、芩、连、柴胡、山栀、白术、茯苓。又丁痂不结,伤肉不溃,死血自散,肿痛自消。若概行罨贴,则酝酿毒矣。

一跳跃捶胸闪挫,举重劳役恚怒,而胸腹痛闷,喜手摸者,肝火伤脾也,用四君、柴胡、山栀;畏手摸者,肝经血滞也,用四物、柴胡、山栀、桃仁、红花。若胸胁作痛、发热晡热,肝经血伤也,用加味逍遥散。若胸胁作痛,饮食少思,肝脾气伤也,用四君、芎、归、柴、栀、丹皮。若胸腹胀满,饮食少思,肝脾气滞也,用六君加柴胡、芎、归。若胸腹不利,食少无寐,脾气郁结也,用加味归脾汤。若痰气不利,脾肺气滞也,用二陈⑩、白术、芎、归、栀子、青皮。若咬牙发搐,肝旺脾虚也,用小柴胡汤、川芎、山栀、天麻、钩藤钩⑪。或用风药,则肝血益伤,肝火益甚。或饮糖酒,则肾水益虚,肝火愈炽。若用大黄等药,内伤阴络,反致下血。少壮者必为痼疾,老弱者多致不起。

【注释】

① 旋踵:一转足,比喻很短的时间。

② 黯:色泽晦滞。

③ 焮(xìn 信):灼热。

④ 骱(jiè 介):骨节间相连处。

⑤ 肉瞤(shùn 顺)筋惕:肌肉瘛动,筋脉跳动。

⑥ 夭白:苍白、灰白色。

⑦ 绯(fēi 飞)赤:紫红色。

⑧ 晡热:午后 15 时到 17 时发热。

⑨ 昏愦(kuì 溃):又称昏厥、昏迷、昏死等。指神识昏乱,不明事理的症状,为内伤重症。

⑩ 二陈:即二陈汤。

⑪ 钩藤钩:即钩藤。

【按语】

本文阐述了跌打损伤之胁肋胀痛、肚腹痛、伤痛、发热、呕吐、喘咳、口渴、出血、便秘、胸痛等症的主治大法,体现了薛己在伤科内治方面的学术观点,薛氏为伤科内治的首要代表人物,自成一派促进了骨伤科的发展。清代沈金鳌所著

《杂病源流犀烛·跌扑闪挫源流》曰:"古来伤科书甚多,莫善于薛立斋分证主治诸法。"文中所列的大多病症,确有一定的临床意义。因此自明代至今,《证治准绳》《医宗金鉴》《伤科汇纂》均对之有所继承。

薛己提出了伤诸外必损诸内的见解,他认为肢体被外力作用致伤,必然引起体内经络、气血、脏腑的损伤,正如《正体类要》陆师道序曰:"肢体损于外,则气血伤于内,营卫有所不贯,脏腑由之不和,岂可纯任手法,而不求之脉理,审其虚实,以施补泻哉!"故他强调八纲辨证、脏腑辨证和气血辨证。例肚腹痛症之辨证施治,据八纲辨证法,"或大便不通,按之痛甚",属实证,方药用"加味承气汤";"腹痛按之不痛",属虚证,方药用"四物汤加参、芪、白术";"口噤手撒遗尿,痰盛唇青体冷",属虚寒证,方药用"大剂参附汤"。据脏腑辨证法,"若下而胸胁反痛"属肝血伤,方药用"四君、芎、归";"既下而欲呕",属胃气伤,方药用"六君、当归";"既下而泄泻",属脾肾伤,方药用"六君、肉果、破故纸";"吐泻手足俱冷、指甲青",属脾肾虚寒,方药用"大剂参附汤"。据气血辨证法,"既下而恶寒,属阳气伤",方药用"十全大补汤";"若下后手足俱冷,昏愦出汗",属阳气虚寒,方药用"参附汤";"既下而发热"属阴血伤,方药用"四物、参、术";"既下而恶寒发热",属"气血俱伤",方药用"八珍汤"。

本文伤证中,虚者居多,其治以补气血脾胃肝肾为主。辨证属气虚、中气虚、元气内伤,即用四君、补中益气汤加味;元气内脱,用独参汤加味。辨证属血伤(包括肝血伤、阴血伤、亡血过多),即用四物汤加味。辨证属气血两虚,即用八珍汤。辨证属肝肾之气伤,用六味地黄丸。辨证属脾胃之气伤,用补中益气汤。辨证属脾肾伤,用六君加补肾之品。据其所用方药,皆属平补之剂,因此后世称"平补法"治伤。从伤科临床看,这一治疗方法,较适应于体弱者、老人以及骨折损伤的中、后期。

本文还阐述了创伤、杖伤之伤肿、溃疡的主治大法,主张辨证内外兼治。内治以补气血、养肝肾脾以固根本、促溃、生肌;外治以针刺排脓、葱熨、当归膏敷贴、黑羊皮敷贴。

薛氏对创伤、杖伤溃疡期的治疗经验,确有临床意义,后世医家多遵其说。如少林学派的王瑞伯赞同薛氏补气血之说,主张用六君子汤、补中益气汤、八珍汤等方内托以促生肌。

本文还阐述了伤科昏愦症的急救大法。昏愦症是伤科之重症,需及时抢救。抢救必据其病因病机。如果是气血暴脱,或气血虚极,则"急灌以独参汤";如果是瘀血在内攻心,则"急用花蕊石散"内化之。这一方法,清代《医宗金鉴》《伤科汇纂》皆有继承。用独参汤救治失血昏愦危重证,成为18世纪抢救创伤重症之大法,现民间仍有沿用。

内伤证治验（节选）

【原文】

瘀血作痛：有一患者，臀腿黑肿，而皮不破。但胀痛重坠，皆以为内无瘀血。惟敷凉药可以止痛。余诊其尺脉涩而结，此因体肥肉厚，瘀血蓄深，刺去即愈，否则内溃，有烂筋伤骨之患。余入针四寸，漂黑血数升，肿痛遂止。是日发热恶寒，烦渴头痛，此气血俱虚而然也，以十全大补之剂，遂瘥。

瘀血肿痛：一男子闪伤右腿，雍肿作痛。余谓急砭去滞血，以补元气，庶无后患。不信，乃外敷大黄等药，内服流气饮，后涌出秽脓数碗许，其脓不止，乃复请治。视其腿细而脉大，作渴发热，辞不治，后果殁。

窗友王汝道，环跳穴处闪伤瘀血肿痛，发热作渴，遂砭去瘀血，知其下焦素有虚火，用八珍加黄柏、知母、牛膝、骨碎补，四剂顿止，用十全大补汤，少加黄柏、知母、麦门、五味，三十余剂而敛。

不砭之非：有一患者，发热烦躁，用四物、黄芩、红花、软柴、山栀、花粉。烦热已清，瘀血深蓄，欲针出之，不从。忽牙关紧急，患处作痛，始针去脓血即安，用托里养血，新肉渐长。忽患处瘙痒。此风热也，用祛风消毒之剂而痊。

【按语】

本文介绍了治疗跌打损伤、闪伤而致蓄血、瘀血、肿痛的四例病案。薛氏主张先砭去瘀血，然后据症辨证内外施治。

【原文】

瘀血腹痛：一男子跌伤，腹痛作渴，食梨子二枚，益甚，大便不通，血欲逆上，用当归承气汤加桃仁，瘀血下而瘥。此因元气不足，瘀血得寒而凝聚也。故产妇金疮者，不宜食此。

凉药遏经：云间曹子容，为室人中风灌药误咬去指，半节焮痛寒热，外敷大黄等药，内服清热败毒，患处不痛不溃，脓清，寒热愈甚。余曰：此因凉药遏绝遂道而然也，遂敷玉龙膏以散寒气，更服六君子汤，以壮脾胃，数日后，患处微痛，肿处渐消，此阳气运达患处也，果出稠脓，不数日，半指溃脱，更服托里药而敛。

上舍王天爵伤足，焮肿内热作渴，外敷内服皆寒凉败毒，患处益肿而不溃，且恶寒少食，欲作呕吐。余曰：此气血俱虚，又因寒药凝结隧道，损伤胃气，以致前症耳，遂用香砂六君子、芎、归、炮姜，外症悉退，惟体倦晡热，饮食不甘，以补中益气汤加地骨皮、五味、麦门治之而愈。

【按语】

本文三例病案阐述了损伤之症,忌食冷物及忌内外用寒凉药的经验,这与《仙授理伤续断秘方》所强调"凡损药必热""凡服损药,不可吃冷物"相吻合。

第二十二节 《保婴撮要》选

《保婴撮要》为明代医家薛铠所著,后经其子薛己注释并补以验案,成书于1556年,该书是儿科专著,共20卷。论述小儿外伤科病证:跌仆外伤、跌仆内伤等,每证首论病因病机治则,次录载验案,以及各种治法。该书内容翔实,条目清晰,验案颇多,并有识见,选方施药实用。

跌仆外伤(节选)

【原文】

伤损之症,若色赤肿痛而血出不止者,肝心内热也,用柴胡栀子散;色白不痛而血出不止者,脾肺气虚也,用补中益气汤;漫肿不消者,元气虚弱也,用五味异功散;黯肿不散者,瘀血凝滞也,用加味逍遥散;肌肉作痛,出血多而烦热者,血脱发躁也,用独参汤;因亡血而烦躁不安者,营卫俱伤也,用八珍汤加柴胡、牡丹皮;久痛不止者,欲作脓也,用托里散;以指按肿而复起者,脓已成也,宜刺泄之;脓出而反痛者,气血内虚也,用十全大补汤;若骨骱接而复脱者,肝肾虚弱也,用地黄丸。如兼余症,当参各门治之。

【按语】

本文介绍小儿跌仆外伤出血不止、肿、烦躁、习惯性脱位等伤损之症的病机和辨证治疗。

跌仆内伤(节选)

【原文】

伤损之症,若腹中作痛,按之痛甚者,瘀血在内也,用加味承气汤下之;下后按之仍痛者,瘀血未尽也,用加味四物汤调之;按之不痛者,血气伤也,用四物加参、芪、白术。下后发热、胸胁作痛者,肝血伤也,用四君加川芎、当归;下后恶寒者,阳气虚也,用四君加炮干姜;下后发热者,阴血伤也,用四物加参、术、牡丹皮;下后寒热间作者,气血俱伤也,用八珍汤加柴胡。欲呕作呕者,胃气伤也,用六君加当归、半夏。有因乘怒跳跃而胸腹闷痛,喜手按摸者,肝火伤脾也,用四君加柴胡、山栀;畏手按摸者,肝血内滞也,用四物加桃仁、红花。胸胁作痛,饮食少思者,肝脾气伤也,用四君加柴胡、丹皮。若胸腹胀满,饮食不思者,脾肝气滞也,用六君子加柴胡、枳壳。咬牙发搐者,肝盛脾虚也,用异功散加川芎、山栀、钓藤钩、天麻。若用风药,则阴血益伤,肝火益盛,或饮糖酒,则肾水益虚,肝火愈炽。若用大黄等药,内伤阴络,反致下血,壮实者或成痼疾,虚弱者多致不起。凡伤损之症,有瘀血停滞于内者,虽裸体亦以手护腹胁,盖畏物触之而痛也。世俗概以内伤阴虚腹痛,不辨虚实,专用破血之剂,以速其危,其得不死者,亦幸矣。

【按语】

本节阐述小儿跌仆内伤腹痛,胸胁痛之辨证施治,反对"不辨虚实,专用破血之剂"。

损伤误治病案①(节选)

【原文】

一小儿登楼失足堕梯,致伤其胁伤,外略青肿,内不重伤,旬余其父母始觉,恐为瘀血积内,误用桃仁、红花、大黄诸药而下之,去血升余,又于肿处敷贴膏药,以致膏药贴破皮肤,遂成深眼,月余不愈。余以为去血太多,大伤元气,用八珍四剂而患处所愈,朝用补中益气汤,夕用五味异功散,服及月余而始痊愈。

一小儿伤臁,青肿不消,面色痿黄②,仍欲行气破血。余谓此因脾气复伤,血滞而不行也。不信,仍服破血之剂,饮食不进,寒热如疟。余朝用补中益气汤,夕用八珍汤及葱熨法而愈。

一小儿因跌伤胫,漫肿作痛,肉色如故。服破血流气之药反增腹痛,以手按之则痛少止。余谓此脾胃弱误服破血流气之剂而然,非瘀血也。未几患处肿消色黯,饮食不入,腹痛尤甚,手足厥冷。余用人参一两、附子一钱,数剂,脾胃渐复,饮食渐进,患处肿痛肉色变赤,盖始因元气不足不能运及,故肿消而色黯,服药之后元气渐充,故胫肿而色赤也。次用大补汤、托里散三月余而愈。

一小儿闪臂痛,面色夭白,恪③服流气饮之类,益加肿痛。余曰:此形病俱虚之症也,前药所当深戒者。彼谓肿痛为气滞血凝,非流气饮不能疏导经络,非破血不能消散壅逆。余言:聱牙④而前症益甚,发热烦躁始请余治。余曰:元气虚惫,七恶⑤蜂生,虽卢扁⑥亦不能起矣,遂殁⑦。

一小儿伤指敷凉药,肿至手背,脓出清稀,饮食少思,此血气虚弱故也。朝用异功散,夕用托里散,脓水渐稠,患处红活,又用八珍汤而愈。

一小儿跌伤腹痛作渴,偶食生冷,腹痛益甚,大便不通,血将上逆,用当归承气汤加桃仁,瘀血下而瘥。此元气不足,瘀血得寒而凝聚也。

一小儿伤臂肿痛,内服外敷皆寒凉止痛之药,半载后溃而肿痛。余谓此非托里温中不能生也。不悟,确守前药,以致血气沥尽而亡。

【注释】

① 损伤误治病案:标题另加。

② 痿黄:即萎黄。

③ 恪(kè 客):谨慎,小心。

④ 聱(áo 敖)牙:文辞艰涩,念不顺口。此为不接受别的意见。

⑤ 七恶:指患者患疮疡时出现脏腑败逆的变证。《太平圣惠方》:"烦躁时嗽,腹痛渴甚,或泄利无度,或小便如淋,一恶也;脓血大泄,肿焮尤甚,脓血败臭,痛不可近,二恶也;喘粗短气,恍惚嗜睡,三恶也;目视不正,黑睛紧小,白睛青赤,瞳子上视者,四恶也;肩项不便,四肢沉重,五恶也:不能下食,服药而呕,食不知味,六恶也;声嘶色脱,唇鼻青赤,面目四肢浮肿,七恶也。"

⑥ 卢扁:战国时杰出医家扁鹊。

⑦ 殁(mò):死的意思。

【按语】

本文介绍小儿科损伤之症,不辨虚实而误服破血、流气之类药,或寒冷药,或误食生冷食物,或误敷寒凉之药而致变证,贻误病者甚致不起的教训,可为今临床借鉴。

第二十三节 《外科枢要》选

《外科枢要》为明代医家薛己编著,刊于 1571 年。该书共 4 卷,前 3 卷为医论,共 60 篇。卷 1 详细地论述了疮疡的各种脉证、五善七恶、本末虚实治法、用药、用针宜禁等。卷 2、卷 3 主要介绍 39 种外科常见病的病因、证治,每篇之后都附有医案。卷 4 为疮疡各症方剂及加减用药。该书条理分明,辨证精详,方药适宜。从发病部位到病因、病机、治疗等,都较前人经验有所发挥。他是继唐代孙思邈提出肿瘤概念后,对肿瘤阐述较为详细者之一。薛氏所著,承前启后,是明清时期对骨伤病辨证论治的代表性论作。

论附骨疽①（节选）

【原文】

附骨疽，有因露卧②，风寒深袭于骨者；有因形气③损伤，不能起发者；有因克伐之剂，亏损元气，不能发出者；有因外敷寒药，血凝结于内者。凡此皆宜灸、熨④患处，解散毒气补接阳气，温补脾胃为主。若饮食如常，先用仙方活命饮解毒散郁，随用六君子汤补托荣气。若体倦食少，但用前汤，培养诸脏，使邪不得胜正。若脓已成，即针之，使毒不得内侵，带生⑤用针亦无妨，如用火针⑥，亦不痛，且使易敛。其隔蒜灸⑦，能解毒行气，葱熨法⑧能助阳行气壅滞，此虽不见于方书，余常用之，大效，其功不能尽述，惟气血虚脱者不应。

【注释】

① 附骨疽：中医骨病名，是一种病邪深沉附着于骨的化脓性疾病，包括急慢性骨髓炎、骨结核。《备急千金要方》曰："以其无破，附骨成脓，故名附骨疽。"而现在中医骨科书中之附骨疽，则专指骨髓炎而未包括骨结核。

② 露卧：露宿。

③ 形气：指身体和内气。

④ 灸、熨：即灸疗法和熨疗法。灸疗法，用药物点燃在患处熏灸，借助药力和火力的温暖而和阳祛寒、活血散瘀、疏通经络、拔引郁毒等。熨疗法，用药物加酒醋炒热，布包熨摩患处，使腠理疏通、气血流畅，从而达到治疗目的。

⑤ 生：此指附骨疽脓未成熟。

⑥ 火针：针具名，长3~4寸，体粗圆，尖锐利，柄用角质或竹木包裹，用时先将针尖部烧红，后对准患部迅速扎入并迅速拔出。

⑦ 隔蒜灸：隔着蒜片用艾灸治疗的方法。

⑧ 葱熨法：用葱头捣烂炒热，趁热熨患处或穴位的治疗方法。

【按语】

本文论述了附骨疽的病因、病机及内外治疗方法。

本文遵前人之说，既认为附骨疽"有因露卧，风寒深袭于骨者"，又提出误治及内因致病说："有因克伐之剂，亏损元气，不能发出者；有因外敷寒药，血凝结于内者。"其内因致病说亦符合《黄帝内经》所说"邪之所凑，其气必虚"的理论，为附骨疽采用温补托里方法治疗提供理论依据。

附骨疽的内治，作者推崇元代齐德之的温补之法，主张"温补脾为主""培养诸脏，使邪不能胜正"，但仍应坚持辨证论治，附骨疽属虚证，采用"六君子汤补托荣气"；急性的附骨疽属邪实正实，而"先用仙方活命饮解毒散邪，随用六君子汤补托荣气"，反对单纯用"克伐之剂"。

薛己继承明以前治疗附骨疽的外治经验，并在实践上丰富其内容，如采用隔蒜灸、葱熨、针（包括火针）疗法，并真诚告诉世人，"此虽不见于方书，余常用之，大效，其功不能尽述，惟气血虚脱者不应"。

论多骨疽①（节选）

【原文】

多骨疽者，由疮疡久溃，气血不能营于患处，邪气陷袭，久则烂筋腐骨而脱出，属足三阴亏损之症也。用补中益气汤，以固根本。若阴火发热者，佐以六味丸，壮水之主，以镇阳光②。阳气虚寒者，佐以八味丸，益火之源，以消阴翳③。外以附子饼④，葱熨法，祛散寒邪，补接荣气，则骨自脱，疮自敛也。夫肾主骨，若肾气亏损，其骨渐肿，荏苒⑤岁月，溃而出骨，亦用前法。若投以克伐之剂，复伤真气，鲜有不误者。

【注释】

① 多骨疽：中医骨病名，系属化脓性慢性骨髓炎。

② 壮水之主，以镇阳光：语见唐代王冰《黄帝内经·素问》之注文。镇，注文为"制"，壮水之主，以镇阳光意即为滋补肾阴，以抑制阴虚发热，亦称"壮水制火""壮水制阳"。

③ 益火之源，以消阴翳：语见唐代王冰《黄帝内经·素问》之注文。火指肾阳，全句意为温补肾阳，以退阴寒之气，亦称"益火消阴""扶阳退阴"。

④ 附子饼：隔灸之一，即附饼灸。

⑤ 荏（rěn 忍）苒（rǎn 染）：意为时光渐渐过去。

【按语】

本文论述了多骨疽的病因病机以及辨证施治。

薛己继承前人的经验，并结合自己疡科的临床体会，指出了多骨疽的一个病理性病因，即疮疡久溃之变证。这对现代防治化脓性骨髓炎有积极的意义。

本文发挥元代李东垣、朱丹溪的脾肾学说，以脾为后天之本，肾为先天之本，运用于多骨疽的治疗提出"用补中益气汤，以固根本"，又提出根据肾阴肾阳的偏衰而用六味丸和八味丸以补肾生髓，这在治疗化脓性骨髓炎时仍有参考价值。

治验(节选)

【原文】

南司马①王荆山腿肿作痛,寒热作渴,饮食如常,脉洪数而有力,此足三阳经湿热壅滞,用槟苏败毒散,一剂而寒热止,再剂而肿痛消,更用逍遥散而元气复。两月后因怒,肿痛如锥②赤晕散漫,用活命饮二剂而痛缓,又用八珍汤加柴胡、山栀、丹皮而痛止。复因劳役,倦怠懒食③,腿重头晕,此脾胃气虚不能升举也,用补中益气汤加蔓荆子而安。

一儒者左腿微肿,肉色如故,饮食少思,此真气虚而湿邪内袭也。盖诸气皆禀于胃,法当助胃壮气,遂用六君加藿香、木香、当归,数剂饮食渐进,更以十全大补,元气渐复而愈。

一儒者两腿肿痛,而肉色不变,恶寒发热,饮食少思,肢体倦怠,脾气不足,湿痰下注也,以补中益气汤加茯苓、半夏、芍药,二剂寒热退而肿痛消,又十余剂,脾胃壮而形体健。

一男子患此入房④,两臂硬肿,二便不通。余谓肾开窍于二阴,乃肝肾亏损也,用六味丸料加车前、牛膝,而二便利,用补中益气而肿硬消,喜其年少得生。

一上舍⑤内痛如锥,肉色如故,面黄懒食,痛甚作呕,此痛伤胃也,用六君子以壮其脾胃,用十全大补以助其脓,而针之,更用前汤倍加参、芪、芎、归、麦门、五味、远志、贝母而疮敛。

一男子因负重,饮食失节,胸间作痛,误认为疮毒,服大黄等药,右腿股肿,肉色如故,头痛恶寒,喘渴发热,脉洪大而无力。此劳伤元气,药损胃气而然耳,用补中益气汤四剂,又用十全大补汤数剂,喜其年少而得愈。

举人⑥于廷器,腿患流注年余,出腐骨少许,午前畏寒,午后发热,口干吐痰,小便频数。余以为足三阴亏损,朝用补中益气汤,夕用六味丸料加黄芪、当归、五味子,各三十余剂,外用豆豉饼⑦,诸症渐愈,又以十全大补之类,喜其慎疾愈。

一儒者患附骨疽,失于调理,疮口不敛,日出清脓少许,已而常出三腐骨,其脉但数而无邪。此气血虚,疮结脓管,而不能愈,纴以乌金膏⑧,口服十全大补汤而愈。

上舍王廷璋,患前症三年未愈,肢体消瘦,饮食难化,手足并冷,大便不通手足阴冷。余谓此阳气虚寒,用补中益气汤,八味丸,及灸其患处而愈。

一男子上腭肿硬,年余方溃,内热作渴,肢体消瘦,六脉洪大,左手尤甚,用补中益气汤、六味丸,出腐骨一块,仍服前药,诸症悉去,疮口亦敛。

一男子十六岁,间⑨足肿黯,溃而露骨,体瘦盗汗,发热口干,用十全大补汤、六味地黄丸,各五十剂而愈。不然,多变瘵症,沥尽气血而亡。

一妇人年三十余,素弱,左手背渐肿,二年后溃出清脓,肿黯连臂,内热晡热,自汗盗汗,经水两月一至。此肝脾气血亏损,朝用归脾汤,夕用逍遥散,肿处频用葱熨法,两月余,诸症渐愈,疮出腐骨,仍服前药,前后共三百余剂得愈。

【注释】

① 司马:明朝称府同知为"司马"。

② 锥:钻孔的工具。这里指锥刺的意思。

③ 倦怠懒食:身体疲倦,食欲不振。

④ 入房:也称"房室""房事",即交媾、交合。

⑤ 上舍:监生的别称。《明史》卷六十九:"入国学者,通谓之监生。"

⑥ 举人:明清两代乡试考取者的专称。

⑦ 豆豉饼:即豆豉灸。

⑧ 乌金膏:《外科枢要》卷四:"其方用巴豆一味,去壳炒黑研如膏,点于患处,临用合之。"

⑨ 间:近来。

【按语】

本文介绍了治疗附骨疽和多骨疽的验案共12例。西医学中的骨髓炎属于中医学中的"附骨疽""附骨流毒""多骨疽"的范畴。

薛氏在12例治验中,给后人留下了治疗骨髓炎的宝贵经验。据其症的急缓、虚实、肿溃,大致可分为急性期、慢性期、溃疡期三种情况。

急性期:病始发生,邪盛正实,治疗以祛邪为主。根据热毒、血瘀,选用清热解毒、行气活血的药物治疗,如槟苏败毒散,仙方活命饮。如附骨疽治验之首案:"南司马王荆山腿肿作痛,……而痛止。"

慢性期:正虚邪实,在治疗上推崇丹溪之法:"当先助胃壮气,使根本坚固,次以行经活血佐之,参以经络时令,使毒气外泄。"在附骨疽6例中,辨证属胃气虚、真气虚、脾气不足、肝肾亏损、伤元气,皆采用温补托里法。如果属脾胃之气虚(不足)或真元亏虚,以补中益气汤加味。如果属肝肾亏损,以六味汤加减,再根据形体虚弱情况而选用十全大补以善其后。

溃疡期:病程久,脓出,腐筋出骨,正气大虚,治疗除了用补中益气汤补脾胃之气,"固根本"外还强调根据病症的阴阳情况而滋肾阴或补肾阳。若是肾阴虚内热,则"壮水之主,以镇阳光",选用六味丸加减;若是阳气虚寒,则"益火之源,以消阴翳",选用八味丸加减。总之,薛己偏于内治,但仍辅以针、灸等外治方法。

薛己把《黄帝内经》"脾主肌肉"和"肾主骨"的理论运用于骨病学上治疗附骨疽、多骨疽,至今对防治骨髓炎仍有一定积极意义。

第二十四节　《证治准绳》选

　　《证治准绳》又名《六科证治准绳》,也称《六科准绳》,由明代医家王肯堂编撰。成书于1602年。全书分《证治准绳·杂病》《证治准绳·类方》《证治准绳·伤寒》《证治准绳·疡医》《证治准绳·幼科》《证治准绳·女科》六种医著。该书所引用的著作约计百数十种,是一部270余万言的综合性巨著。其中《证治准绳·疡医》属于外科专辑,分成6卷。卷1首列痈疽病源、诊法、治法等四则。卷2为溃疡证治,卷3~4简述痈疽外疡于头、面、项、肩、手、胸、肋、腹、腰、下肢等不同部位。卷5为诸肿及较难治之皮肤疾病,卷6损伤门,论跌打损伤和金伤、创伤等。王氏辑录始自《黄帝内经》,近至《正体类要》等有关骨伤文献,进行系统综合分析,介绍了全身各部骨折、脱位、伤筋等诸伤症的诊断、手法整复、束缚固定以及外敷药、内服药等,在整理骨伤科文献上做出了贡献。

跌扑伤损论（节选）

【原文】

　　《伤损论》曰:夫伤损必须求其源,看其病之轻重,审其损之浅深。凡人一身之间,自顶至足,有斫伤、打伤、跌伤及诸刃伤者,皆有之。凡此数证,各有其说[①],有当先表里[②],而后服损药者,为医者当循其理治之。然医者,意也[③],不知意者,非良医也[④]。或者禀性愚昧,不能观其证之轻重,明其损之浅深,未经表里通利,先服损药,误人多矣。有因此痰涎上攻,有因此大小脏腑闭结。差之毫厘,谬以千里[⑤],所谓医不三世,不服其药,信哉!此论治损伤之大纲也,然用药固不可差,而整顿手法尤不可孟浪[⑥]。

【注释】

　　① 说:犹"论"。

　　② 表里:表里通利的药物。

　　③ 医者,意也:意思为医生诊治损伤疾患,便必须根据望、闻、问、切等所获的病情加以综合分析而辨证施治。

　　④ 不知意者,非良医也:此句意在说明作者极其重视骨伤科的辨证施治。

　　⑤ 差之毫厘,谬以千里:意为开始只错了一点点,结果就会造成很大的错误。典故出自《汉书·司马迁传》。

　　⑥ 孟浪:鲁莽、轻率。

【按语】

本文论述了"治损伤之大纲"。文中强调"必须求其源，看其病之轻重，审其损之浅深"，同时注意受伤"自顶至足"因部位的不同内服药应"当先表里，而后服损药""循其理治之"，外治"整顿手法尤不可孟浪"。

筋骨伤(节选)

【原文】

凡骨碎断，或未碎断，但皮破损肉者，先用补肌散填满疮口，次用散血膏敷贴。如骨折要接骨膏敷贴，夹缚。或皮破骨断者，用补肉膏敷贴。

凡骨断皮破者，不用酒煎药，或损在内破皮肉者，可加童便在破血药内和服。若骨断皮不破，可全用酒煎损药服之。若只损伤，骨未折，肉未破者，用消肿膏，或定痛膏。……凡皮里有碎骨，只用定痛膏、接骨膏敷贴，夹缚、十分伤害，自然烂开肉，其骨碎必自出，然后掺补肌散，外以补肉膏敷贴。……凡平处骨断骨碎，皮不破者，只用接骨膏、定痛膏敷贴，夹缚。若手足曲直等处及转动处，只宜绢包缚，令时数转动，不可夹缚。如指骨碎断，止用苎麻夹缚；腿上用苎麻绳夹缚。冬月热缚，夏月冷缚，余月温缚。……凡筋断，用枫香，以金沸草砍取汁调涂傅，次用理伤膏敷贴。

【按语】

本文介绍了闭合性骨折和开放性骨折的固定、内外用药方法，并介绍了筋断的敷药方法。

束缚敷贴用药(节选)

【原文】

凡敷贴接骨等药，疼痛不止者，可加乳香、没药、枫香、白芷、肉桂、南星、独活等味。各量加些于药中敷贴，其肉温暖疼痛即住。刀斧伤者，去肉桂、南星、独活。

凡换药不可生换，用手巾打湿搭润，逐片取脱，随手荡洗换药，不可经停一时，恐生肉疱，仍先摊药，随即应手换之，此大节病累遭害，切记之。……凡被杖打痛肿而未破者，先用棱针出血；若破者不须出血，只用撒地金钱、山薄荷、生地黄、地薄荷、猪梅苴叶、泽兰叶、血见愁捣敷贴。若成杖疮，用黑膏药、白膏药、红膏药、太乙膏、牛脂膏贴之。

凡刀斧伤者,看轻重用药。如轻者只用补肌散掺,重者宜用封口药掺,紧缚住。如伤重者,外用散血膏敷贴。

【按语】

本节介绍了骨伤膏药敷贴治疗的具体操作方法及注意事项。

用药诀(节选)

【原文】

凡打扑伤损,折骨出臼者,便宜用何首乌散。若发热体实之人,用疏风败毒散;若恶寒体弱之人,用五积交加散,后用黄白红黑四味末子、补损丹、活血丹等药调治之。

凡折骨出臼者,不宜用下瘀血之药,及通利大便之药,只宜疏风、顺气、匀血、定痛、补损而已。

凡打扑砍磕,从高跌坠,瘀血攻心,不能言语者,用独圣散及破血药,下去瘀血,即能言语,次宜临证详治之。

凡打扑跌坠伤于胁下,瘀痛不可忍者,先用破血药及独圣散,次以复元活血汤调理。

凡打扑跌坠,损破皮肉紫黑色者,先用破血药,次用独圣散,又次用清上瘀血汤、消下破血汤。

凡打扑损伤,呕恶血汁者,先用独圣散,次用百合散,又次用生料四物汤,加硬骨牛乳根,加减调理。

凡打扑刀斧斫磕等伤,破皮损肉,血出去多,头目眩晕者,先用川当归、大川芎煎水服,次加白芍药、熟地黄、续断、防风、荆芥、羌活、独活、南星煎水,加童便和服则可,不可用酒。如血出少,内有瘀血者,以生料四物汤一半,加独圣散一半,煎水服。未破皮肉者,上碗加酒和服。

凡打扑刀斧斫磕等伤,破伤风痛不可忍,牙关紧急,角弓反张者,用生南星、防风等分为末,米泔调涂患处,又用热酒、童便各半调,连进三服即苏,次用疏风败毒散调治之。

凡刀斧跌磕伤,破阴囊皮者,先服独圣散,次服止痛药。如内有宿血者,用破血药。

凡刀斧伤破肚皮肠出者,先用清心药加童便和服,及用独圣散,次用止痛药。如血出过多,先用当归、川芎水煎服,次加白芍药、熟地黄、羌活、独活、防风、荆芥、白芷、续断水煎,调乳香、没药末,和服之。

凡伤损药中,不可缺乳香、没药,此药极能散血住痛。

凡刀斧跌磕，闪脑脱臼者，初时不可便用自然铜，久后方可用之。折骨者，宜便用之。若不折骨，不碎骨则不可用。修合诸损药，皆要去之好。用自然铜，必用火煅，方可服之。然新出火者，其火毒与金毒相扇，挟香热药毒，虽有接骨之功，其燥散之祸，甚于刀剑，戒之！

凡坠伤，内有瘀血者，必腹胀满而痛，或胸胁满也，宜用破血药、清心药及通利之，自然而愈。痛不止者，用独圣散服之效验。如更不止，用止痛药服之，大效如神。

凡金刃所伤，从高跌坠，皮肉破损，出血过多，此宜止疼无补为先，宜当归补血汤。若皮肉不破损者，宜作瘀血停积治之，先以独圣散，次以破血药，随证加减，续后痛不止者，用止痛药调理。若胸膈疼痛，用开心草、雪里开、苏木煎酒，入童便和服即效。又方：单用苏木煎酒，和童便服。

凡治刀斧金刃打扑，从高跌坠，皮肉破损而伤重者，中间破处，掺封口药或补肌散，四边用截血膏箍住，使新血不来潮作，此秘传之妙诀也。

凡损伤，妙在补气血，俗工不知，惟要速效。多用自然铜，恐成痼疾也。初伤只用苏木活血，黄连降火，白术和中，童便煎服，在下者，可下瘀血，但先须补托。在上者，宜饮韭汁，或和粥吃，切不可饮冷水，血见寒则凝，但一丝血入心即死。

凡老人堕马，腰痛不可转侧，先用苏木、人参、黄芪、川芎、当归、陈皮、甘草煎服，次以前药，调下红黑黄白四末子、补损丹、活血丹。

凡杖打闪脑疼痛，皆滞血证，宜破血药下之。痛不可忍，则伤血故也，宜清心药；更不止，用独圣散，大效。

凡刀斧打斫磕，跌断血筒出如涌泉者，此伤经也，用封口药掺，以手按实，少时即止。又止血散掺之亦可。如肿痛，捣葱炒热缚之。

凡损大小便不通，未可便服损药。盖损药热亦用酒，涩秘愈甚。看患人虚实，实者用破血药加木通，尚未通加芒硝；虚者以四物汤加枳壳、麻仁、桃仁滑肠之类。虚人不可下者，四物汤加穿山甲。

凡服损药，不可吃冷物，鱼、牛肉极冷，尤不可吃。若吃牛肉，痛不可治；又瘟猪肉、猪母肉，尤不可吃，切记之。

凡损不可服草药，服之则所生之骨必大，不得入臼，相兼君臣药服则可，要加温补气血药同煎。

凡损药必热，能生气血以接骨也，更忌用火灸。如敷药不效，服药亦不效。

凡用敷贴等草药，皆要临时生采新鲜者，用之有效。如出远路讨不便者，可为末用，研末不及生采者为胜。如无草药讨处，就用君臣药接缚之。

凡损药内用酒者，不问红白，只忌灰酒，且重伤不可便用酒，反承起气，作腹胀胸满，切记！切记！如稍定，却用酒水煎或汤浸酒。

凡打伤在两胁、两胸、两肚、两肋，却用通气、通血、清心药。又看病人虚实不同，虚者通药须兼补药放缓，且用贴药在前，通药在后。

凡用通药反不通者,后用顺气药,腹肚全无膨胀而得安,此为不干血作,乃是气闭不通。如腹肚果有血作,一通便下,亦须以顺气药兼之,庶胸膈肚腹,不致紧闷,气顺后却用损药。

凡人醉卧,跌床下,胛背疼痛不可屈伸,损药不效,服黑豆酒数日愈,豆能下气,所损轻也。

凡小儿跌凳角上,止用萝卜子煎服愈,亦顺气也。

凡整作之法,除头脑上不可用药水洗,恐成破伤风,余可加熟油同药水避风洗之。且与住痛。整时,先用热酒磨草乌,服一二盏方整。整时气绝,用苏合香丸,须苏未苏,以黑豆、防风、甘草、黄连煎冷服,或苨草擂水服,不可用盐解之。若吐加生姜汁。

上皆专科用药之法,人有虚实,不可一律而施。即如末条,整时先服草乌酒,整而气绝,灌以苏合香丸走窜之剂,未苏,又以冷药灌之,若施之气虚之人,惨于加刃矣。惟薛氏法,量证施治,专于内补,可以遵用,见分证处治条,学者宜审焉。

【按语】

本节主要介绍了伤科药的用药治疗,大致可分为接骨、疏风活血、止痛、顺气、通下等法,强调用温热之药,"凡损药必热,能生血接骨""忌吃冷物"。

第二十五节 《寿世保元》选

《寿世保元》为明代医家龚廷贤所著。成书于 1615 年。该书共分 10 卷,卷 1 叙述脏腑、经络、诊断、治则及本草等中医基础知识。卷 2~6 为内科杂证。卷 7 为妇科诸疾。卷 8 为儿科。卷 9 为内科。卷 10 为民间单方、杂治、急救、灸疗等方。本书对各科临证论述较详,并对急救、杂治、灸法以及一些疾病的预后有所论及。在每条证下均采前贤之说,从理论上分析病因、症状和治法,其后附有数方,每方均有药物组成和具体用法,并录有医案,龚氏发扬徐彦纯"折伤专主血证"的理论,推崇朱丹溪的治痿之法。此书内容较为丰富,条理清楚,并多以歌诀形式总结,使读者便于记忆,读而不厌。所记内容多久经临床验证,是一部切合实际的综合性临床参考书。

腰痛(节选)

【原文】

丹溪曰:脉必沉而弦,沉为滞,弦为虚。涩者,是瘀血;缓者,是湿;滑者、伏者,是痰;大者,是肾虚也①。

夫腰乃肾之府,动摇不能,肾将惫矣②。因嗜欲无节,劳伤肾经。多有为喜怒忧思,风寒湿毒伤之,遂致腰痛,牵引于脊背,旁及二胁下,不可俯仰。此由肾气虚弱所致,宜滋肾调气,病可除矣。

一论常常腰痛者,肾虚也。此方主之。补肾汤(略)。

一论腰胯湿热作痛者,清热胜湿汤(略)。

一论气滞腰痛,并闪挫腰痛,肾虚腰痛,立安散(略)

一论此方专滋肾水,壮元阳,益筋骨,又能乌须,治肾虚腰痛,足膝痛神效。青娥丸(略)。

一论肾经虚损,腰腿遍身疼痛,壮肾散(略)。

一论肾气虚弱,肝脾之气袭之,令人腰膝作痛,伸屈不便,冷痹无力。夫肾,水脏也,虚则肝脾之气凑之。故令腰膝实而作痛,屈伸不便者,筋骨俱病也。经曰:能屈而不能伸者病在筋;能伸而不能屈者,病在骨。知屈伸不便,为筋骨之病也。冷痹者阴邪实也。无力者,气血虚也,独活寄生汤。

一论元气虚弱,腰痛白浊,以补中益气汤。依本方加黄柏、知母、白芍,俱酒炒,牛膝去芦酒洗,杜仲姜酒炒。

一论腰痛,人皆作肾虚治,诸药不效者,此瘀血痛也。以大黄半两,更入生姜半两,同切如小豆大,于锅内炒黄色,投水二碗煎,五更初顿服,天明取下腰间瘀血物,用盆器盛,如鸡肝样,痛即止。

【注释】

① 丹溪曰……是肾虚也:语见《丹溪心法治要·腰痛》:"腰痛之脉必弦而沉。弦者为虚,沉者为滞。若脉大者,肾虚。涩者,是瘀血也。缓者,是湿。滑与伏者,是痰。"

② 夫腰乃肾之府,动摇不能,肾将惫矣:语见《素问·脉要精微论》。

【按语】

本文阐述了腰痛的病因病机及辨证治疗。

首引金元医家朱丹溪关于腰痛之脉候的论述,说明腰痛一证由肾虚、血瘀、痰、湿所致,接着引《黄帝内经》原文说明肾虚腰痛的特点。继之分析了产生腰痛内外病因,即内伤于"嗜欲无节"和"喜怒忧思"之七情,外伤于寒湿。再进一步分析了肾虚腰痛临床见症的病理机制。肾之解剖位置在腰部脊柱两旁,因肾虚受邪,遂致腰痛,且牵引于脊及与脊相表里的胁下。肾主骨,肾虚则不能"主身之骨髓",则出现骨病之症,"屈伸不便"及无力。肾为水脏,肝为木脏,肝主筋,膝为筋之府,因为肾虚,水不涵木,肝不能主筋,则"腰膝作痛""屈伸不便"。肾阳不足而阴邪实,则为"冷痹"。肾主精,精血同源,肾虚则精不足,精不足则血不足,血不足则气不能化,而致气血不足,出现无力。肾在窍为二阴,肾虚封藏失司,则白浊泄脱。还详细介绍肾虚、湿热、气滞、血瘀、气血虚、元气虚弱所致腰痛的论治方药。

臂痛(节选)

【原文】

臂为风寒湿所搏①,或睡后手在被外,为寒邪所袭,遂令臂痛,及乳妇以枕儿,伤于风寒而致臂痛,悉依后方对症用之。

一论有因湿痰横行经络而作臂痛者,二术汤(略)。

一论臂痛因于寒者,五积散。

一论臂痛因于气者,乌药顺气散。

一论臂痛因于湿者,蠲痹汤。

一论凡臂软无力不任重者,乃肝经气虚,风邪客滞于荣卫之间,使血气不能周养四肢,故有此症。肝主项背与臂膊,肾主腰胯与脚膝,其二脏若偏虚,则随其所主而病焉。今此症乃肝气偏虚,宜补肝肾,六味丸主之。

一男子年六十余,素善饮,两臂作痛,恪②服祛风治痹之药,更加麻木,发热体软,痰涌,腰膝拘痛,口斜语涩,头目昏重,口角流涎,身如虫行,搔起白屑。始信谓余曰:何也? 余曰:臂麻体软,脾无用也;痰涎自出,脾不能摄也;口斜语涩,脾气伤也:头目昏重,脾气不能升也;痒起白屑,脾气不能摄也。遂用补中益气加神曲、半夏、茯苓,三十余剂,诸症悉退;又用参、术煎膏治之而愈。

【注释】

① 搏:侵袭。

② 恪(kè 课,旧读 què 却):谨慎,小心。

【按语】

本文阐述了臂痛的病因病机及临床辨证施治,并附一病例。文中认为臂痛是风、寒、湿之邪侵袭臂部,导致其经络闭阻,气血不运,不通则痛;湿痰泛注经络,阻遏气血运行而致;气血不足,又为风邪干扰,气血不能温煦濡养筋脉可致臂软无力。其治疗应据其病因病机而选方用药。

中医学养生理论认为"以酒为浆""半百而衰"(《素问·上古天真论》)。患者"素善饮",当然"半百而衰"。再误服"祛风治痹之药",祛风湿之药,大多药性辛燥,易伤阴,虚虚之祸,使肢体更加麻木,发热体软,诸症蜂起。析其病症,为脾虚气虚湿痰盛,故投以补中益气汤加神曲、半夏、茯苓之药,以补脾壮气祛痰湿,使诸症悉退,再用人参、白术善其后而痊愈。由此可知,"臂痛"一症也须详细辨证施治。

痿躄①（节选）

【原文】

痿者手足不能举动是也，又名软风②。下身瘦弱，不能趋步，及手战摇，不能握物，此症属血虚。血虚属阴虚，阴虚生内热，热则筋弛。步履艰难，而手足软弱，此乃血气两虚。风湿之症，古方通用风药治之，非也。独东垣、丹溪二先生治法，始合《经》③意，而以清燥汤主之。

丹溪又分血热④、湿痰、气虚、血虚、瘀血等法。湿热，用东垣健步丸，燥湿降阴火，加苍术、黄柏、黄芩、牛膝之类⑤。湿痰，二陈汤加苍术、白术、黄芩、黄柏、竹沥、姜汁。气虚，四君子汤加苍术、黄芩之类⑥。血虚，四物汤加黄柏、苍术，煎送补阴丸。亦有食积死血妨碍不得下降者，宜从食积死血治之。他如潜行散、二妙散、虎潜丸，皆治痿之燥药也。

【注释】

① 痿躄（bì 避）：病名，指肢体痿弱废用的一类病证。
② 软风：痿证，痿躄之别称，意近弛缓性瘫痪。
③《经》：指《黄帝内经》。
④ 血热：据《丹溪心法·痿论》及本段原文，疑为"湿热"之讹。
⑤ 湿热，用东垣健步丸，燥湿降阴火，加苍术、黄柏、黄芩、牛膝之类：据《丹溪心法》，疑为"湿热，用东垣健步丸加燥湿降阴火苍术、黄柏、黄芩、牛膝之类"之讹。
⑥ 气虚，四君子汤加苍术、黄芩之类：据《丹溪心法》，尚有"黄柏"一味药。

【按语】

本文阐述了痿躄之定义、病机、病因和辨证治疗方法。

本文明确痿躄定义，是意欲纠正其与风痿混同之嫌。文中以中医学气血学说之理论，阐述了痿躄是因"血气两虚"所致，并指出湿热也能致痿。湿令大行，内生湿热，烁伤肺金，肺热叶焦，不能布送津液以调五脏，肾脏真阴亏损，遂骨无主，腰下痿软，瘫痪不能动履。

治疗痿证，作者推崇丹溪之法，即泻南方、补北方（从清内热，滋肾阴着手而达到金水相生、滋润五脏）的治痿法。在具体施治中又主张按湿热、湿痰、气虚、血虚、瘀血辨证施治，而不拘于独取阳明。

折伤（节选）

【原文】

夫折仆坠堕,皮不破而内损者,必有瘀血。若金刀伤,皮破肉出,或致亡血过多,二者不可同法而治。有瘀者,宜攻利之;若亡血者,兼①补行之。或察其所伤,有上、下、轻、重、浅、深之异,经络气血之殊②。惟宜先逐瘀血,通经络,和血止痛,后调气养血,补益胃气,无不效也。

大凡伤损不问壮弱,及无瘀血停积,俱宜服热童便,以酒佐之,推陈致新,其功甚大。

一论跌伤骨折,用药一厘③,黄酒调下,如重车行十里之候,其骨接之有声,初跌之时,整理如旧对住,绵衣盖之,勿令见风,方服药,休移动。端午日制,忌妇人鸡犬等物。

【注释】

① 兼:《医宗金鉴·正骨心法要旨·内治方法总论》和《伤科补要·治法论》皆为"宜"。

② 殊:差异。

③ 一厘:即一厘金的意思。一厘金,大梁孙都督秘传神效方。

【按语】

本文论述了骨折、损伤的早期内服药物的治疗大法。徐彦纯的"折伤专主血论"的理论在此得到了继承和发扬。

麻木（节选）

【原文】

脉浮而濡属气虚,关前得之,麻在上体,关后得之,麻在下体也。脉浮而缓属湿,为麻痹;脉紧而浮属寒,为痛痹;脉涩而芤属死血,为木,不知痛痒。《内经》曰:风寒湿三气合而为痹。故寒气胜者为痛痹;湿气胜者为着痹①。河间②曰:"留着不去,四肢麻木拘挛也。"《经》又曰:痛者寒气多也,有寒故痛也。其不痛不仁者,病久入深,荣卫之行涩,经络时疏,故不痛,皮肤不荣,故为不仁③矣。夫所谓不仁者,或周身,或四肢,唧唧然麻木不知痛痒,如绳扎缚初解之状,古方名为麻痹者是也。丹溪曰:麻是气虚,木是痰湿、死血④。然则曰麻曰木者,以不仁中而分为二也。虽然亦有气血俱虚，但麻而不木者，亦有虚而感湿。麻木兼作者，又有因虚而风寒湿三气乘之，故周身掣痛，兼麻木并作者，古方谓之周痹⑤，治法宜先汗而后补也。医者亦各以类推而治之，不可执一见也。

一论麻木，遍身手足俱麻者，此属气血两虚宜加味八仙汤。

一论麻是浑身气虚也，加减益气汤。

一论十指尽麻，并面目皆麻，此亦气虚也，补中益气汤。

一论木是湿痰，死血也，双合汤。

一论手足麻痹，因湿所致也，香苏散、依本方加苍术、麻黄、桂枝、白芷、羌活、木瓜。

一论感风湿，手膊或痛或木或遍身麻木，五积散。

一论妇人七情六郁，气滞经络，手足麻痹，宜开结舒经汤。

一论口舌麻木，延及嘴角，头面亦麻，或呕吐痰涎，或头眩眼花、恶心，遍身麻木，宜止麻消痰饮。

一论十指疼痛，麻木不仁，大附子木香各等分，每服三钱，姜三片，水一碗，煎七分服。

一论妇人遍身麻痹，谓之不仁，皆因血分受风湿所致，用祛风散，送下五补丸。

一论风热血燥，皮肤瘙痒，头面手足麻木，清凉润燥汤。

一论面上木处，可将桂枝为末，用牛皮胶和少水化开，调敷之，厚一二分。若脚底硬木处，可将牛皮胶镕化，入生姜汁调和，仍入南星末五钱和匀，用温火烘之，此外治也。

一治两手指麻木，四肢困倦，怠惰嗜卧，乃热伤元气也，黄芪八钱，人参五钱，白芍三钱，柴胡二钱五分，升麻二钱，五味子百四十粒，生甘草五钱，炙甘草二钱，右锉，水煎，稍热，空心服。

一治两腿麻木，沉重无力，多汗，喜笑，口中涎下，身重如山，语声不出，右寸脉洪大，黄芪三钱，当归二钱、苍术四钱，陈皮五钱，藁本三钱，黄柏酒炒一钱，柴胡三钱，升麻一钱，知母酒炒一钱，五味子一钱，生甘草二钱五分。

一治皮肤间有麻木，乃肝气不行故也，黄芪一两，白芍一两半，桔皮一两半，泽泻五钱，炙甘草一两，右锉，水煎，温服。

【注释】

①《内经》曰……湿气胜者为着痹：语见《素问·痹论》曰："风寒湿三气杂至，合而为痹也。其风气胜者为行痹，寒气胜者为痛痹，湿气胜者为着痹也。"

② 河间：即刘完素，金代河间府人，故人送号"河间居士"，或称为"河间先生"，后人习称刘河间。

③《经》又曰……故为不仁：语见《素问·痹论》曰："痛者，寒气多也，有寒故痛也。

其不痛不仁者,病久入深,荣卫之行涩,经络时疏,故不通,皮肤不营,故不仁。"

④ 丹溪……木是痰湿、死血:语见《丹溪治法心要》曰:"手足麻者属气虚,手足木有湿痰、死血。"

⑤ 周痹:《灵枢·周痹》曰:"周痹者,在于血脉之中,随脉以上,随脉而下,不能左右,各当其所。……此内不在藏,而外未发于皮,独居分肉之间,真气不能周,故命曰周痹。"

【按语】

本文阐述了麻木的病因病机及辨证施治。

文中引《黄帝内经》、河间、丹溪有关论述,阐述麻、木、不仁和周痹的病因病机。认为"麻"属气虚,"木"乃"痰湿""死血"或虚感湿,不仁属"气血俱虚",周痹属气血虚感风寒湿,治疗应据其病因病机及兼症而选方。

第二十六节　《外科正宗》选

《外科正宗》由明代医家陈实功编著。成书于 1617 年。该书共为 4 卷,卷 1 为痈疽门,论述外科疾病的病因、病理、诊断和治疗规律以及基本原则,继而列验案,以示规范。卷 2 为上部痈毒门。卷 3 为下部痈毒门。卷 4 为杂疮毒门。书中论述常见外科病证 120 余种,每证均首明病因、病理,次论诊断要点,治法和验案,最后记载制药方法。书中特别重视保护脾胃,提出"疮全赖脾土",反对无原则地使用寒凉药物攻伐脾胃。力辟当时只重内治,轻视外治倾向,提出切开引流、截肢、除死骨、手术复位和应用外用药物治疗的多种疗法。将明初以前的外科治法大都收录其中,针、灸、炮、炼无所不包,颇被后世医家重视,也说明当时的外科水平已发展到相当高的水平。本书是一部具有较高实用价值的外科临床参考书,后世对其有"列证最详,论治最精"的评价。

跌仆(节选)

【原文】

跌仆者,有已破、未破之分,亡血、瘀血之故。且如从高坠堕而未经损破皮肉者,必有瘀血流注脏腑,人必昏沉不醒,二便必难,当以大成汤通利二便,其人自苏,不醒者独参汤救之。寻常坠堕,轻者以复元活血汤调之,又如损伤骨节,筋断血流不止者,独胜散止之,次用花蕊石散搽①之。又有跌断骨节等症,此则另有专门接骨扎缚,未及详。

【注释】

① 搽:此指涂抹。

【按语】

跌打损伤,可分为开放性损伤和闭合性损伤两类。开放性损伤引起出血,严重者气随血脱而成亡血证。闭合性损伤则内有瘀血,瘀血不去而流注脏腑,引起昏迷,两便障碍,应以大成汤攻下逐瘀,通利脏腑,若仍昏迷不醒,可以独参汤补气固脱。跌打损伤较重,可用复元活血汤活血化瘀,消肿止痛。

金疮(节选)

【原文】

金疮乃刀刃所伤,或有磁锋①割损,浅者皮破血流而已,深者筋断血飞②不住。皮破者,桃花散掺之,其血自止;筋断者,如圣金刀散掺扎。止而又流者,急用玉红膏涂伤处,膏盖长肉,盖筋、骨、肉方断,斯人面色必黄,外避风寒,内忌冷物,终保无妨③。有失血过多者,独参汤、八珍汤补助为要,此外无法矣。

【注释】

① 磁锋:即瓷器断面锋利之处。
② 飞:喷射,形容血出汹涌。
③ 无妨:妨,害。无妨即没有害处。

【按语】

金疮为刀刃和磁锋等割损造成,有浅深之分,浅者仅皮破出血,用桃花散外掺止血。筋断者,用如圣金刀散外搽。如果血止而复出,急用玉红膏外涂伤口,能生肌长肉。凡筋骨肌肉损伤,都可引起气血耗损、面色萎黄、应避风寒,忌生冷。亦可酌情用独参汤和八珍汤补气生血。

本章所论外用药如桃花散、玉红膏等临床应用确有疗效,但若外伤后肌腱、神经断裂,则应做肌腱或神经吻合术。

附骨疽（附：鹤膝风）（节选）

【原文】

夫附骨疽者，乃阴寒入骨之病也。人之气血壮实，虽遇寒冷则邪不入骨。凡入者，皆由体虚之人，夏秋露卧，寒湿内袭，或房欲之后，盖覆单薄，寒气乘虚入里，遂成斯疾。初起则寒热交作，稍似风邪；随后臀腿筋骨作痛，不热不红，痛至彻骨。甚则曲伸不能转侧，日久阴交为阳，寒化为热，热甚而腐肉①为脓，此疽已成也。凡治此症，初起寒热作痛时，便用五积散加牛膝、红花发汗散寒，通行经络，或万灵丹发汗亦可；次以大防风汤行经活血，渗湿补虚……

以上之症，皆由元气不足中来，不可误用损脾、泄气、败毒等药，外禁寒凉等法，如误用之，必致气血冰凝，内肉瘀腐，日久化为污水败脓，流而不禁终死。又有鹤膝风，乃足三阴亏损之症。初起寒热交作时，亦宜五积散加牛膝、红花、或万灵丹发汗俱可；如汗后肿痛仍不消减，此阴寒深伏，以大防风汤温暖经络，重者兼灸膝眼二穴，敷以琥珀膏，亦可渐渐取效。以上之法俱不效者，终成痼疾，不必强药消之，只宜先天大造丸，史国公酒药终年常服，亦可转重就轻，徐图步履也。

【注释】

①腐肉：使肉腐烂。

【按语】

附骨疽病为阴寒邪毒入骨所致，多数为体虚之人，感受寒湿，或房欲不节，肾气大伤，复感寒湿之邪也可造成。初期有发热恶寒之表证，臀腿剧痛，但无红肿，严重者不能屈伸活动，随病情发展，寒化为热，热甚化腐为脓，则成附骨疽。治疗方法，初期因有寒热表证，应用五积散加牛膝、红花发汗散寒，或用万灵丹发汗，使阴寒之毒外解，再以大防风汤行经活血，渗湿补虚，可控制腐肉化脓。在治疗时要切记本病病机皆为元气不足，故不能误用损脾、泄气、败毒等药物，外治禁用寒凉之法，若误用会导致气血凝滞，热甚腐肉化脓，甚至长期不愈，危及生命。

鹤膝风亦为阴寒之毒侵入膝关节，初期发热恶寒，膝关节剧痛，活动障碍，也可用五积散加牛膝、红花，或万灵丹发汗，使阴寒之毒邪从汗而解，若仍不解为阴寒之毒深著于内，应用大防风汤温筋通络，兼灸内外膝眼，外敷琥珀膏，可能有效。若仍不效者，会转为慢性化脓性关节炎，不必再强行发散，要慢慢温补元气，通经活络，用先天大造丸、史国公酒等常服，能使症状减轻，有希望恢复关节部分功能。

本章所论附骨疽治疗方法，对现在临床有指导意义。

【原文】

附骨疽看法

初起身微寒热,饮食如常,结肿①微红,疼不附骨者顺。已成举动自便②,结肿成囊,疼痛有时,脓易成者吉。已溃脓稠,肿消痛减,身体轻便,睡稳③,不热者吉。溃后元气易复,饮食易进,内肉易实④,脓水易干者吉。

初起身发寒热,漫肿色白,肢体牵强,疼痛附骨者险。已成举动不便,通腿漫肿,不热不红,不作脓者险。

【注释】

① 结肿:结,聚,硬。结肿,即肿起局限而硬。

② 举动自便:活动自由,不受影响。

③ 睡稳:能正常地入睡。

④ 易实:容易充实。

【按语】

此节论述附骨疽吉凶、预后的诊断方法。凡初起寒热轻微,肿胀较轻,疼痛不剧,脓易成易溃,脓汁黏稠者,为预后良好。反此者多为邪盛正虚所致。预后不良。

【原文】

附骨疽治法

初起发热恶寒,身体拘急,腿脚肿疼,脉浮紧者散①之。已成腿脚肿痛,皮色②不变,上下通肿者,散寒,温经络。寒热作肿,色白光亮,按之如泥③不起者,宜健脾渗湿。身体无热恶寒,脉迟而涩,腿肿不热者,养血,温经络。暑中三阴,脉洪而数,腿脚焮肿,口干便燥者,宜下之。已溃脓水清稀,饮食减少,形体消瘦者,补中健脾胃。溃后肿痛不减,脓水不止,虚热不退者,温中养气血。愈后筋骨牵强,屈伸不便者,宜滋养气血,通利关节。

【注释】

① 散:发散,治法的一种。

② 皮色:皮肤颜色。

③ 按之如泥:此指肿胀较甚,皮肤被按后不能恢复原位。

【按语】

本节强调附骨疽的辨证施治。初起寒湿内袭,应发散温经为主。若兼有肿胀,则加健脾渗湿。但应时时兼顾补正养血。后期脓水清稀,形神虚衰者,宜健脾胃养气血。愈后关节强痛者,当用通利关节,舒筋活络之药。对附骨疽治疗不应拘泥于成法,只有辨证确当,才能提高疗效。

第二十七节　《景岳全书》选

《景岳全书》由明代医家张介宾编撰。成书于 1624 年,张氏在总结前人医疗成就的基础上,结合个人临床经验汇编而成。全书共 64 卷,书中对内、外、妇、儿科以及中医理论等方面作了较全面的论述。《景岳全书·外科钤》阐述了恶性肿瘤切割不彻底致死的机制,提出"瘤赘既大,最畏其破,非成脓者,必不可开,开则牵引诸经,漏竭血气,最难收拾,无一可治"。对命门学说进行了发挥,针对朱丹溪之阳常有余、相火为元气之贼的主张,提出阳非有余的观点。张氏认为人之生气,以阳为主,主张自始至终贯彻以温补命门为主的指导思想,为补肾法治虚劳腰背、腰腿痛提供了理论依据。张氏立论和治法自成一家,是温补派的中坚人物。

跌打损伤(节选)

【原文】

凡跌打损伤,或从高坠下恶血①流于内。不分何经之伤,皆肝之所主,盖肝主血也。故凡败血凝滞,从其所属而必归于肝,多在胁肋小腹者,皆肝经之道也。若其壅肿痛甚,或发热自汗,皆当酌其虚实,而以调血行经之药治之。

治法,凡胸满胁胀者,宜行血。老弱者,宜行血活血。腹痛者,宜下血。瘀肉不溃或溃而不敛,宜大补气血。若打扑坠堕,稍轻别无瘀血等证,而疼痛不止者,惟和气血,调经脉其痛自止。更以养气血,健脾胃,则无有不效。亦有痛伤胃气作呕或不饮食者,以四君子汤加当归砂仁之类调之。若有瘀血,不先消散而加补剂,则成实实②之祸。设无瘀血而妄行攻利,则致虚虚③之祸。故凡治此证,须察所患轻重,有无瘀血及元气虚实,不可概行攻下,致成败证。盖打扑坠堕皮肉不破肚腹作痛者,必有瘀血在内,宜以复元活血汤攻之。老弱者,四物汤加红花、桃仁、川山甲补而行之。若血去多而烦躁,此血虚也,名曰亡血,宜补其血。如不应,当以独参汤补之。

凡损伤不问老弱及有无瘀血停积,俱宜服热童便以酒佐之,推陈致新,其功甚大。若胁胀或作痛或发热烦躁,口干喜冷,惟饮热童便④一瓯⑤,胜服他药,他药虽亦可取效,但有无瘀血,恐不能尽识,反致误人,惟童便不动脏腑,不伤气血,万无一失。然惟胃虚作呕及中寒泄泻者不可服。

　　凡肿痛或伤损者,以葱捣烂炒热罨^⑥之,或用生姜葱白同捣烂和面炒热罨之尤妙,或用生姜陈酒糟同捣烂炒热罨之亦可。

　　外治损伤诸方,如秘传正骨丹^⑦没药降圣丹^⑧,当归导滞散^⑨、黑丸子^⑩、本事接骨方^⑪、十味没药丸^⑫,洗损伤^⑬等十余方俱有妙用,所当详察。

　　立斋曰:予于壬申年被重车碾伤,闷瞀^⑭良久复苏,胸满如筑^⑮,气息不通,随饮热童便一碗、胸宽气利,惟小腹作痛,吾乡银台徐东濠先生与复元活血汤一剂,便血数升,肿痛悉退,更服养血药而痊。

【注释】

　　① 恶血:即瘀血,有害于人体,故称为恶,与下文"败血"意同。

　　② 实实:实证反用补法。

　　③ 虚虚:虚证反用泻法,使虚者更虚,正气益伤。

　　④ 童便:幼童之尿。《景岳全书》谓:"味咸气寒沉,善清诸血妄行,……扑损瘀血。"现已不用。

　　⑤ 瓯(ōu 欧):小盆,古代盛水器具。

　　⑥ 罨(yǎn 眼):覆盖。掩盖之意。

　　⑦ 秘传正骨丹:由降香、乳香、没药、苏木、松节、自然铜、川乌、血竭、地龙、生龙骨、土狗等药组成。

　　⑧ 没药降圣丹:由当归、白芍、川芎、生地黄、苏木、川乌、骨碎补、乳香、没药、自然铜等药组成。

　　⑨ 当归导滞散:由大黄、当归等分为末组成。

　　⑩ 黑丸子:一名活血定痛散。由百草霜、白芍、川乌、胆南星、赤小豆、白蔹、白及、骨碎补、当归、牛膝等药组成。

　　⑪ 本事接骨方:由接骨木、乳香、当归、赤芍、川芎、自然铜等药组成。

　　⑫ 十味没药丸:由没药、乳香、川芎、川花椒、当归、芍药、红花、桃仁、血竭、自然铜等药组成。

　　⑬ 洗损伤:以荆芥、土当归、生葱煎汤而成,一方用生姜煮汤而成。

　　⑭ 闷瞀:闷,心胸满闷;瞀,目视不明。闷瞀即闷而意识蒙眬。

　　⑮ 筑:捣土用的杵。此处意为胸中似物填充。

【按语】

　　本章论述对跌打损伤应详察瘀血之有无和元气之虚实。跌打损伤必有瘀血,其所属必归于肝,出现胁肋小腹胀痛,治疗应以行血、活血、下血为主。瘀血不溃、溃而不敛或疼痛不止者,为元气虚弱,应养气血、健脾胃。若有瘀血不先消散而温补,则成实实之祸,无瘀血而妄行攻利,则致虚虚之灾。

腰痛辨证施治（节选）

【原文】

腰痛证旧有五辨：一曰阳虚不足，少阴肾衰；二曰风痹，风寒湿著腰痛；三曰劳役伤肾；四曰坠堕损伤；五曰寝卧湿地。虽其大约如此，然而犹未悉①也。盖此证有表里、虚实、寒热之异，知斯②六者，庶③乎尽矣，而治之亦无难也。

腰痛证凡悠悠戚戚④，屡发不已者，肾之虚也；遇阴雨或久坐痛而重者，湿也；遇诸寒而痛，或喜煖而恶寒者，寒也；遇诸热而痛，及喜寒而恶热者，热也；郁怒而痛者，气之滞也；忧愁思虑而痛者，气之虚也；劳动即痛者，肝肾之衰也。当辨其所因⑤而治之。

腰为肾之府，肾与膀胱为表里，故在经则属太阳，在脏则属肾气，而又为冲、任、督、带之要会。所以凡病腰痛者，多由真阴之不足，最宜以培补肾气为主；其有实邪而为腰痛者，亦不过十中之二三耳。

腰痛之虚证十居八九，但察其既无表邪，又无湿热，而或以年衰，或以劳苦，或以酒色斫丧⑥，或七情忧郁所致者，则悉属真阴虚证。凡虚证之候，形色必清白，而或见黎黑，脉息必和缓，而或见细微，或以行立不支，而卧息少可，或以疲倦无力，而劳动益甚。凡积而渐至者，皆不足；暴而痛甚者，多有余；内伤禀赋者，皆不足；外感邪实者，多有余，故治者当辨其所因。凡肾水真阴亏损，精血衰少而痛者，宜当归地黄饮及左归丸、右归丸为最。若病稍轻或痛不甚、虚不甚者，如青娥丸、煨肾散、补髓丹、二至丸、通气散之类，俱可择用。

腰痛之表证，凡风寒湿滞之邪，伤于太阳少阴之经者，皆是也。若风寒在经，其证必有寒热，其脉必见紧数，其来必骤，其痛必拘急兼酸，而多连脊背，此当辨其阴阳，治从解散。凡阳证多热者，宜一柴胡饮或正柴胡饮之类主之；若阴证多寒者，宜二柴胡饮，五积散之类主之。其有未尽，当于伤寒门辨治。

湿滞在经而腰痛者，或以雨水，或以湿衣，或以坐卧湿地。凡湿气自外而入者，总皆表证之属，宜不换金正气散、平胃散之类主之。若湿而兼虚者、宜独活寄生汤主之。若湿滞腰痛而小水不利者，宜胃苓汤、五苓散加苍术主之。若风湿相兼、一身尽痛者，宜羌活胜湿汤主之。若湿而兼热者，宜当归拈痛汤、苍术汤之类主之。若湿而兼寒者，宜济生术附汤、五积散之类主之。

腰痛有寒热证：寒证有二，热证亦有二。凡外感之寒，治宜温散，如前，或用热物熨之亦可。若内伤阳虚之寒，治温补，如前。热有二证，若肝肾阴虚，水亏火盛者，治当滋阴降火，宜滋阴八味煎或用四物汤加黄柏、知母、黄芩、栀子之属主之。若邪火蓄结腰肾，而本无虚损者，必痛极，必烦热，或大渴引饮，或二便热涩不通，当直攻其火，宜大分清饮加减主之。

跌仆伤而腰痛者,此伤在筋骨,而血脉凝滞也,宜四物汤加桃仁、红花、牛膝、肉桂、玄胡、乳香、没药之类主之。若血逆之甚,而大便闭结不通者,宜元戎四物汤主之,或外以酒糟葱姜捣烂罨之,其效尤速。

丹溪云:诸腰痛不可用参补气,补气则疼愈甚;亦不可峻用寒凉,得寒则闭遏而痛甚。此言皆未当也。盖凡劳伤虚损而阳不足者,多有气虚之证,何为参不可用? 又如火聚下焦,痛极而不可忍者,速宜清火,何为寒凉不可用? 但虚中挟实,不宜用参者有之;虽有火而不甚,不宜过用寒凉者亦有之,若谓概不可用,岂其然乎⑦? 余尝治一董翁者,年逾六旬,资禀⑧素壮,因好饮火酒,以致湿热聚于太阳,忽病腰痛不可忍,至求自尽,其甚可知。余为诊之,则六脉洪滑之甚,且小水不通,而膀胱胀急,遂以大分清饮倍加黄柏、龙胆草,一剂而小水顿通,小水通而腰痛如失。若用丹溪之言,鲜不误矣! 是以不可执⑨也。

妇人以胎气经水损阴为甚,故尤多腰痛脚酸之病,宜当归地黄饮主之。

【注释】

① 悉:尽全的意思。

② 斯:这,此。

③ 庶:差不多。

④ 悠悠戚戚:悠悠,长;戚戚,忧惧。悠悠戚戚,形容病势缠绵,令人苦恼不休。

⑤ 所因:所产生的原因。

⑥ 斫(zhuó 浊)丧:斫,削、砍。斫丧,摧残、伤害之意,特指沉溺酒色以致伤害身体。

⑦ 岂其然乎:反诘句,意为:难道是这样吗?

⑧ 资禀:先天禀赋。

⑨ 执:固执,坚持。

【按语】

本节论述腰痛分类有五种,一为肾虚阳衰所致腰痛;二为风寒湿所致腰痛;三为劳损所致腰痛;四为坠堕跌打损伤所致腰痛;五为寝卧湿地所致腰痛。各种腰痛临床症状不同,要仔细辨别,分清表里、虚实、寒热方能辨证确当。凡腰痛绵绵,屡发不已为肾虚;遇阴雨加重为湿重;遇寒而痛重,喜暖恶寒者为寒重;遇热而痛重,喜寒恶热者为热重。临床以寒湿腰痛为多见。腰为肾之府,肾与膀胱为表里,但与冲、任、督、带有经络相连。凡腰痛以虚证多见,实证少见,虚证多为年老体衰,或酒色伤肾,其证行走、站立则绵绵作痛,卧床缓解,或疲乏无力,稍劳则痛重。

风寒湿腰痛,若邪袭太阳少阴之经,为表证腰痛,应分清邪之偏重。风寒腰痛者有寒热,脊背拘急酸痛,其脉浮紧;湿滞腰痛者,腰背沉重,不能久坐,或小便不利。

本章对腰痛治疗提出辨其所因而治之,所用方剂偏重温补,为其学术特点,对临床上腰痛辨治有一定指导意义。

第二十八节　《医宗必读》选

腰痛(节选)

【原文】

《黄帝内经》云:太阳所至为腰痛(足太阳膀胱之脉所过,则下项循肩膊内,挟脊抵腰中。故为病,项如拔①挟脊痛,腰不可以曲。是经虚则邪客之,痛病生矣。邪有风热湿燥寒,皆能为病,大抵寒湿多而风热少也)。又云:腰者肾之府,转摇不能,肾将惫矣(房室劳伤,肾虚腰痛,阳气虚弱,故不能运动惫败也)。

愚按《黄帝内经》言太阳腰痛者,外感六气也。言肾经腰痛者,内伤房欲也。假令作强伎巧之官②,谨其闭蛰封藏之本,则州都之地③,真气布护,虽六气苛毒,弗之能害④。惟以欲竭其精,以耗散其真,则肾脏虚伤,膀胱之府安能独足。于是六气乘虚侵犯太阳,故分别施治。有寒湿,有风热,有闪挫,有瘀血,有滞气,有痰积,皆标也。肾虚其本也。标急则以标,本重则从本。标本不失,病无遁状矣。

寒:感寒而痛,其脉必紧;腰间如冰,得热则减,得寒则增(五积散去桔梗,加吴茱萸,或姜附汤加肉桂、杜仲,外用摩腰膏),兼寒湿者(五积散加苍术、麻黄)。

湿:伤湿如坐水,肾属水,久坐水湿,或伤雨露,两水相得,以致腰痛身重,脉缓。天阴必发(渗湿汤、肾着汤),兼风湿者(独活寄生汤)。

风:有风脉浮,痛无常处,牵引两足(五积散加防风全蝎,或小续命汤),杜仲、姜汁炒为末,每服一钱酒送。治肾气腰痛,兼治风冷,或牛膝酒。

热:脉洪数发渴,便闭(甘豆汤加续断,天麻)。

闪挫:或跌扑损伤(乳香趁痛散及黑神散,和复元通气散酒下),不效,必有恶血(四物汤加桃仁、穿山甲、大黄),劳后负重而痛(十补汤下青娥丸)。

瘀血:脉涩,转动若锥刀之刺,大便黑,小便或黄或黑,日轻夜重(调荣活络饮,或桃仁酒调黑神散)。

气滞:脉沉(人参顺气散或乌梅顺气散,加五加皮、木香),或用降香、檀香、沉香各三钱三分,煎汤空心服。

痰积:脉滑(二陈汤加南星、香附、乌药、枳壳),脉有力(二陈汤加大黄)。

肾虚:腰肢痿弱,脚膝酸软,脉或大或细,按之无力。痛亦攸攸隐隐而不甚。

分寒热二候,脉细而软,力怯短气,小便清利(肾气丸、茴香丸、鹿茸羊肾之类)。脉大而软,小便黄,虚火炎(六味丸、封髓丸)。丹溪云:久腰痛,必用官桂开之,方止。

【注释】

① 如拔:形容僵硬疼痛,不能转动,有如被人牵拉之状。
② 作强伎巧之官:指肾。
③ 州都之地:膀胱为州都之官,足太阳经脉所过为州都之地,此处指腰部。
④ 弗之能害:即"弗能害之",不能损害它(肾)。

【按语】

本章论述腰痛的病因及诊断,足太阳膀胱经下项循肩膊内,夹脊抵腰中。房室劳伤、肾脏虚伤、六气乘虚侵犯太阳,"经虚则邪客",出现项如拔、夹脊痛、髀不可曲。肾虚为本,外感邪气为标,治疗时应分清标本缓急,急则治其标,缓则治其本。邪有风热湿燥寒,寒湿多而风热少,是符合临床实际的。本节指出,凡腰痛多为虚中夹实,实邪有寒湿风热、瘀血、气滞、痰积等,宜分别用不同方法治疗;肾虚腰痛则分虚寒、虚热两种进行治疗。

第二十九节 《医宗金鉴·正骨心法要旨》选

《正骨心法要旨》是清代医家吴谦等人编撰的《医宗金鉴》丛书之一,成书于1742年。该书系统地总结了清代以前的骨伤科经验,对人体各部位的骨度、内外治法方药记述较详,既有理论,又重实践,图文并茂,切合临床实用。该书把正骨手法归纳为摸、接、端、提、推、拿、按、摩八种。书中记载运用手法治疗腰腿痛等伤筋疾患;使用攀索叠砖法整复胸腰椎骨折脱位,主张于腰背骨折处垫枕,以保脊柱的过伸位。创造和改革了多种固定器材。该书对内伤的阐述亦较为详尽,依证立法,选方精审。由于本书集证广泛,纲目清晰,故在清朝即被规定为医生的必修课本,对后世的影响极大。

外治法(全篇)

【原文】

手 法 总 论

夫手法者,谓以两手安置①所伤之筋骨,使仍复于旧也。但伤有重轻,而手法各有所宜。其痊可^②之迟速，及遗留残疾与否，皆关乎手法之所施得宜，或失其宜，或未尽其法也。盖一身之骨体，既非一致，而十二经筋之罗列序属又各不同，故必素知其体相^③，识其部位，一旦临证，机触^④于外，巧生于内^⑤，手随心转，法从手出。或拽之离而复合，或推之就^⑥而复位，或正其斜，或完其阙，则骨之截断、碎断、斜断；筋之弛、纵、卷、挛、翻、转、离、合，虽在肉里，以手扪之，自悉其情，法之所施，使患者不知其苦，方称为手法也。况所伤之处，多有关于性命者，如七窍上通脑髓，骷近心君，四末受伤，痛苦入心者。即或其人元气素壮，败血易于流散，可以克期^⑦而愈，手法亦不可乱施；若元气素弱，一旦被伤，势已难支，设手法再误，则万难挽回已。此所以尤当审慎者也。盖正骨者，须心明手巧，既知其病情，复善用夫手法，然后治自多效。诚以手本血肉之体，其宛转运用之妙，可以一己之卷舒^⑧，高下疾徐，轻重开合，能达病者之血气凝滞，皮肉肿痛，筋骨挛折，与情志之苦欲也。较之以器具从事于拘制^⑨者，相去甚远矣。是则手法者，诚正骨之首务哉。

【注释】

① 安置：安排处置。
② 痊可：痊，病除。可，适宜。痊可，意为病愈。
③ 体相：体，形体。相，通"象"。体相，此指人立体之形象。
④ 机触：机，发动之所由。触，接触。机触，即接触感知之意。
⑤ 巧生于内：巧妙的变化产生在内里。
⑥ 就：迎合。
⑦ 克期：克，严格限定；期，期限。克期，约定或限定日期。
⑧ 一己之卷舒：一，任意。己，自己。卷，屈。舒，伸。一己之卷舒，意为随人心意施展手法。
⑨ 拘制：固定，限制。

【按语】

本节论述手法为正骨之关键。

所谓手法，是以术者两手整复受伤的筋骨，使其恢复原来的位置。但筋骨损伤有重轻之分，各有适宜的手法。手法是否恰当，直接关系到损伤恢复的迟速，以及是否残留后遗症。人身的骨骼形状各异，肌肉筋脉各有不同。所以必须熟知其形状及与周围组织的关系，临证时，才能接触感知于外，巧妙手法产生于内。双手随心的意念转动，整骨的手法便体现出来。凡有重叠移位者，必先拔伸，纠正重叠再行复位，这就是"离而复合"的原则。

【原文】

手 法 释 义

摸法:摸者,用手细细摸其所伤之处,或骨断、骨碎、骨歪、骨整、骨软、骨硬、筋强①,筋柔、筋歪、筋正、筋断、筋走②、筋粗③、筋翻④、筋寒、筋热,以及表里虚实,并所患之新旧也。先摸其或为跌扑,或为错闪,或为打撞,然后依法治之。

接法:接者,谓使已断之骨,合拢一处,复归于旧也。凡骨之跌伤错落,或断而两分,或折而陷下,或碎而散乱,或岐而傍突,相⑤其形势,徐徐接之,使断者复续,陷者复起,碎者复完,突者复平。或用手法,或用器具,或手法、器具分先后而兼用之,是在医者之通达也。

端法:端者,或两手一手擒定应端之处,酌其轻重,或从下往上端,或从外往内托,或直端、斜端也。盖骨离其位,必以手法端之,则不待旷日迟久,而骨缝即合,仍须不偏不倚,庶愈后无长短不齐之患。

提法:提者,谓陷下之骨,提出如旧也。其法非一,有用两手提者,有用绳帛系高处提者,有提后用器具辅之不致仍陷者,必量所伤之轻重浅深,然后施治。倘重者轻提,则病莫能愈;轻者重提,则旧患虽去,而又增新患矣。

按摩法:按者,谓以手往下抑之也。摩者,谓徐徐揉摩之也。此法盖为皮肤筋肉受伤,但肿硬麻木,而骨未断折者设也。或因跌扑闪失,以致骨缝开错,气血郁滞,为肿为痛,宜用按摩法,按其经络,以通郁闭之气,摩其壅聚,以散瘀结之肿,其患可愈。

推拿法:推者,谓以手推之,使还旧处也。拿者,或两手一手捏定患处,酌其宜轻宜重,缓缓焉以复其位也。若肿痛已除,伤痕已愈,其中或有筋急而转摇不甚便利,或有筋纵而运动不甚自如,又或有骨节间微有错落不合缝者,是⑥伤虽平,而气血之流行未畅,不宜接、整、端、提等法,惟宜推拿,以通经络气血也。盖人身之经穴,有大经细络之分,一推一拿,视其虚实酌而用之,则有宣通补泻之法,所以患者无不愈也。

以上诸条,乃八法之大略如此。至于临证之权衡,一时之巧妙,神而明之,存乎其人矣。

【注释】

① 筋强:强,通 "僵",僵硬之意。筋强,筋脉僵硬不柔。

② 筋走:走,离,筋离原位曰走。

③ 筋粗:指筋脉肿胀。

④ 筋翻:指筋脉扭转。

⑤ 相:察看。

⑥ 是:这,此。

【按语】

以上八法为总结清以前历代手法之经验,后人习惯称为"正骨八法"。现代骨科在此基础上进行发展,整理出了一套比较完整、具体的手法,如手摸心会、拔伸牵引、旋转屈伸、端提挤按、夹挤分骨、摇摆触碰、折顶回旋、按摩推拿等。

器具总论(全篇)

【原文】

跌打损伤,虽用手法调治,恐未尽得其宜,以致有治如未治之苦,则未可云医理之周详也。爰①因身体上下、正侧之象,制器以正之,用辅②手法之所不逮③,以冀④分者复合,欹⑤者复正,高者就其平,陷者升其位,则危证可转于安,重伤可就于轻。再施以药饵之功更示以调养之善,则正骨之道全矣。

裹帘:裹帘,以白布为之。因患处不宜他器,只宜布缠,始为得法,故名裹帘。其长短阔狭,量病势用之。

振梃:振梃,即木棒也,长尺半,圆如钱大,或面杖亦可。盖受伤之处,气血凝结,疼痛肿硬,用此梃微微振击其上下四旁,使气血流通,得以四散,则疼痛渐减,肿硬渐消也。

用法释义:凡头被伤,而骨未碎筋未断,虽瘀聚肿痛者,皆为可治。先以手法端提颈项、筋骨,再用布缠头二三层,令紧,再以振梃轻轻拍击足心,令五脏之气上下宣通,瘀血开散,则不奔心,亦不呕呃,而心神安矣。若已缠头拍击足心,竟不觉疼,昏不知人,痰响如拽锯,身体僵硬,口溢涎沫,乃气血垂绝也,不治。

披肩:披肩者,用熟牛皮一块,长五寸,宽三寸,两头各开二孔,夹于伤处,以棉绳穿之,紧紧缚定,较之木板,稍觉柔活。

用法释义:凡两肩扑坠,扪伤其骨,或断碎,或旁突,或斜努,或骨缝开错筋翻。法当令病人仰卧凳上,安合骨缝,揉按筋结。先以棉花贴身垫好,复以披肩夹住肩之前后缚紧,再用白布在外缠裹毕,更用扶手板,长二尺余,宽三四寸,两头穿绳,悬空挂起,令病人俯伏于上,不使其肩骨下垂。过七日后,开视之,如俱痊,可撤板不用,如尚未愈,则仍用之。若不依此治法,后必遗残患芦节⑥。

攀索:攀索者,以绳挂于高处,用两手攀之也。

叠砖:叠砖者,以砖六块,分左右各叠置三块,两足踏于其上也。

用法释义:凡胸腹、腋胁、跌打、碰撞、垫努,以致胸陷而不直者,先令病人以两手攀绳,足踏砖上,将后腰拿住,各抽去砖一块,令病人直身挺胸,少顷,又各去砖一块,仍令直身挺胸,如此者三,其足著地,使气舒瘀散,则陷者能起,曲者可直也。再将其胸以竹帘围裹,用宽带八条紧紧缚之,勿令窒碍。但宜仰睡,不可俯卧侧眠,腰下以枕垫之,勿令左右移动。

通木:用杉木,宽三寸,厚二寸,其长自腰起,上过肩一寸许,外面平整,向脊背之内面刻凹形,务与脊骨膂肉⑦吻合。约以五分⑧度⑨之。第一分自左侧面斜钻二孔,右侧面斜钻二孔。越第二分至第三分、四分、五分,俱自左右侧面各斜钻一孔。用宽带一条,自第一分上左孔穿入,上越右肩,下胸前,斜向左腋下,绕背后,穿于第一分右次孔内。再用一带,自第一分上右孔穿入,上越左肩,下胸前,斜向右腋下,绕背后,穿入第一分左次孔内。两带头俱折转,紧扎木上。第三分、四分亦以带穿之,自软肋横绕腹前,复向后穿入原孔内,紧扎木上。第五分以带穿入孔内,平绕前腹,复向后紧扎木上。切勿游移活动,始于患处有益。凡用此木,先以绵絮软帛贴身垫之,免致疼痛。

用法释义:凡脊背跌打损伤,膂骨开裂高起者,其人必伛偻难仰。法当令病者俯卧,再著一人以两足踏其两肩,医者相彼开裂高起之处,宜轻宜重,或端或拿,或按或揉,令其缝合,然后用木依前法逼之。

腰柱:腰柱者,以杉木四根,制如扁担形,宽一寸,厚五分,长短以患处为度,俱自侧面钻孔,以绳联贯之。

用法释义:凡腰间闪挫岔气者,以常法治之。若腰节骨被伤错笋⑩,膂肉破裂,筋斜伛偻者,用醋调定痛散,敷于腰柱上,视患处,将柱排列于脊骨两旁,务令端正。再用蕲艾做薄褥,覆于柱上,以御风寒。用宽长布带,绕向腹前,紧紧扎裹,内服药饵,调治自愈。

竹帘:竹帘者,即夏月凉帘也,量患处之大小长短裁取之。

用法释义:凡肢体有断处,先用手法安置讫⑪,然后用布缠之,复以竹帘围于布外,紧扎之,使骨缝无参差走作之患,乃通用之物也。

杉篱:杉篱者,复逼之器也,量患处之长短阔狭,曲直凸凹之形,以杉木为之。酌其根数,记清次序,不得紊乱。然后于每根两头各钻一孔,以绳联贯之,有似于篱,故名焉。但排列稀疏,不似竹帘之密耳。

用法释义:凡用以围裹于竹帘之外,将所穿之绳结住,再于篱上加绳以缠之,取其坚劲挺直,使骨缝无离绽脱走之患也。盖骨节转动之处,与骨节甚长之所,易于摇动,若仅用竹帘,恐挺劲之力不足,故必加此以环抱之,则骨缝吻合坚牢矣。

抱膝:抱膝者,有四足之竹圈也。以竹片作圈,较膝盖稍大些须⑫,再用竹片四根,以麻线紧缚圈上,作四足之形,将白布条通缠于竹圈及四足之上。用于膝盖,虽拘制而不致痛苦矣。

用法释义:膝盖骨覆于楗⑬、骺⑭二骨之端,本活动物也。若有所伤,非骨体破碎,即离位而突出于左右,虽用手法推入原位,但步履行止,必牵动于彼,故用抱膝之器以固之,庶免复离原位,而遗跛足之患也。其法将抱膝四足,插于膝盖两旁,以竹圈辖住膝盖,令其稳妥,不得移动,再用白布宽带紧紧缚之。

【注释】

① 爰(yuán 圆):承上启下之词,于是之意。

② 辅:助,补充之意。

③ 逮(dǎi 歹):及。

④ 冀:希望。

⑤ 欹(qī 欺):倾斜。

⑥ 芦节:芦苇之节,此处形容所遗残患如芦苇之节。

⑦ 膂(lǚ 吕)肉:膂,脊梁骨。膂肉,即俗称里脊肉。

⑧ 分(fèn 奋):即份也。

⑨ 度(duó 夺):计算、推测。

⑩ 错笋:骨节像高低不平的竹笋一样的损伤。

⑪ 讫(qì 汽):完了,终结。

⑫ 些须:少许。

⑬ 楗(jiàn 键):今之股骨。

⑭ 骬:今之胫腓骨。

【按语】

本段论述正骨所用之器具。

跌扑损伤,虽说手法是正骨之首务,但必须配以器具,辅助手法之不足,器具必须符合骨骼肌肉外形,这样才能使分离移位骨得到对合、侧移位和成角移位得到纠正、高突或下陷者重新复位。这里指出了骨折治疗的原则:手法整复、夹板固定、药物治疗和功能锻炼,四者不能偏废。

内治杂证法(节选)

【原文】

方 法 总 论

今之正骨科,即古跌打损伤之证也。专从血论,须先辨或有瘀血停积,或为亡血过多,然后施以内治之法,庶不有误也。夫皮不破而内损者,多有瘀血;破肉伤胭①,每致亡血过多。二者治法不同。有瘀血者,宜攻利之;亡血者,宜补而行之。但出血不多,亦无瘀血者,以外治之法治之,更察其所伤上下、轻重、浅深之异,经络气血多少之殊,必先逐去瘀血,和荣止痛,然后调养气血,自无不效。若夫损伤杂证论中不及备载者,俱分门析类,详列于后,学者宜尽心焉。

【注释】

① 腘:肉之际,如肘、膝后之肉块。

【按语】

跌打损伤内治专从血论,应辨其为内有瘀血停积,还是出血过多。瘀血停积宜攻利,失血则应补血行血。若出血不多,应先察其所伤上下、轻重、浅深的不同及经络气血的多少,根据情况之异,分别治之,但总的治则是通瘀血和调理气血结合起来。

【原文】

伤 损 内 证

王好古云:登高坠下撞打等伤,心腹胸中停积瘀血不散者,则以上、中、下三焦分别部位,以施药饵。瘀在上部者,宜犀角地黄汤;瘀在中部者,宜桃仁承气汤;瘀在下部者,宜抵当汤之类。须于所用汤中加童便、好酒,同煎服之。虚人不可下者,宜四物汤加穿山甲。若瘀血已去,则以复元通气散①加当归调之。《黄帝内经》云:形伤作痛,气伤作肿。又云:先肿而后痛者,形伤气也②;先痛而后肿者,气伤形也③。凡打扑闪错,或恼怒气滞,血凝作痛,及元气素弱,或因叫号血气损伤,或过服克伐之剂,或外敷寒凉之药,致气血凝结者,俱宜用活血顺气之剂。

【注释】

① 复元通气散:药味组成为木香、茴香、青皮、穿山甲、陈皮、白芷、甘草、漏芦、贝母各等分。
② 形伤气也:形,为有形之血。气,为无形之气。形伤气指血先伤,而病及伤气。
③ 气伤形也:气先伤,而病及血,谓气伤形。

【按语】

凡跌打损伤,应分清虚实及瘀之所在部位而辨证施治。也可根据病势部位三焦分治。应注意不要过度攻伐或外敷寒凉,以免气血凝滞为患。

第三十节 《疡医大全》选

《疡医大全》由清代医学家顾世澄编著,成书于1773年。该书是现存中医外科古籍中内容最为丰富的一部专书。全书共40卷,系汇集上至《黄帝内经》《难经》及各家学说,下至当时诸医言论,以及古今验方,参以个人的实践经验编纂而成。书中首列《黄帝内经》纂要,次列诊断、脏腑、五运六气等;再按头面、眼目等部位介绍外科、皮肤病、跌打损伤、急救、诸虫咬伤等证治。

顾氏对跌打损伤及一些骨关节疾病有进一步的论述,如"瘀不去则骨不能接"的骨愈合理论,是对蔺道人"便生血气,以接骨耳"理论的发挥。他还强调了骨折整复后的固定要求。全书资料丰富,辨证详尽,施治全面,是一部内容较为全面的骨外科临床参考书。

跌打损伤门主论(节选)

【原文】

陈远公曰:有跌伤骨折,必用杉木或杉板将折骨凑合端正[1],以绳缚定,勿偏斜曲[2],再以布扎[3],切不可因疼痛心软,少致轻松[4],反为害事。后用内服药,如皮破血出,须用外用药。但骨折而外边之皮不伤,即不必用外治药,然内外夹攻[5]未尝不更佳耳。内治法宜活血祛瘀为先,血不活则瘀不去,瘀不去则骨不能接也。

【注释】

① 凑合端正:指整复。
② 勿偏斜曲:指夹板位置。
③ 布扎:即用布质绷带捆扎之。
④ 少致轻松:指捆扎不紧。
⑤ 内外夹攻:指内治、外治并用。

【按语】

本文阐述了骨折的整复、固定和治疗方法及一般注意事项。方法确切实用,尤其告诫医者不能因担心患者疼痛而心软以致捆扎紧度不够,虽系同情之心,实则为害患者,此实为宝贵的临床经验。并说明除整复固定之外,并用药物内治或内外治结合,效果会更佳。尤其开放性损伤必须结合药物外治。文中"但骨折而外边之皮不伤,即不必用外治药"从现在临床实际看有失偏颇,骨折后多肿胀疼痛,其皮虽未破,亦常用外敷药以促进肿胀瘀血的消退;但作者亦认为:"然内外夹攻未尝不更佳耳。"

【原文】

冯鲁赡曰:胎前如有跌扑所伤,须逐泻[1]生新为主,佛手散最妙。腹痛加益母草服,如痛止则母子俱安。如胎已损,则泻物并下,再加童便、制香附、益母草、陈皮煎浓汁饮之。如从高坠下,腹痛下血烦闷,加生地、黄芪补以安之。如因跌扑腹痛下血,加参、术、陈皮、白茯苓、炙甘草、砂仁末以保之。如胎下而去^②血过多,昏闷欲绝^③,脉大无力,用浓厚独参汤冲童便服之,小产本由气血大虚,今当产后,益虚其虚^④矣,故较正产尤宜调补。

【注释】

① 逐泻:即活血化瘀疗法。
② 去:在此作"失"字解。
③ 欲绝:濒死之义。
④ 虚其虚:前一个虚作动词用;虚其虚,即使原来的虚更加虚。

【按语】

本节论妇女妊娠跌扑时的治疗方法,跌扑后的主要病理改变是瘀血形成,故用佛手散去瘀生新。如有腹痛则恐胎气受伤,治宜保胎。如无腹痛则证明胎气未伤而母子俱安。如胎气已损,已经流产,则宜去瘀血。如小产流血过多,恐致身体更加虚弱,故须用独参汤以急救并补养之。从高处坠下或跌扑,胎未伤者宜保之,而胎已下者,宜去瘀生新并予补养。必要时,应请妇科共同处理。

论瘀秽内烁(节选)

【原文】

又云:伤损之症,若内积瘀血烁热,宜砭刺^①。不知砭刺,则外皮炙干,缩急坚硬,已连好肉,不能腐烂^②,益加胀痛,俗名丁痂皮是也,以致瘀秽难出。治者因将死肉尽行割去,疮口开张,反难腐溃。怯弱之人^③,多成破伤风证,以致不救。若杖后刺去瘀秽,涂以神效当归膏,投以参、术、归、芪、地黄之类,诸证即退,死肉自溃,疔痂不结,所溃亦浅,生肌之际亦不结痂,自免皱结之痛。

【注释】

① 砭刺:即指刺破局部排瘀血的砭镰法。
② 不能腐烂:指已损伤之组织不能溃烂排出,瘀积于内而为病。
③ 怯弱之人:指体质虚弱之人。

【按语】

本节论述了外伤的扩创疗法。外伤之证,必须将损伤和受污染的组织清除,使其不淤积于内而产生各种变证。否则可能使受伤之局部红肿发热,发生炎症。此时宜将其刺破,以排出瘀血及热毒。不然,则致患处肿胀疼痛,难以愈合;此时须将局部开放,清除坏死组织,但这易使体弱之人患破伤风。值得注意的是,这里所说的破伤风不全是现代概念的破伤风,而是指具有感染性质的一类病证。如在受伤之时即将瘀秽清除,然后外涂神效当归膏,内服人参、白术、当归、黄芪、地黄之类的补血之剂,死肉自溃,疔痂不结,即或溃之亦浅,生肌时亦无结痂,变证之弊病和痛苦可免。

【原文】

又云:凡伤损之症多有患处作痛,若出血过多而痛者,血虚火盛也,宜甘寒以降虚火,甘温以养脾气。若汗出过多而痛者,肝木火盛也,宜辛凉以清肝火,甘寒以生肝血。若筋骨伤而作痛者,正[1]而治之,肌肉伤而作痛者,调而补之[2]。气血逆而作痛者,顺而补之[3]。气血虚而作痛者,温而补之[4]。热而痛者[5]清之,寒而痛者温之,阴虚火痛者用补阴之剂,脾气虚而痛者用补脾之剂,作脓而痛者托之[6],脓焮[7]而痛者开之[8],切不可槩[9]用苦寒以致复伤脾胃也。

【注释】

① 正:指正规、常规之意,即正治法、常规治法。

② 调而补之:调和补养之义。

③ 顺而补之:顺气补养,因其气血逆故宜顺之。

④ 温而补之:用温药补之,即温补之法。

⑤ 热而痛者:此热指全身热而非局部热。热而痛者,即有热象而伴局部痛者。

⑥ 托之:托里之法,内托之法,用内服补正气的药物托毒外出。

⑦ 脓焮:表示已经化脓。

⑧ 开之:即切开排脓。

⑨ 槩:概之异体字。

【按语】

此节论患处作痛的原因及治法。出血过多而痛者是血虚火盛,当甘寒以降虚火,甘温以养脾气而生血;出汗多而痛者,为肝火盛,应用辛凉之剂清肝火和甘寒之品生肝血;若筋骨伤而痛者,按症治之;肌肉伤作痛者,应调和气血并补养之;气血逆乱而痛者,应顺气和血而补之;气血虚作痛应温补气血;发热而痛的,宜清其热;虚寒疼痛的应温补;阴虚火盛者宜滋阴;脾虚痛者补脾;化脓痛者托里排脓;脓已成者切开排脓;不可一律用苦寒之剂,以致损伤脾胃。

【原文】

又云:凡伤损之症,肉死而不溃,或恶寒而不溃者,宜补阳气;发热而不溃者,宜益阴血;或因作痛或因峻剂^①而不溃者,宜和养脾胃;或因失血或因汗多而不溃者,宜大补气血;其外面皮里坚硬而不溃者,内火^②蒸炙而然也,内服益阴血制阳火^③之剂,外涂当归膏以润之则自溃矣。大抵脾胃主肌肉,腐溃生肌,全在脾胃气血两旺。倘治者不识病机,失于补助^④,故有死肉不能溃而死者;有死肉已溃,新肉不能生而死者;有死肉溃,新肉生,疮口不能敛而死者,此三者皆失于不预为补益耳^⑤。

【注释】

① 峻剂:指攻伐之剂。

② 内火:指阴虚火旺。

③ 阳火:阴虚阳盛之虚火,同内火。

④ 失于补助:没有进行补养气血和补脾胃治法。

⑤ 不预为补益耳:没有预先补养。

【按语】

本节论死肉不溃的原因及其治疗方法。凡外伤之症,坏死组织应溃烂液化排出,新肉芽组织生成,最后收敛封口,此为顺。否则肉死而不溃不能排出,新肉不生,此为逆。阳气虚其症恶寒,治宜补阳气;阴血虚者其症发热,宜补阴血;脾胃虚或伤于峻伐之剂者其症痛,应补脾胃;气血两虚者表现为多汗和失血过多,则宜补气血;阴虚火旺者患处皮黑而硬不溃,应补阴抑阳内外兼治。不溃的关键在脾胃气血不足,有些患者可因死肉不溃、新肉不生,不能敛口而致死,都是预先没有补养脾胃气血之故。医者当识于此。

【原文】

又云:凡伤损之症,遍身作痒,或搔破如疮疥,此血不营于肌腠,当作血虚治之,不应兼补其气。亦有愈后身起白屑,落而又起,或有如布帛一层隔于肌肤,乃气血俱虚,不能营于腠理,宜大补气血为主;若作风邪治之,误矣。

【按语】

此节论外伤并发皮肤瘙痒症的病因病机及治疗。外伤之症或愈后皆可并发皮肤瘙痒和脱屑之症,甚者如隔一层布帛,搔之可破溃成为疮样改变,其原因是气血俱虚,不荣于皮,而非风邪外袭。故治宜以补气血为主,而不应按风邪治疗。

【原文】

又云:凡伤损之症,肢体麻木,若口眼如故[1],腰背如常,而肢体麻木者,气虚也。盖血虚则气虚,故血虚之人肢体多麻木。此是阴虚火动而变症[2],实非风也,当用升阳滋阴之剂;若作风治,凶在反掌[3]。

【注释】

[1] 如故:如常,即口眼无改变,不麻木。
[2] 变症:变生之症。
[3] 凶在反掌:指病情迅速恶化。

【按语】

此节论外伤并发肢体麻木的病因病机和治则。凡外伤并发肢体麻木者,是气血俱虚、阴虚火动所致之症,而非风邪为病。故治当补气补血,升阳即补气,滋阴即补血。不可当风邪论治,避免病情恶化。

救从高坠下门主论（节选）

【原文】

陈远公曰:人从高坠下,昏死不苏,人以为恶血奔心,谁知乃气为血壅乎。夫跌扑之伤,多是血瘀攻心,然跌扑出其不意,未必心动也。惟从高坠下,失足时心必惊悸,自知必死,是先挟一必死之心,不比一蹶[1]而伤者,心不及动[2]也。故气血错乱,每每昏绝不救。治法逐其瘀血,佐以醒气之品,则血易散而气易开。倘徒攻瘀血,则气闭不宣,究何益乎! 苏气汤:乳香末、没药末、大黄末各一钱,山羊血末五分,苏叶、荆芥、丹皮各三钱,当归、白芍、羊踯躅[3]各五钱,桃仁十四粒,水煎调服,一剂气苏,三剂血活全愈。

【注释】

[1] 蹶:摔倒。
[2] 心不及动:指未受惊吓而扰乱心神。
[3] 羊踯躅:药名,又有山芝麻根等名,见《本草纲目》。

【按语】

本节言坠伤的病机及治疗。坠伤后昏迷不醒系气滞血壅为病,其治当逐其瘀血,用苏气汤。单用逐瘀血法则气闭不宣,其治难愈,应佐以醒气之品。

第三十一节　《杂病源流犀烛》选

　　《杂病源流犀烛》是清代医家沈金鳌著。成书于1773年。本书30卷,分作6门,是《沈氏尊生书》的重要组成部分。书中分列脏腑、奇经八脉、六淫、内伤外感、面部、身形六门。每门都论述病种若干,每一病证之下沿引古人之论说,并结合作者的经验论述。是一部较有影响的论述杂病的著作。沈氏对损伤的病因病机、辨证治疗都有进一步发挥,强调"跌扑闪挫,卒然身受,由外及内,气血俱伤病也……其治之之法,亦必于经络脏腑间求之,而为之行气,为之行血,不得徒从外涂抹之已也",为"折伤专主血论"提供了依据,具有较高的实用价值。

　　另外,该书于每门类之末,又附养生导引之术,别具特色,反映出作者既长于辨证用药,又善于气功导引之术,其论理精到,对后世多有启发,确有燃犀供幽,启蒙解惑的作用。

跌扑闪挫源流(节选)

【原文】

　　跌扑闪挫,卒然身受,由外及内,气血俱伤病也。何言之?凡人忽跌忽闪挫,皆属无心,故其时本不知有跌与闪挫之将至也。而忽然跌,忽然闪挫,必气为之震[1],震则激[2],激则壅[3],壅则气之周流一身者,忽因所壅而凝聚一处。是气失其所以为气矣[4]。气运乎血,血本随气以周流,气凝则血亦凝矣,气凝在何处则血亦凝在何处矣。夫至[5]气滞血瘀则作肿作痛,诸变百出,虽受跌受闪挫者,为一身之皮肉筋骨,而气既滞,血既瘀,其损之患必由外侵内,而经络脏腑并与俱伤。

【注释】

①气为之震:气受到震动。

②激:激荡,由震而致激荡,逆乱之意。

③壅:由震激致气的郁滞。

④气失其所以为气矣:即非正常之气,气壅之后即变为非正常之气。

⑤至:在此作"到"解。

【按语】

　　此节论跌扑闪挫的发生及其病理机转。跌扑闪挫是突然的意外事件,所以身体会受到一种意外的突然震动和冲击,从而出现气滞,气滞又导致血瘀,气血瘀滞后,患处必然肿胀疼痛,由此变生诸病。故跌扑闪挫之证,虽似皮肉筋骨受损,然而病变常常累及经络脏腑。因此,对跌扑闪挫的辨证治疗也必须进行全面考虑。

【原文】

方书谓之伤科,俗谓之内伤,其言内而不言外者,明乎伤在外而病必及内,其治之之法,亦必于经络脏腑间求之,而为之行气,为之行血,不得徒从外涂抹[①]之已也。

【注释】

① 涂抹:指外用敷贴药之外治法。

【按语】

本节强调了外伤及内以及内治法的重要性。伤科疾病虽都是从外所致,但从中医的整体观看,和脏腑经络有着密切关系,故伤及外必病及内。但这里的"内伤",则应和"外感、内伤"之内伤相区别。在治疗外伤时,必须注意内外兼治,单治外而不治内者,不是一个完整的治疗方法,治内则以行气活血之法为主。

【原文】

大凡伤损,寒凉药一毫俱不可用,盖血见寒则凝也,若饮冷,致血入心[①]即死。

【注释】

① 血入心:指瘀血入心,血凝于心。

【按语】

此节论外伤治疗之禁忌。外伤当从血论治,血见寒则凝,故不宜用寒凉药,也不可饮冷,否则血凝于心,将致危殆。

【原文】

四折骨[①]用正副[②]夹缚,六出臼[③]只以布包,不可夹。手臂出臼,与足骨同。

【注释】

① 四折骨:指肱骨、尺桡骨和股骨、胫腓骨四大长骨干。
② 正副:指正副夹板。
③ 六出臼:指髋、肩、肘、腕、膝、踝六大关节脱位。

【按语】

本节论述四肢骨折、脱位的固定原则。骨折要用正副夹板固定和绑缚,脱位则不须夹板固定,只应在整复后用布包扎,手臂和足的脱位皆是如此。

【原文】

其束缚①之法,用杉木浸软去粗皮,皮上②用蕉叶③或薄纸摊药,移至伤处,杉木为夹,再用竹片去黄④,用青为副夹⑤,疏排⑥周匝⑦,以小绳三度缚⑧,缚时相度⑨高下远近,使损处气血相续⑩,有紧有宽⑪。

【注释】

① 束缚:即固定。

② 皮上:这里指杉木之内皮,即浸软去粗皮之后所剩之内嫩皮。

③ 蕉叶:即芭蕉叶。

④ 竹片去黄:去掉竹片黄色的髓质部分,留其青色的皮质部分,因为这一部分具有韧性、弹性、可塑性。

⑤ 副夹:和主夹相对面称之,用来固定骨折主要受力方向的称为主夹,起辅助固定作用的称为副夹。主、副夹可相间排列成帘状。

⑥ 疏排:各夹板之间要有间隙,不能紧靠称之为疏排。

⑦ 周匝:环绕。

⑧ 三度缚:即绑缚三道,两头及中间各绑一道。

⑨ 相度:酌量。

⑩ 相续:互相接续,即气血相互流通。

⑪ 宽:指松缓而言。

【按语】

本节详述了骨折固定的用料及方法。其用料有杉木和竹片两种。杉木必须以水浸泡。使其变软后去掉外面之粗皮,只用其内侧的嫩皮,竹片则须去其内侧之黄色的髓质部分,只用其外面坚固的皮质部分。先用薄纸或蕉叶摊药后敷于患处,然后将已制备好的杉木和竹片分别作为主夹和副夹,相间稀疏排列围绕固定,然后用小绳根据患处情况和夹板的位置在适当之处绑缚三道。绑缚的松紧程度,以既能固定骨折,又使患处气血相通为宜。此段叙述颇为详细,也较为实用。竹片和杉木质韧、体轻且有弹性,并能塑形,作为外固定器材,为历代医家所沿用。

金疮杖伤夹伤源流（节选）

【原文】

自古治金疮多从外涂抹①，所流传方剂，大约非敷即掺②，虽未尝不见功效，但一切金伤之人，呼吸生死③，且既受伤，神思不免昏乱④，若出血过多，因致惯瞀者，往往而是⑤，其为伤及气血也必⑥矣。

【注释】

① 从外涂抹：指用外敷药治疗。

② 掺（chān 搀）：药物外治方法之一。把少量药粉放在膏药中心，贴在肿疡上；也可掺布于油膏上，或直接掺布于疮面上，或将粉附于药线上，插入疮口内。

③ 呼吸生死：形容其生死变化之快，在呼吸之间即可决生死之变。

④ 昏乱：指神识轻度紊乱，而非指昏迷。

⑤ 惯瞀者，往往而是：惯瞀指神识不清。惯瞀者，往往而是，即神识不清是常有的事。

⑥ 必：必然，肯定之义。

【按语】

此节强调抢救的重要性。历来外伤的传统治法多重外治和局部治疗，虽可见到一些效果，但外伤致病常使病情变化多端。因此必须重视积极抢救、全面治疗，以防并发症的出现。

【原文】

又（外伤之人）忌嗔怒①及大言笑②，大动作劳力及食盐醋热酒热羹，皆能使疮痛冲发③，甚者且死，并不可饮冷水，血见寒则凝，入心④即死也。其治法，亡血甚者必当大补气血，若有变症⑤，又当于伤科恶候诸条参酌以为治。

【注释】

① 嗔怒：生气和愤怒。

② 大言笑：过多地和大声地说笑。

③ 冲发：加重，发作之义。

④ 入心：指凝血或败血入心。

⑤ 变症：并发症。

【按语】

此节论外伤患者的调治。生气、愤怒、过度的言笑、过大的活动、劳动过食盐醋酒热食等,皆可使疮痛加重和发作,甚者可以致死,并且不宜饮冷水;现在认为饮冷水虽不能直接引起血凝致死,但对虚弱的身体不利。本节论述总的治疗方法是根据病情而论,亡血者补血,有其他并发症者,辨证施治。

第三十二节 《伤科补要》选

《伤科补要》作者为清代钱秀昌。钱秀昌,字松溪,其在《医宗金鉴·正骨心法要旨》基础上,结合平日治伤经验纂辑而成。本书是一本骨伤科专著,于嘉庆十三年(1808 年)成书,共 4 卷。卷 1 为人身大体解剖与各部穴位图;卷 2 收有主要部位的骨与关节损伤手法治疗 36 则;卷 3 至卷 4 载常用理伤方药 137 首,后附常见病急救法。

钱秀昌主张治伤必须明脉理,脉证合参,手法要求严谨,谓"接骨入骱者,所赖其手法也""机触于外,巧生于内,手随心转,法从手出"。书中并首次记述了杨木接骨术,对后世有一定影响;对骨度分寸法的灵活运用为当时伤科的治疗标准提供了基础参考,也为后世的精确测量及损伤诊断等奠定了基础。全书言简意赅,纲举目张;并将经验之法编成口诀,便于记诵,系一部实用价值很高的中医伤科参考书。

至险之证不治论(全篇)

【原文】

凡至①险之症,有气管全断者,不治;若稍连续者,可治。或气管捏扁,气塞不通,医将二指拈②正其管,用通关散吹鼻取嚏可也。或天柱骨③断,额冷脉绝者死。或囟门骨破、髓出者不治。若内膜不穿,髓不出者可治。或食饱受伤,及跌损内脏者不治,若过得三日,可治。或耳后寿台骨④破,血流不止者难治。胸口大痛,青色裹⑤心者死。两乳重伤痛极,呼吸不得者难治。或肾囊皮破,肾子⑥挂出者可治;肾子入小腹者不治。或腰眼重伤,内肾离位,或笑或哭者立死。或胃肠受伤,吐粪或泄粪者立死。孕妇足踢小腹者难治。重伤后,气出不收,眼开者,不治。口如鱼嘴,吹沫缠风者,不治。小腹重伤,不分阴阳者,难治。

或跨物失足,骑伤阳物,始而溺⑦孔出血,继则玉茎肿胀,小便点滴不通,小腹坚实者,死于七日内,不治。又有八忌:一忌伤脑髓出;二忌伤臂中跳脉⑧;三忌伤小腹膀胱;四忌伤海底穴^⑨;五忌伤内脏;六忌伤气海,咽喉痰声如锯物;七忌疼在不伤处,两目直视;八忌血出不止,先赤后黑,肌肉腐烂,臭秽不堪。犯此八者,难治。凡斗殴时,向上打为顺气,平打为塞气,倒插打为逆气。凡人血随气转,气顺则血顺,气逆则血逆,塞则气闭,逆则上冲。是以伤有平塞顺逆之别,若治之不辨,危在须臾。又有五绝之论:一看两眼白睛上红筋多,则瘀血亦多,若直视无神,不治;二扳擎^⑩其指甲,血即还原者,可治,不还原者,不治;三若脚趾与手指甲俱黑者,死;四阳物缩者,不治;五脚底之色蜡黄者,难治。此五绝之症也。又有十不治之证:颠扑损伤入于肺者,纵未即死,二七难过;左胁下伤透至内者;肠伤断者;小腹下伤入内者;证候繁多者;伤破阴子^⑪者;老人左股压碎者;血出尽者;肩内耳后伤透于内者;脉不实者。以上诸证,不必用药。

【注释】

① 至:极;最。《孟子·得道多助,失道寡助》:"寡助之至,亲戚畔之。"

② 拈:持。

③ 天柱骨:柱骨为颈椎的统称,又称天柱骨。

④ 寿台骨:即完骨。"在耳后,接于耳之玉楼骨者也"。

⑤ 裹:《说文解字》:"缠也。"邵长蘅《青门簏稿·青门剩稿卷六》云:"伤者手为裹创,死者厚棺殓,酹酸而哭之。"

⑥ 肾子:指睾丸。

⑦ 溺:古"尿"字,指小便。《狱中杂记》:"矢溺皆闭其中,与饮食之气相薄。"

⑧ 跳脉:脉搏骤起骤落,犹如潮水涨落。这里指肱骨中下 1/3 桡动脉搏动处。

⑨ 海底穴:即会阴穴。在前后阴之间,其前为前阴,后为后阴,本穴会于二阴之间,且为任、督、冲三脉之会,故名。男性的穴位在阴囊根部与肛门连线的中点处;女性的穴位在大阴唇后联合与肛门连线中点处。

⑩ 擎:向上托之意。

⑪ 阴子:亦指睾丸。

【按语】

本段内容描述了一些伤势的特征和治疗方法,包括气管断裂、骨折、内脏受伤等情况。同时也提到了一些不宜治疗的情况,"肠伤断者""肩内耳后伤透于内者"以及对伤势的观察方法及预后。这些内容反映了古代医学对伤势的认识和治疗方法,对于了解古代医学的发展和医疗实践具有一定的历史意义。

背脊骨伤（全篇）

【原文】

背者，自后身大椎骨以下，腰以上之通称也，一名脊骨，一名膂骨[①]，俗呼脊梁骨，其形一条居中，共二十一节，下尽尻骨之端，上载两肩，内系脏腑，其两旁诸骨，附接横叠而弯，合于前则为胸胁也。

腰骨者，即脊骨之十四椎、十五椎、十六椎也。尾骶骨，即尻骨也，其形上宽下窄，上承腰脊诸骨，两旁各有四孔，名曰八髎。其末节名曰尾闾[②]，一名骶端，一名橛骨，一名穷骨，俗名尾椿也。或跌打伤者，瘀聚凝结，脊筋陇起，当先柔筋，令其和软，内服紫金丹，敷定痛散，烧红铁烙熨[③]之，贴混元膏。若骨缝叠出，俯仰不能，疼痛难忍，腰筋僵硬，使患者两手攀索[④]，两足踏砖上，每足下叠砖三块踏定，将后腰拿住，各抽去砖一块，令病患直身，又各去一块，如是者三，其足著地，使气舒瘀散，陷者能起，曲者可直。再将腰柱裹住，紧紧缚之，勿令窒碍，但宜仰卧，不可侧睡，膂骨正而患除，服接骨紫金丹。如胸陷不直者，亦用此法。或气门[⑤]伤，则气塞不通，口噤反张[⑥]，身强[⑦]如死，过不得三个时辰，若气从大便出者立毙。凡遇此症，不可慌张，候其气息有无，如无气者，为倒插拳所伤，令患人盘坐，揪其发伏我膝上，敲击其背心，使气从口出得苏，服黎洞丸。尾闾，若蹲垫[⑧]壅肿，必连腰胯，服黎洞丸，再服接骨紫金丹，贴万灵膏。踢伤海底穴，血必上冲，当时耳内响声大震，人必昏晕，先服护心丸，再服紫金丹。

【注释】

① 膂骨：骨名。又名杼骨。指第一胸椎棘突。《灵枢·骨空》："项发以下至背骨长二寸半，膂骨以下至尾骶二十一节长三尺。" 此处是脊柱的另一种名称。

② 尾闾：又名尾骶、骶、骶端、橛骨、穷骨，位于脊椎骨的最下段，上连骶骨，下端游离，在肛门的后方。

③ 熨：类似于灸，是古代医疗的一种方法，是热敷的一种方法。

④ 索：大绳子或大链子，攀索指患者抓住大绳子。

⑤ 气门：又名鬼门，即汗毛孔。汗孔是阳气散泄的门户，故称气门。《素问·生气通天论》："故阳气者，一日而主外，……日西而阳气已虚，气门乃闭。"

⑥ 口噤反张：口噤，牙关紧闭、口不能张的症状；反张，即角弓反张，病人的头项强直，腰背反折，向后屈如角弓状。

⑦ 强：同 "僵"，指筋脉迟缓，身体僵硬不舒。

⑧ 蹲垫：指臀部着地受伤。

【按语】

脊柱损伤作为一种伤科常见疾病,因其位置的特殊性和复杂性,严重影响患者预后和生命安全。本文针对不同因素造成的脊柱损伤、不同症状表现,采取具有针对性的治疗手段,如"令患人盘坐,揪其发伏我膝上,敲击其背心"等,正骨、理筋手法与内服、外敷药相结合行综合治疗的方法,脊柱损伤得愈。同时,古人对脊柱的解剖也有清晰的认识,从古至今对解剖的认识是骨伤医生的必备知识与技能。

接骨论治(全篇)

【原文】

接骨者,使已断之骨合拢一处,复归于旧位也。凡骨之断而两分,或折而陷下,或破而散乱,或岐而傍突[①],相其情势,徐徐接之,使断者复续,陷者复起,碎者复完,突者复平,皆赖乎手法也。或皮肉不破者,骨若全断,动则辘辘有声[②]。如骨损未断,动则无声。或有零星败骨[③]在内,动则淅淅之声,后必溃烂流脓。其骨已无生气,脱离肌肉,其色必黑,小如米粒,大若指头,若不摘去,溃烂经年,急宜去净。如其骨尚未离肉,不可生割,恐伤其筋,俟[④]其烂脱,然后去之。治法:先用代痛散煎汤熏洗,将其断骨拔直相对,按摩平正如旧,先用布条缚紧,又将糕匣[⑤]木板修圆绑之,又将布条缠缚,再将杉篱环抱外边,取其紧劲挺直,使骨缝无离绽脱走之患;内服接骨紫金丹,兼调理用地黄汤,四、五日后,放绑复看,如其走失,仍照前法。二、三月间,换绑数次,百日可痊。凡人断臂与断膊,断腿与断胻,绑法相同,治分上下。或用器具,与形体相得,随机变化可也。或筋断者,难续。盖筋因柔软,全断则缩于肉里,无用巧之处也;若断而未全,宜用续筋药敷之,内服壮筋养血汤可愈。

【注释】

①岐而傍突:岐同"歧",物的分支或事有分歧。傍同"旁",旁边,侧。

②辘辘有声:骨折断端摩擦时发出的声音。骨折诊断方法之一,指骨折断端之间的摩擦音。

③败骨:这里指死骨。

④俟:等待。

⑤糕匣:又称糕盒子、糕印、糕壳子,打糕的木制模具,有 16 块的,有 25 块的,呈正方形,底部有雕刻的各种花纹,还有诸如"恭喜发财、万事如意"或"三元及第、五子登科"等字样。

【按语】

本文主要介绍关于骨折后如何进行手法复位,以及复位的方法和技巧。文章详细描述了骨头断裂、折断、破碎、突出等不同情况下的处理方法,以及治疗过程中的绑扎、按摩、药物疗法等具体步骤。同时还提到了对于断筋的处理方法和药物治疗。文章启示人们,对于骨折、断筋等损伤的治疗需要细心、耐心和技巧。在治疗过程中,需要根据具体情况采取不同的方法,同时也需要注重药物疗法的配合。

曲䐐骱(全篇)

【原文】

肘骨者,胳膊中节上下支骨交接处也,俗名鹅鼻骨。上接臑骨[①],其骱[②]名曲䐐[③]。自肘至腕,有正辅[④]二根:其在下而形体长大连肘尖者,为臂骨[⑤];其在上而形体短细者,为转骨[⑥]。叠并相倚,下接于腕骨。其骱若出,一手捏住骱头,一手拿其脉窝,先令直拔下,骱内有声响,将手曲转,搭着肩头,肘骨合缝,其骱上矣。服生血补髓汤,或紫金丹。

【注释】

① 臑骨:即肱骨。《医宗金鉴·正骨心法要旨》:"臑骨,即肩下肘上之骨也。"

② 骱:骨与骨衔接的地方,指关节。沈德符《万历野获编》云:"而肩髀不能举,则骱已脱矣。"

③ 曲䐐:解剖部位名,指肘关节。该关节由尺骨鹰嘴与鹰嘴窝构成。或以其形而命名。

④ 正辅:尺桡骨的统称。

⑤ 臂骨:指尺骨。上肢分为大臂和小臂,大臂又称上臂,小臂又称前臂。

⑥ 转骨:指桡骨。

【按语】

肘关节脱位作为伤科常见的损伤之一,手法复位从古至今都是首选的治疗方法。手法复位具有操作简便、快捷、恢复快等优点,是伤科最为重要且具有特色的治疗方法。本段内容对上肢解剖、肘关节脱位的手法操作过程以及用药做了详细阐述,对现代临床诊疗具有重要指导意义。

手腕骱(全篇)

【原文】

腕骨,即掌骨,乃五指之本节也,俗名虎骨。其大小六枚[1],凑以成掌,非块然一骨也。其上并接臂、辅两骨之端,其外侧高骨,俗名龙骨[2],能宛屈上下,故名腕。若手掌着地,只能伤腕。若手指着地,其指翻贴于臂者,腕缝必开,壅肿疼痛。先两手揉摩其腕,一手按住其骱,一手拔其指掌,掬[3]转有声,活动,其骱复位。仍按摩其筋,必令调顺。然命脉之所,服宽筋散,须防着寒,得免酸疼之患。凡人手指有三节,其骱突出者,俱可拔直捏正,屈伸活动;服和营止痛汤。其法相同,不必逐骱论也。

【注释】

① 六枚:腕骨现代解剖为 8 块,包括:与桡骨相连的近侧列的舟骨、月骨、三角骨、豌豆骨,以及与掌骨相连的远侧列的大多角骨、小多角骨、头状骨、钩骨。

② 龙骨:指桡骨茎突。

③ 掬:两手相合捧物。《礼记·曲礼》云:"受珠玉者以掬。"

【按语】

伤科之中骨骼解剖是本学科的重中之重的基础,无论是阐述肘关节还是腕关节,作者对解剖的重视程度不言而喻。腕关节骨折或脱位后"腕缝必开,壅肿疼痛",以揉、按、掬、动手法复位,同时"须防着寒,得免酸疼之患"。古人从解剖、临床表现、手法复位、预防等各个方面对腕关节损伤有着全方位认识,对当代临床具有重要指导意义。

髋骱骨(全篇)

【原文】

胯骨,即髋骨也,又名髁骨。其外向之凹,其形似臼,以纳髀骨[1]之上端如杵者也,名曰机,又名髀枢,即环跳穴处也,俗呼髋骱[2]。若出之,则难上,因其膀[3]大肉厚,手捏不住故也。必得力大者三四人,使患者侧卧,一人抱住其身,一人捏膝上拔下,一手揿其骱头迭进;一手将大膀曲转,使膝近其腹,再令舒直[4],其骱有响声者,以上。再将所翻之筋向前归之,服生血补髓汤,再服加味健步虎潜丸。若骱不上,则髋努斜行[5],终身之患也。慎之!

【注释】

① 髀骨:指股骨。《医宗金鉴·正骨心法要旨》:"一名髀骨,上端如杵,入于髀枢之臼,下端如锤。"

② 髋骸:髋同"臀"。髋骸指髋关节。

③ 膀:大腿上部靠髋关节的部分。

④ 舒直:伸直的意思。屈髋屈膝后伸直下肢的操作。

⑤ 髋努斜行:股骨头不能复位出现下肢的跛行畸形。

【按语】

本文叙述髋关节的解剖,髋关节骨折脱位的临床表现、手法复位和药物治疗,以及该损伤的预后。预后方面,"若骸不上,则髋努斜行,终身之患也",对现代伤科髋关节脱位的诊疗具有重要指导意义。髋关节脱位有可能损害股骨头的血供,有造成股骨头坏死的可能。如果脱位在 6 小时后仍未复位,缺血的危险就会明显加大。尽早复位并保证血供充足,则预后良好。受伤的髋关节在 4~6 周内不应该负重,在受损伤大约 3 个月后才可以恢复完全活动。

胻骨脚踝跗骨(全篇)

【原文】

胻骨①,即膝下踝上下腿骨也,俗名胻胫骨。其形二根;在前名成骨②,其形粗;在后名辅骨③,其形细,俗名劳堂骨。下至踝骨、胻骨之下,足跗之上,两旁突出之高骨也。在内名内踝,俗名合骨;在外为外踝,俗名核骨。其骸出者,一手抬住其脚踝骨,一手扳住脚后根拔直,拨筋正骨,令其复位,其骸有声,转动如故,再用布带缚之,木板夹定④,服舒筋活血汤。一、二日后,解开视之,倘有未平,再用手法,按摩其筋结之处,必令端直,再服健步虎潜丸。稍愈后,若遽⑤行劳动,致胻骨之端复走。向里歪者,则内踝突出肿大,向外歪者,则外踝突出肿大,瘀聚凝结,步履无力,颇费调治,必待气血通畅,始可行动。若脚趾骸失⑥,与手指同法治之。跗者,足背也,一名足跗,俗称脚面,其骨乃足趾本节之骨也。其受伤不一,轻者仅伤筋肉易治,重则骨缝参差难治。先以手轻轻搓摩,令其骨合筋舒,洗八仙逍遥汤,贴万灵膏,内服健步虎潜丸及补筋丸可也。

【注释】

① 胻骨:胻同"行"。又称"骭骨",即膝关节以下的小腿部。

② 成骨:指胫骨。

③ 辅骨:指腓骨。

④ 木板夹定:用小夹板固定。

⑤ 遽:立刻;马上。文天祥《指南录后序》云:"北亦未敢遽轻吾国。"

⑥ 骱失:病名,指组成关节之骨端脱离其正常位置。《圣济总录》卷一百四十五:亦名脱位、出臼、骨出、脱髎、脱骱、骱失。

【按语】

踝关节是一个复合关节,是胫腓骨远端与距骨之间的关节,由韧带和关节囊连接和支持。本文分别叙述胫腓骨、踝关节和距趾关节的解剖、损伤机制、临床表现、手法复位与药物治疗。踝关节损伤后会有明显的疼痛、肿胀、畸形、活动受限等症状。手法复位后采取"布带缚之,木板夹定"的固定方法,能够确保损伤复位后的稳定,利于恢复。再者踝关节软组织受损而致"瘀聚凝结",要"必待气血通畅,始可行动"。踝关节脱位经常合并踝关节的骨折,单纯的踝关节脱位临床上较少见。

运、熏、灸、倒四法(附灸脐、化痞法)(全篇)

【原文】

外用运、熏、灸、倒四法,宿伤可用,新伤不可用。新伤者,血未归经,恐其瘀血攻心之患,同入锅内炒热,以社醋①烹之;盖片时,乘热布包,运动患处,冷即换易,待其患处,汗出如油可也。熏法,凡宿伤在皮里膜外,虽服行药不能除根,服瓜皮散,次用落得打草②、陈小麦、艾叶三味,用河水共煎一锅,滚透入小口缸内,横板一块,患人坐板上,再将单被盖身,其汗立至,不可闪开,恐汗即止,病根不清也。灸法,或瘀血在骨节中,恐其发毒,先服瓜皮散,用生炭烧红地皮,社醋烹之,再将稻草摊上,单被为席,使患人卧上,厚被盖暖,使其汗出如雨,服胜金散而安。若气虚之体,不可用此。凡倒法,病患能言,不能食,无法可治。不得已要使恶物吐之。先服硫麝散,将患人卧被上,每边两人牵被到动,使人滚转反侧,吐出恶物,服虻虫散再调理可愈。灸脐法,若膀胱伤,小便秘结,可用田螺、麝香捣烂,先置脐中,再将飞盐③盖脐上,如铜钱浓薄。盐上用艾火灸二三壮即通,去麝可也。化痞熨法,凡人蓄血成痞,或在胁内,或在腹中,服药难消。用飞面量痞之大小,四围作圈,使恶物无从逃避,圈内置朴硝满,圈恐其侧边卸落,以脚条缚之,又衬纸二三十重,将熨斗盛火熨之,俟患处有响声,乃痞消之验。斯运、熏、灸、倒之法,恐患人不善服药,不得已而用之,亦不可轻使。若元气虚弱之人用之太过,必致气促厥逆之虞,医者慎之。

【注释】

① 社醋：社，古代指土地神和祭祀土地神的地方、日子以及祭礼。社醋指古代祀社神用的祭酒。

② 落得打草：又名积雪草，为魏氏伤科治伤的常用药物。跌打损伤发生在骨折、关节脱位、软组织损伤后，此时血瘀停积、肿胀疼痛，或受内伤瘀凝气滞，呼吸、咳呛、转侧疼痛，用落得打草既能活血消肿止痛，又有清热解毒利水的功效。

③ 飞盐：一曰快速擦盐，二曰飘飞的雪。此处指在肚脐擦拭盐。

【按语】

本文分别叙述运法、熏法、灸法、倒法、灸脐法、化痞法的具体操作以及各自的适应证，这些方法应用的前提"恐患人不善服药，不得已而用之"，属于不得已而为之的方法，首选方法还是药物或手法治疗。运法、熏法、灸法、倒法、灸脐法、化痞法的应用禁忌证为元气大虚者，用之"必致气促厥逆"，故需结合临床病证选择适用。

第三十三节 《伤科汇纂》选

《伤科汇纂》是一部伤科著作。作者胡廷光，是清代著名的伤科医学家。该书是其广泛搜集书籍，并结合自己的经验和心法，历时七年编成，共十二卷，其中包括了损伤疾患（包括金镞、虫兽啮伤）的治疗方法，分为四十四门，附增单方千余。《伤科汇纂》以经义、骨论、手法、证治为序，是一部集伤科理论、临床经验、方剂于一体的医学经典。本书以理伤手法贯穿全书，自成系统且井然有序为其特色。除广列诸方外，本书强调在伤科理论指导下辨证用药，并详论伤科本草之临床应用规律。本书选辑精要，类分合理，堪称治伤之大全。它系统地总结了前人的经验和理论，并在伤科治疗方面做出了重要贡献。它不仅对于伤科医学的发展产生了深远影响，也为后世医学研究提供了重要的参考资料。此外，《伤科汇纂》对于推广中医文化、弘扬中华民族医学传统也具有重要意义。

接骨歌诀（全篇）

【原文】

接骨由来法不同，编歌依次说全功。若能洞达其中意，妙法都归掌握中。骨折大凡手足多，或短或长或脱窠①，或凹或凸或歪侧，务将手足慎抚摩②。长者脱下短缩上,突凹歪斜宜度量。身上骨若断而分,须用三指摩的当。内如脉动一般呵③,骨折断碎无别何。整骨先服保命丹,酒下骨软方动他。手足断须扯捻好,足断而长添一劳④。先须脚底牢犍⑤实,断伤骨下微甸⑥高。足跟之下更高碑,病痊无患自证验。如不犍实骨尚长,以后愈长长可厌⑦。此为缩法之手功,手长难疗成废躬,歪从患骨下托起,扯直无歪归于同。合奠不突还原样,凹者捻妥无别尚。试手必以两手齐,试足须将脚并放。复曰膏药自急需,光细布摊称体肤。长短阔狭随患处,膏宜摊厚糁⑧多铺。将膏紧裹包贴定,夹非杉皮力不胜⑨。浸软渐刮去粗皮,板长患处短方称。还当排得紧重重,夹上布缠缠莫松。缠布阔宜二寸许,从上至下尽力封,布上再扎三条带,中间上下护要害,先缚中间后两头,宽紧得宜始安泰。如缚手足斜折断,中间紧而两头宽。骨断若如截竹样,中宽聚气紧两端。气血断处来聚着,手用带儿复掌络。脚要米袋两边挨,挨定不动胜妙药。对症汤丸日日施,药洗换膏三日期。三七⑩之时骨接牢,房事油腥犯不宜。紫金丹作收功例,骨仍坚固无流弊⑪。我今编此手法歌,传与后人须仔细。

【注释】

① 脱窠:窠,孔穴。
② 摩:同"摸",抚摸之意。
③ 呵:同"啊"。
④ 长添一劳:一劳,辛苦一次。意指下肢损伤后,治愈的过程就会比较漫长,需要花费更多的时间和精力。
⑤ 犍:读jiàn,用土石挡水,亦指土石构筑的挡水的设施。《字汇》云:"以土石遮水亦曰犍。"
⑥ 甸:读diàn,同"垫"。
⑦ 厌:嫌恶、憎恶。这句话的含义是强调在治疗骨折等损伤时,必须及时进行正确的治疗,否则会导致更严重的后果。
⑧ 糁:指煮熟的米粒。
⑨ 夹非杉皮力不胜:夹,指夹板。这句话强调使用杉树皮做夹板进行固定的重要性。
⑩ 三七:指二十一天。
⑪ 流弊:指某事引起的坏作用,也指相沿下来的弊端。《三国志·杜畿传》云:"今之学者,师商韩而上法术,竞以儒家为迂阔,不周世用,此最风俗之流弊,创业者之所致慎也。"

【按语】

本段对骨折、脱位后的诊疗做了详细阐述,通过歌诀的方式展示关于接骨术的技巧和方法。强调复位要"还原样",与西医学要求的解剖复位不谋而合;固定时"缠缠莫松""宽紧得宜"等松紧度要适宜的这些观点与西医学如出一辙。它还提到了许多关于处理骨折的细节,包括针对骨折的不同类型的处理方法。歌中还提到了使用药物和包扎的技巧,以及骨折愈合的时间和注意事项。歌诀的形式易于记忆,便于推广,对伤科技法的传承具有重要作用,让后人能够仔细学习和掌握这些技巧,以便更好地处理骨折问题。"布上再扎三条带,中间上下护要害,先缚中间后两头"等很多骨折后的固定方法沿用至今。

上髎歌诀(节选)

【原文】

上髎①不与接骨同,全凭手法及身功。宜轻宜重为高手,兼吓兼骗是上工②。法使骤然人不觉,患如知也骨已拢。兹将手法为歌诀,一法能通万法通。

人登高处忽逢惊,首必先坠颈骨顷③。面仰难垂惟伸续,头低不起则端擎。腔④中插入须提拔,骨上歪斜要整平。再看有无他磕碰,临时斟酌度其情。

【注释】

① 上髎:髎,骨节空隙处。上髎指关节复位。

② 上工:古代对技术精良的医生的称谓。

③ 顷:表示头偏,头不正。《说文解字》云:"顷,头不正也。"

④ 腔:口腔。

【按语】

本段对阐述手法复位操作要点,优秀的伤科医生手法轻重适宜、方法得当。同时对颈椎损伤后的手法复位从"面仰难垂"到"头低不起"再到"提拔""整平",最后查有无"磕碰",根据实际情况斟酌选择合适治疗方法。古人伤科手法的应用具体问题具体分析,针对不同损伤采取不同治疗手段,实现"一法能通万法通"的效果。

第三十四节 《医林改错》选

《医林改错》,2卷,清代王清任撰,刊行于1830年。上卷内容有二,其一是论述脏腑解剖,提出了王氏所绘的解剖图谱和一些生理学方面的新观点,意在改正古人在某些解剖和生理认识上的错误。其二是论述了王氏三首活血化瘀方剂在临床运用上的经验。下卷主要论述了半身不遂、瘫痿、瘟毒证、抽风、月经病及胎产病、痹证、癫狂等病症的瘀血病机及辨证治疗,意在改正古人对这些病症认识和治疗上的错误。全书共收载王氏自制或改制古方而成的 32 首活血化瘀方剂及其在临床运用的经验。

《医林改错》论述了前人有关脏腑解剖与生理的某些错误认识,指出了它们的矛盾。王氏重视气血病机,他很强调"治病要诀,在明白气血"。他的气血理论及所创制的多首活血化瘀方剂:血府逐瘀汤、膈下逐瘀汤、少腹逐瘀汤、补阳还五汤等已成为调理气血的名方,广泛应用于临床。王氏在《医林改错》中"论小儿抽风不是风""论痘非胎毒"等篇中也有很多正确见解。

《医林改错》改正了许多古人脏腑认识的错误,创制的活血化瘀方剂至今广泛应用于临床,但同时受时代限制,该书关于解剖的论述也有不少不正确的地方,关于脏腑的论述也受到一些后世医家的批评。

瘫痿^①论(全篇)

【原文】

或曰:元气归并左右,病半身不遂,有归并上下之症乎? 余曰:元气亏五成,下剩五成,周流一身,必见气亏诸态。若忽然归并于上半身,不能行于下,则病两腿瘫痿。奈古人论痿症之源,因足阳^②明胃经湿热上蒸^③于肺,肺热叶焦^④,皮毛憔悴,发为痿证,概^⑤用清凉攻下之方。余论以清凉攻下之药,治湿热腿疼痹症则可,治痿症则不相宜。岂知痹症疼痛日久,能令腿瘫,瘫后仍然腿疼;痿症是忽然两腿不动,始终无疼痛之苦。倘标本^⑥不清,虚实混淆^⑦,岂不遗祸后人。

补阳还五汤

此方治半身不遂,口眼歪斜,语言謇涩,口角流涎,大便干燥,小便频数,遗尿不禁。

黄芪四两(生) 归尾^⑧二钱 赤芍一钱半 地龙一钱(去土) 川芎一钱 桃仁一钱 红花一钱

水煎服。

初得半身不遂,依本方加防风一钱,服四五剂后去之。如患者先有入耳之言^⑨,畏惧黄芪,只得迁就人情^⑩,用一二两以后渐加至四两。至微效时,日服两剂,岂不是八两。两剂服五六日^⑪,每日仍服一剂。如已病三两个月,前医遵古方用寒凉药过多,加附子四五钱;如用散风药过多,加党参四五钱。若未服,则不必加。此法虽良善之方,然病久气太亏,肩膀脱落二三指缝^⑫,胳膊曲而搬不直^⑬,脚孤拐骨向外倒,哑不能言一字,皆不能愈之症。虽不能愈,常服可保病不加重。若服此方愈后,药不可断,或隔三五日吃一付,或七八日吃一付。不吃恐将来得气厥之症。方内黄芪不论何处所产,药力总是一样,皆可用。

【注释】

① 瘫痪:瘫指瘫痪,痪指萎废不用。瘫痪合称,即偏身瘫痪,肌肉、筋脉萎废不用之意。

② 阳:原文作"肠"。

③ 蒸:原文作"燕"。

④ 肺热叶焦:源自《素问·痿论》:"五脏因肺热叶焦,发为痿躄……"的论述。肺热叶焦,指肺脏为郁热长期熏灼,肺阴损耗,津液枯涸,形体失养而发生痿证的病机。五脏外合五体,五脏气热津伤,形体失养,均可致痿。但肺为五脏之长,位置最高,主诸气而朝百脉,因此,只有"上焦开发",肺气宣降正常,才能"水精四布,五经并行",五脏六腑、四肢百骸才能得以濡养。在病理情况下,肺为郁热长期熏灼,损伤肺阴,耗伤肺气,以致肺热叶焦,则上焦开发失职,输布无权,高源化绝,脏腑形体失养而致皮毛、肌肉枯萎,四肢无力、不能举动,发为痿证。所以,《素问·痿论》认为,五脏热盛,虽然皆可致痿证,但以肺热叶焦为主要病机。

⑤ 概:一概、一律、全部之意。

⑥ 标本:这里指元气为本,病邪为标。

⑦ 混淆:混乱错杂。

⑧ 归尾:即当归之尾梢部,古代医家认为归尾较之全当归而言,其活血之力更专。

⑨ 入耳之言:指病人听信周围人或其他医者之论,事先对大剂量黄芪入药已存有畏惧之心等误解、偏见。

⑩ 迁就人情:指暂时顺从病者喜欲,因势利导进行治疗。

⑪ 两剂服五六日:指用"日服两剂"之法变相加大药量,并按此服法连服五六日。

⑫ 肩膀脱落二三指缝:指肩关节半脱位,属中风后遗症之一。

⑬ 胳膊曲而搬不直:指上肢屈肌群的肌张力增高,患者的肘、腕及手的关节都屈曲内收。属中风后遗症之一。

【按语】

对于痿证的病因王清任认为是元气亏损,只不过是归并于上而已,强调气虚为病。王氏在"瘫痪论"中特别指出痹证日久后痿与瘫痪在病因病机、临床表现及治疗原则上的不同。因痹证而痿是"痹症疼痛日久,能令腿瘫,瘫后仍然腿疼"。痿证是"忽然两腿不动,始终无疼痛之苦"。痹证多实,痿证多虚。在治疗原则上指出古人一概用"清凉攻下之方"的片面性,强调"以清凉攻下之药,治湿热腿疼痹症则可,治痿症则不相宜"。说明王清任在临床实践中始终强调辨证论治。

补阳还五汤是治疗半身不遂和痿证的著名方剂,将补气和活血化瘀结合运用是王清任对临床治疗法则的重要发展。方中重用黄芪为主药,大补元气,使气旺血自行,祛瘀不伤正;当归尾和血活血为辅药,活血祛瘀而不伤正;用川芎、赤芍、桃仁、红花活血祛瘀;地龙通经活络,七味药共同起到补气活血、逐瘀通络的作用。一味黄芪体现了王清任重视气血,在此尤重于气的思想。

痹证有瘀血说(节选)

【原文】

凡肩痛、臂痛、腰疼、腿疼,或周身疼痛,总名曰痹症。明知受风寒,用温热发散药不愈;明知有湿热,用利湿降火药无功。久而肌肉消瘦,议论①阴亏,遂用滋阴药,又不效。至此便云:病在皮脉②,易于为功,病在筋骨③,实难见效。因不思风寒湿热入皮肤,何处作痛。入于气管④,痛必流走;入于血管⑤,痛不移处。如论虚弱,是因病而致虚,非因虚而致病。总滋阴,外受之邪,归于何处？总逐风寒、去湿热,已凝之血更不能活。如水遇风寒,凝结成冰,冰成风寒已散。明此义,治痹症何难。古方颇多,如古方治之不效,用:

身痛逐瘀汤

秦艽一钱　川芎二钱　桃仁三钱　红花三钱　甘草二钱　羌活一钱　没药二钱　当归三钱　灵脂二钱(炒)　香附一钱　牛膝三钱　地龙二钱(去土)

若微热,加苍术、黄柏。若虚弱,量⑥加黄芪一二两。

【注释】

①议论:接前文,认为肌肉消瘦是阴亏所致。

②病在皮脉:指病情较浅,病程较短。

③病在筋骨:指病情较重,病程较长。

④气管:王清任对"气"运行的通道叫做气管,认为当风寒湿热等邪气侵入"气管"时,疼痛会表现为游走不定的特性(气分)。

⑤血管:血管是他认为"血"瘀滞的场所,邪气深入"血管",会导致血液凝滞成瘀,疼痛表现为固定不移,且痛如针刺(血分)。

⑥量:估计、酌情。

【按语】

久痹不愈,治从瘀血,这是王清任在长期临床实践中总结出的独特经验,同时,也是王氏对中医学痹证治疗方法的又一重要补充。从原文可以看出,王清任对久治不愈的痹证的治疗也经历了一个由失败、反思、探索到最有所创新的过程。身痛逐瘀汤正是王氏基于其"瘀血"说所制的一首经验方,全方由秦艽、川芎、桃仁、红花、甘草、羌活、没药、当归、五灵脂、香附、牛膝、地龙组成,集中体现了王清任以逐瘀通络为法治疗痹证的学术经验。

第三十五节 《救伤秘旨》选

《救伤秘旨》由清代医家赵廷海编撰,成书于1852年。该书不分卷次,内容着重介绍拳击伤骨折脱位的处理步骤和用药加减法。书中所载药方既有内服剂,亦有外用剂,内服剂包括汤、丸、丹、散、药酒,外用药包括敷、贴、掺、洗。书中用药精练,论点和治法大致与《跌损妙方》《江氏伤科方书》相似,是对少林寺派经验的高度概括总结,但也有其自己的经验和创新。如主张用布兜牵引固定法治疗颈椎骨折和脱位,用敷贴法治疗脑外伤等,促进了骨科技术的进步。该书内容,注重实践,对于跌打损伤的各种治疗方法及其方药,辑录比较丰富。可供临床研究和参考。

全书不分卷,卷首总论述损伤脉象种种,以脉诊、望诊决五脏绝症、不治之症;次列十二时气血流注歌,述气血运行时间与脏腑的关系,并载发散方、十三味总方、十四味加减方、七厘散、飞龙夺命丹、地鳖紫金丹6首治伤通用方;再列三十六大穴图说,附图说明人体重要部位,详述各部损伤后的症状、治法、预后;最后载少林寺秘传内外损伤主方,以及王瑞柏损伤用药论、青城山仙传接骨方。

王瑞柏[①]损伤用药论(节选)

【原文】

凡跌打损伤之症,不可概论也。青肿不痛[②]或肿不退者,气血虚弱也,用十全大补汤。若肿或作寒热者,血伤而肝火动也,用四物[③]加山栀、柴胡。血出不止或又发寒热者,用四君子汤加川芎、当归、柴胡[④]。寒热而痛甚者,欲溃脓也,用参芪内补散。若脓出而痛甚者,气虚也,用八珍汤。疮口赤肉突出者[⑤],血虚而肝火生风也,用柴胡栀子散。若脓不止,疮口白肉突出者[⑥],气虚而有邪感也,用补中益气汤。若脓溃而痛或溃而不敛者,皆脾胃虚也,用六君子汤。苟徒知服凉药[⑦]而不溃不敛,所以致败症也。受伤若肠中作痛,按之不能宁者,内有瘀血也,用承气汤下之。下后仍痛,瘀血犹未尽也,用加味四物汤调之。按之不痛,气血伤也,用四物汤加参、芪、白术。下后胸胁作痛,肝血伤也,四君子汤加川芎、当归。下后发热,气血俱虚也,用八珍汤加当归、半夏。胸胁胀满,饮食不思者,肝脾气滞也,用六君子汤加柴胡、枳壳。咬牙发搐者[⑧],肝盛脾虚也,用蜈蚣散[⑨]加川芎、山栀、钩藤、天麻。以上须要谨慎,不可妄用也。

【注释】

① 王瑞柏:清代嘉、道时(1796—1850年)郭县(今浙江宁波)人,伤科医家,拳术技击家,著有《秘传伤科集验良方》一卷,但未行于世,此"王瑞柏损伤用药论"可能辑自该书。

② 青肿不痛:青肿,指瘀肿;青肿不痛,是由于气血虚,局部筋脉失养所致,所以用"十全大补汤"调补气血为主。

③ 四物:即四物汤,方出自《仙授理伤续断方》,由白芍、当归、熟地黄、川芎组成,原用于治"凡伤重肠内有瘀血者用此。"后世作为活血补血主要方剂,多用于治血虚所引起的各种证候。

④ 血出不止或又……柴胡:《正体类要》有:"发热,若出血过多……脉沉微,按之软弱,此阴虚发躁也,用四君、姜、附。"

⑤ 疮口赤肉突出:指疮口疡面新生肉芽组织突出溃疡面。

⑥ 疮口白肉突出:指伤口溃疡面肉芽不鲜红而高突,此多为肉芽组织水肿所致。

⑦ 凉药:指性味寒凉的外敷药。

⑧ 咬牙发搐者:指牙关紧闭、抽搐的症状,多见于破伤风或脓毒血症。

⑨ 蜈蚣散:未见此方药,《正体类要》"蜈蚣散"用"蜈蚣一对,鳔三钱,上为细末,用防风汤调下"。

【按语】

本节《王瑞柏损伤用药论》,内容大凡均出自薛己《正体类要》,说明《救伤秘旨》的作者对薛己的学术思想是赞同的,并在自己的实践中得到验证,但该节专论仅从薛氏治伤从脾胃之一面,而对兼治肾命之论则缺少注意,今日医家切不可仿此而弃之。

整骨接骨夹缚手法(节选)

【原文】

夫腰骨①背脊骨②折断者,令患人覆卧凳上,用大研米锤置于腹下,用绢带缚其两肩胛于凳脑上,又缚其两足于凳脚横档上,如此则鞠曲其腰,断骨自起而易入也;再用曲扁担一条,从背脊趁直压其断骨,徐徐按入,相接归原③;然后用"圣神散"贴之,再用纸裹杉木皮一大片,按在药上,以暖肚④紧紧缚之,日服"加减活血住痛散"取效。

夫两肋筋骨⑤折断者,不必夹缚,日服"加减住痛散"取效。

夫两腿环跳骨脱出者⑥,此最难治之症也。足短者易治,足长者难治⑦,日服

"加减活血住痛散"取效。

　　夫两足腿骨⑧折断者，畲⑨服如前，令其仰卧，绑其胸腋，系于凳脑上；如右足患，直伸左足，竖屈右足，医者侧立右手凳弦边，搊其右足，踏患人右臀尖⑩，一人以带系患人右足胫骨，正坐凳头，着力挽带，拔伸患骨，医者揣扪患骨归原，即按定双手，按住莫动，令伸其足，试其齐否⑪。然后贴药，如法夹缚定，日服"加减活血住痛散"取效。

　　夫两足膝盖骨⑫碎断，或斡脱者⑬，服畲如前，用箍伞篾圈一个，其大要箍得膝盖骨住，四围绢包，旁安带二条，令患人仰卧，直伸其足，医者揣扪，相按居位，用圈子箍住膝盖骨上，制定不解⑭；后用"圣神散"敷于圈子内，外再用草纸裹束。则不污染，日服"活血住痛散"取效。

　　夫两足胫骨折断而碎者，与接腿骨同。

　　夫两踝骨及掌⑮，斡脱而若蹒跚者，服畲如前，用杉木皮二大片，其长从小腿肚下起至脚底为则，中间对踝骨处剐圆孔，要箍得踝骨过，又用杉木皮一大片，要托得脚掌过，从趾下起，至胻后转折直上夹住后胻⑯，要留两旁边弦；又用杉木皮三四片，如指面大编作栅栏子甲，夹住筋骨面前，大小杉木皮皆纸包油透如法，用左绑绳编，踝上两部，脚下两部⑰；先拔伸患骨，揣正归原，夹之。其脚底用布兜掌，前系于膝，下合脚掌，不直伸下，仍令脚掌时常伸屈⑱，日服"活血住痛散"取效。

　　夫十足趾折断者，法与手指同。

【注释】

　　① 腰骨：指腰椎骨。

　　② 背脊骨：指胸椎骨。

　　③ 令患人覆卧凳上……相接归原：覆卧，俯卧。《伤科汇纂·陈氏秘传》："夫腰骨脊骨断者，令患人覆卧凳上，再用物置于腹，布带缚其肩脚于凳脑上，又缚其两足两腿于凳脚横木，如此则鞠曲其腰，折骨自起而易入巢臼也，又用扁担一根，从背脊趁起时直压其断骨处徐徐相接归原。"

　　④ 暖肚：一种布兜，扎于下腹以保温，俗称"暖肚"。

　　⑤ 两肋筋骨：左右胸肋骨。

　　⑥ 两腿环跳骨脱出者：环跳骨，股骨颈。两下肢股骨颈骨折移位者。

　　⑦ 足短者易治，足长者难治：股骨骨折后患肢较健肢短缩者，容易治疗，患肢较健长者难以治愈。按：股骨骨折患肢短缩多为内插的骨折，移位不严重，易愈合；而患肢过长者多为骨折移位、外翻所致这类骨折难愈合。但是，有些移位严重的股骨颈骨折，即骨折后股骨干上移，也可致下肢缩短。所以，不能从患肢长短来鉴别移位程度而决定预后，应结合 X 线检查，以求准确诊断。

　　⑧ 足腿骨：股骨干。

⑨ 簋:古代盛食物的器皿。

⑩ 臀尖:股骨粗隆部位。

⑪ 令伸其足,试其齐否:让患肢伸直双下肢,使两足跟并齐,足趾在一平线上。

⑫ 膝盖骨:髌骨。

⑬ 斡脱者:斡,wò(卧),旋转之意。斡脱者,旋转脱出移位者。

⑭ 用圈子箍住膝盖骨上,制定不解:此即抱膝圈外固定法,源于《永类钤方》。

⑮ 两踝骨及掌:两足踝部各骨及足掌骨,包括内外踝和跟骨、舟骨、楔骨、跖骨。

⑯ 后胻:足跟。

⑰ 踝上两部,脚下两部:意为四块夹板超踝关节固定,于踝上扎两度,足掌扎两度。

⑱ 其脚底用布兜掌前……仍令脚掌时常伸屈:用布兜套住足掌,布兜远端扎于膝关节下方,使足掌呈100°,背伸位不能跖屈,然后让患者经常使踝关节在此背伸位内屈伸活动。按:此法即现代临床应用的"袜套牵引法"的起源,多用于踝部的三踝骨折移位严重者。

【按语】

本节内容,多辑自《伤科汇纂》所介绍的《陈氏秘传》一书。本节选介绍治疗下肢各部位骨折、关节脱位的复位、外固定、练功及内外用药的经验。所论述的骨折包括了股骨颈、股骨、胫腓骨、足踝骨、足骨、趾骨,这些方法,有的虽然已经过时,但也可看到当是疗法的技术渊源。其中也有一些仍有待现在去研究提高以发扬。

第三十六节 《伤科大成》选

《伤科大成》由清代医家赵濂编著,刊行于1891年,系一本伤科方书。该书不分卷次。书中首先阐述对损伤后的吉凶判断,对察目验伤诊断法又有新的发展。次列跌打行经用药法,阐述极为详细而实用。赵濂继承了前人的经验,并根据自己的临床实践,将手法归纳为摸骨法、接骨法、端骨法、提骨法、按摩法、推拿法。在固定器具及用药方面都较前人有所发展和创新。他尤为重视急重症的研究,如记载了"颅骨骨折、颈椎骨折、肾挫伤、直肠破裂"的诊断和治疗。创立了烟熏复苏术。全书虽然文字不多,但列证详明、辨析透彻、条理分明,使人有一目了然之感。

跌打压仆损伤者须用引经药（节选）

【原文】

上部（用川芎）、手臂（用桂枝）、背脊（用白芷、藁本）、胸腹（用白芍）、左肋（用青皮）、右肋（用柴胡）、腰臀（用杜仲）、两足（用木瓜）、下部（用牛膝）、膝下（用黄柏）、周身（用羌活）、顺气（用砂仁、青皮、木香、枳壳）、通窍（用牙皂）、破血（用桃仁、苏木、乳香、木通）、活血（用红花、茜根、三七、川芎）、补血（用生地、当归、白芍、丹参）、接骨（用川断、五加皮、骨碎补、杜仲）、妇人（用香附）。

【按语】

本节介绍人体各部外伤治疗时的引经药。中医骨伤科内治法中，除必须掌握辨证论治的用药基本知识外，还应正确运用引经药以集中药力，引药直达病所，达到治病的目的。

接骨入骱（骨之小笋也）用手巧法（节选）

【原文】

凡人之头无骱，亦无损折，只有跌打碎伤等症，若脑浆出者不治，骨青者难治，碎骨如粟米大者可治，过大者不治。接骨入骱者，两手捏平其筋骨，复于旧位。或先拽之离而后合，或推之就而复位，或正其斜，或完其缺。且骨有截断、碎断、斜断之分，骱有全脱、半脱之别，筋有弛纵、卷挛、翻转、离合各门，在肉内者用手摸之自知。盖伤有重轻，接拿有合宜、不合宜之法。故愈有迟有速，而得完全或遗残废者，总责乎手法也。然体质壮者易愈，元气弱者难全，若手法再误，万难挽回。夫骨既断必使合拢一处，复归原臼。出血者敷止血散，使血不流，再敷金疮药，用杉木板绑缚撑抵断处，方不移动矣。辨明骨有断为两截者，或折而陷下者，或碎而散乱者，或岔而旁突者，分其形势接拿，使断者复接，陷者复起，碎者复完，突者复平。有皮肉不破而骨断者，动则辘辘有声；或骨受伤未断者，动则无声；或碎骨在肉内者，动则淅淅之声，后必溃烂流脓，待其烂脱离肉，箝[①]去碎骨，掺生肌药，外贴损伤膏，亦用绑缚，始可完全。

【注释】

① 箝（qián）：大意同钳。夹住；紧闭。

【按语】

本节论接骨入骱的巧妙手法。凡关节脱位的手法整复必首先分清全脱位或半脱位,而后方可施法。也应分出有无合并骨折。其碎骨如粟米大者,或过大者有骨膜相连,有生机者则可以复固定均能生长;过大之游离骨,无骨膜相连,无生机者,则复位生肌可能性小。加之身体元气虚弱者,手法有误,此生长机会更难。

其他骨碎、骨断、筋的弛纵、筋卷挛、筋翻转等损伤,依次按上法治之。

【原文】

大凡治法,先煎代痛散熏洗,然后将断骨拿直,令其相对。平正按摩,果然照旧不歪,敷定痛散。铺盖艾绒,绑以杉木板,加布条扎好,取其紧直,使骨缝无绽①离走脱之患。过四五日放绑复看,如其走脱,仍依前法扎紧。百日内换绑二十余次,内服接骨药。

凡断臂与断缚,断腿与断胻。治分上下,器具照形体变化。有筋全断者,则缩于肉里。无用巧能接之理。若断而未全断者,外敷续筋药,内服壮筋养血药。

跌打碰伤,头颅猝②死者,身虽僵直,口鼻尚有出入气,心口尚温跳动者,使患者盘坐,揪其发,伏我膝上,伤处先敷定痛散,随以火纸卷条点火,令烟熏其鼻,通和脏腑血脉之气,待口中出声,以热陈酒和灌定痛散,或炒萝卜子泡汤灌之。外用手摩其胸腋,并托其手腕,频频揉其两手脉窠。被伤之筋脉强硬,得揉摩而心脉和运,命脉流通,即可回生。若伤重已死者,用白布缠其头,以木棍长尺半,圆如钱大,轻轻拍其足心,再提其发,令项正直,舒其经络。若皮未破,骨碎膜穿,血向内流,声哑不言,面青唇黑者,不治。或顶骨塌陷,七窍出血,身僵昏迷者不治,惟皮开肉绽,血流不止者,先止其血,服补气养血汤,当戒欲避风,如染破伤风③,牙关紧闭,角弓反张,即进疏风理气汤。俟身不发热,与补中益气汤。

【注释】

① 绽(zhàn 站):裂开,皮开肉绽。
② 猝(cù 促):突然。
③ 破伤风:又名伤痉,金疮痉。

【按语】

本节对骨折一般常规治疗作了说明,记载了开放性骨折,筋完全断离,头颅外伤猝死抢救治疗和尸体处理。特别对破伤风疾病的治疗记载较清楚,文中所述破伤风疾病的临床症状和现代临床描述基本相同,可见古人对本病观察之细致。

第三十七节 《血证论》选

　　《血证论》由清代医家唐宗海编撰,成书于1884年。该书是我国医学史上研究出血疾患的专著,共计8卷。卷1为血证总论,卷2~8为方解。书中介绍了阴阳水火气血、男女异同、脏腑病机、脉证生死、用药宜忌等。唐氏强调水、火、气、血是互相维系的,运血者是气,守气者是血;在病理上可水病累血,血病累气,故在治则上应活血理气,调阴和阳,方可左右逢源。在五脏之中,心生血,肝藏血,气生于肾而主于肺,其间运上下者为脾,故治血证尤为重视调理脾气。并提出"离经之血便是瘀"的观点。以止血、消瘀、宁血、补血为治血证的四大法则。唐氏倡导的"存得一份阴液,便有一份生机"的认识是十分科学的。全书理足方效,论证用药有独到之处,是一部研究血证的重要文献。

阴阳水火气血论(节选)

【原文】

　　人之一身,不外阴阳,而阴阳二字即是水火,水火二字即是气血。水即化气,火即化血,何以言水即化气哉?气着于物,复还为水,是明验也。盖人身之气,生于脐下丹田气海之中,脐下者,肾与膀胱,水所归宿之地也。此水不自任为气,又赖鼻间吸入天阳[①],从肺管引心火,下入于脐之下,蒸其水使化为气,如易之坎卦[②]。一阳生于水中,而为生气之根。气既生,则随太阳经脉布护于外,是为卫气,上交于肺,是为呼吸。五脏六腑,息以相吹[③],止此一气而已。然气生于水,即能化水,水化于气,亦能病气。气之所生,水亦无不至焉。故太阳之气达于皮毛则为汗,气挟水阴而行于外者也。太阳之气上输于肺,膀胱肾中之水阴,即随气升腾,而为津液,是气载水阴而行于上者也。气化于下,则水道通而为溺,是气行水亦行也。设水停不化,外则太阳之气不达,而汗不得出,内则津液不生,痰饮交动,此病水而即病气矣。又有肺之制节不行,气不得降,因而癃闭滑数,以及肾中阳气,不能镇水,为饮为泻,不一而足,此病气即病水矣。总之,气与水本属一家,治气即治水,是以人参补气,以其生于北方,水中之阳,甘寒滋润,大生津液,津液充足,而肺金濡润,肺主气,其叶下垂以纳气。得人参甘寒之阴,内具阳性,为生气化水之良品,故气得所补益焉。……总见水行则气行,水止则气止。能知此者,乃可与言调气矣,何以言火即化血哉?血色,火赤之色也。火者心之所主,化生血液,以濡周身。火为阳,而生血之阴,即赖阴血以养火,故火不上炎。而血液下注,内藏于肝,寄居血海,由冲任带三脉行达周身,以温养肢体。男子则血之转输,无从觇验④,女子则血之转输,月事时下,血下注于血海之中。心火随之下济,故血盛而火不亢烈。是以男子无病,而女子受胎也。如或血虚,则肝失所藏。木旺而愈动火,心失所养,火旺而益伤血,是血病即火病矣。治法宜大补其血,归、地是也。然血由火生,补血而不清火,则火终亢而不能生血,故滋血必用清火诸药。四物汤所以用白芍,天王补心丹所以用二冬,归脾汤所以用枣仁,仲景炙甘草汤所以用二冬、阿胶,皆是清水之法。至于六黄汤、四生丸,则又以大泻火热为主,是火化太过,反失其化,抑之即以培之,清火即补血。又有火化不及,而血不能生者,仲景炙甘草汤所以有桂枝,以宜心火。人参养荣汤所以用远志、肉桂,以补心火,皆是补火生血之法。……此论不专为失血立说,然治血者,必先知之,而后于调气和血,无差爽云。

【注释】

① 天阳:指天空中之大气。

② 坎卦:八卦之一,代表水,相配脏腑属肾。卦是古人用以占卜的符号,卦有八种,象征着各种自然现象。

③ 息以相吹:随呼吸气息而动。

④ 觇(chān)验:此作观察。

【按语】

本节论述阴阳水火气血维持人体正常生命的关系。水行则气行,水止则气止;气与水本属一家,治气即治水,如不懂此理即不会用药治病。火者心之所主,化生血液,以濡养全身。火为阳,而生血之阴,即赖阴血以养火,故火不上炎。血液藏于肝脏,寄居血液,由冲任带三脉温养周身。当其运行失调必作疾病,因此临床治疗必须审因论治,不要只知补血而应当调和气血。

跌打血(节选)

【原文】

跌打折伤一切,虽非失血之正病,而其伤损血脉,与失血之理,固有可参,因并论之。凡跌打已见破皮出血者,与刀伤治法无异。外用花蕊石散①敷之,内服化腐生肌散,血止瘀去而愈。如流血不止者,恐其血泻尽,则气散而死。去血过多,心神不附,则烦躁而死,宜用当归补血汤。加枣仁、人参、朱砂、白蜡、茯神、甘草治之。外用人参为末,珍珠、血竭、象皮末掺之。如亡血过多,烦躁口渴,发热头晕等证,宜大补其血,圣愈汤加枣仁、麦冬、柴胡、花粉、丹皮、朱砂,或用独参汤亦可。此条可悟失血过多,阴虚发渴之理。凡跌打未破皮者,其血坏损,伤其肌肉则肿痛;伤其肋骨,则折碎;在腰胁间,则滞痛。伤重者制命不治,不制命者,凡是疼痛,皆瘀血凝滞之故也。无论接骨逐瘀,总以黎洞丸,去大黄加续断、脆蛇治之。外用自然铜、官桂、没药、乳香、桂枝、大黄、虻虫、䗪虫,酒调敷之自效。若是已伤之血,流注结滞,着而不去者,须逐去之,否则或发为吐血,或酿作痈脓,反为难治。宜当归导赤汤下之。若已发吐血,便吐血法治之。若已发痈脓,便从痈脓法治之。

【注释】

① 花蕊石散:花蕊石为末每服三钱,男用酒调服,女用醋水调服,则瘀血可化水而下。

【按语】

跌打论述人体遭受不同暴力以后,损伤有轻重之分,严重者为开放性损伤,皮开肉绽,肌肉、神经、血管断裂而大出血。失血过多者,抢救不及时,会发生死亡;一般性损伤皮肉未破,只有皮下出血,形成血肿,此不致造成生命危险,只因疼痛皆为瘀血凝滞之故。其治法各有所异,如亡血过多,宜大补其血用圣愈汤;伤其肌肉、伤肋骨伤在腰胁间者,总以活血化瘀。接骨续筋投黎洞丸,去大黄加续断、脆蛇治之。有瘀不去,或酿作痈脓,便以痈脓治之。

第三十八节　临证体会与医案选

【原文】

凡人支节腑脏,郁积而不宣,易成八疾:一曰风,……用手术按摩疏散之,其奏效视汤液圆散神速。(《华佗神方·华佗按摩神术》)

【临证体会】

华佗按摩神术是一种古老且独特的按摩疗法,能有效地预防和治疗筋骨疾病,促进身体健康。华佗按摩神术可以通过按摩疼痛部位及其周围经络,舒筋活络、缓解疼痛,改善关节活动度。可以缓解由于颈椎病、腰椎病、关节炎等疾病引起的肌肉骨骼疼痛;可以通过对头部、颈部、肩部等部位的按摩,舒缓紧张的神经,促进血液循环,提高睡眠质量,改善神经衰弱和失眠症状。可以通过对腹部、背部等部位的按摩,刺激相关穴位,促进肠胃蠕动,改善消化功能,缓解消化不良、便秘等症状。还可以帮助缓解日常生活中的疲劳,改善身体功能。通过对全身各部位的按摩,可以放松肌肉,舒缓疲劳,增强身体免疫力。因华佗按摩神术可用来治疗慢性筋骨损伤疾病,也可以改善机体亚健康状态的周身不适,故在现实生活中应用广泛。

【临床案例】

某男性,38岁,颈腰部酸痛半年。

有长期从事办公室伏案工作史,就诊时症见:颈部、腰部疼痛,伴有手指麻木和头晕。

查体:颈椎生理曲度略变直,臂丛神经牵拉试验阳性,腰椎曲度可,两侧腰肌轻度压痛,直腿抬高试验阴性。

颈椎及腰椎正侧位X线检查:颈椎及腰椎退行性改变。

磁共振成像(magnetic resonance imaging,MRI):颈椎5/6椎间盘突出,周围硬脊膜轻度受压。腰椎间盘膨出。

中医诊断:痹病(气滞血瘀证)。

西医诊断:颈椎病、慢性腰肌劳损。

治疗方案:

1. 手法松解及按摩导引　医生对患者的颈部、腰部及周围肌肉进行按摩,以缓解肌肉紧张和疼痛。采用背弓手和捉按手方法,对患者的背部、肩部进行按摩,以舒展筋骨,改善背部疼痛和肩部酸痛,对患者的腿部进行按摩,以缓解久坐导致的腿部疲劳和酸痛。结合华佗按摩神术的慢扭身方法,帮助患者缓慢扭转身体,以改善颈椎和腰椎的活动度。

2. 自我按摩　医生指导患者进行自我按摩,以便在家中继续治疗和预防疾病复发。

3. 中医外治法　可配合中医药热敷、理疗、中药散剂贴敷疗法等进一步改善症状,巩固疗效。

【原文】

阴疽发髀若阴股,始发腰强,内不能自止,……若有脓在肌腹中,十日死。(《刘涓子鬼遗方·卷第一》)

【临证体会】

"痈疽"为一切疮疡的统称。本论所述之病在西医学中宜归属为骨与关节感染。其中分为非特异性感染和特异性感染。非特异性感染包括急、慢性骨髓炎、化脓性关节炎等,特异性关节炎包括结核感染。骨髓炎宜归属于中医学的附骨疽,化脓性关节炎宜归属于中医学无头疽,骨与关节结核宜归属于中医学骨痨、流痰范畴。阴疽发于髀,由于肝主筋、肾主骨,肝血充盛,则筋得所养,肾精充实,则骨骼强健。在此过程中,若病后机体肝肾亏虚,气血不足,正气虚损,余毒流注,深窜入里,腐筋蚀骨而成疽。筋疽发于脊两边大筋,又称脊柱痨,约占骨痨半数,其好发部位依次为腰椎、胸椎、骶椎、颈椎。以儿童多见,其次为青年人。发于儿童多因先天不足,肾气未充,若令其早坐,则脊柱骨支撑无力,致气不得升,血不得行,留滞筋骨而致伤。发于成人多因劳累太过,或外力损伤,肾虚络空,则骨失所主,腰脊软弱,又逢风寒湿热之邪夹痰乘虚而入,犯于骨髓而致。因此,病变发于四肢关节者,可致肌肉萎缩、关节畸形。发于脊柱者,严重者可致瘫痪。本论所述阴疽其病发于骨与关节,腐筋蚀骨、耗伤气血,寒热虚实夹杂,故可致肝肾亏虚,气血两虚,形体虚弱,疾病缠绵难愈。在疾病的后期可致机体功能障碍,骨与关节畸形,甚至危及生命。因此,疾病的治疗原则应强调早期治疗,从而及早控制病情;应强调整体观念,局部治疗与全身支持治疗同样重要,尽最大可能保留肢体功能;应强调祛邪亦不忘扶正,正气充盛,邪不可干,正气的强弱对疾病的转归有直接的影响。疾病的治疗应注重辨证论治,既可运用清热养阴,扶正托毒,通络化湿之法,也可运用滋补肝肾,补气养血之术。同时要注意到,在疾病的发生、发展及其转归过程中,根据不同年龄、性别、体质、发病部位及病程长短的不同,选择的治疗方案也应随之变化,小儿脏腑娇嫩,用药剂量轻小;老人用药重在补益肝肾、调养气血;体质壮实者,用药剂量可稍重;体质虚弱者,用药剂量可稍轻,需因人制宜。在疾病诊疗的全过程中,对待病人要具有细心、耐心的态度,情感的交流也是治疗的一部分,同时根据病情的不同阶段,指导患者进行早期、联合、适量、规律、分阶段治疗和坚持全程的联合治疗方案,同时应嘱咐患者注重日常生活环境的整洁、适当增加营养、注意休息,切不可过度损伤肾气影响疾病向愈。

【原文】

腕伤初系缚候

夫腕伤重者,为断皮肉、骨髓,伤筋脉。……按摩导引,令其血气复也。(《诸病源候论·腕伤病诸候》)

【临证体会】

腕部损伤包括腕部筋伤、骨折、脱位。腕关节是由尺、桡骨远端、腕骨及掌骨构成的多关节结构,此处关节由于活动频繁,容易发生损伤。伤骨必伤筋,若筋脉、骨骼损伤,经络瘀阻,气血不通则腕部出现疼痛、肿胀。损伤初期,由于外力作用于腕部造成韧带、肌肉扭伤等造成软组织筋伤,此时运用理筋手法可以松解关节周围粘连,恢复筋的柔韧,解除痉挛,缓急止痛。同时给予支具或石膏固定,是对损伤的腕部进行有效的保护,减少并发症的发生。若损伤严重,出现腕部骨折,需要明确患者骨折部位与病情严重程度,在此基础上合理地选择正骨手法地进行复位,手法操作时应牢记"明确诊断、及时施行、稳妥有力、准确有效、动作轻巧"的整复原则。腕部损伤疾病的临床治疗,中医骨伤的医者正是运用正骨手法与固定方式,维持损伤复位后的良好位置,防止发生再移位,从而使患者骨折部位加速愈合,促进患者康复,而且还能够使患者腕关节功能得到有效的恢复。此外,采用通络手法进行理筋按摩导引,指导患者进行功能锻炼等方式同样重要,能够疏通经络,调和气血。这充分体现了中医骨伤科"动静结合""内外兼治""筋骨并重""医患合作"的四大基本治疗原则。

【临床案例】

患者男,52岁,摔倒致左腕部疼痛肿胀活动受限2小时。

患者自诉2小时前骑车不慎摔倒后出现左腕部肿胀明显,疼痛剧烈、活动受限。遂送急诊治疗。见腕关节正面呈枪刺样畸形,侧面呈餐叉样畸形,腕关节周围压痛阳性,纵轴叩击痛阳性,可扪及骨擦感,活动受限,末梢感觉、血运未见明显异常,病程中无头晕头痛、无心慌胸闷、无腹痛呕吐等不适。否认糖尿病史。舌暗红,苔黄,脉涩。

左侧腕关节正侧位片示:左桡骨远端粉碎性骨折,断端向后上移位,周围软组织肿胀。

中医诊断:骨折病(气滞血瘀证)。

西医诊断:左侧桡骨远端骨折(科利斯骨折)。

治疗:

1. 手法整复。

2. 夹板或石膏固定　先掌屈尺偏位,2周后改功能位,再过2~4周复查后拆除固定。

3. 中药治疗　患者为骨折早期,证属气滞血瘀。骨折按三期辨证用药,给予桃红四物汤加减以活血祛瘀、消肿止痛。解除夹板或石膏固定后,可给予中药海桐皮汤(《医宗金鉴》)或上肢损伤洗方(《中医伤科学讲义》),煎水外用熏洗患肢以舒筋活络,通利关节。

4. 功能锻炼　固定期间应主动活动手指进行功能锻炼,注意末梢血运、运动、感觉情况。

【原文】

当归散,治落马堕车诸伤,腕折臂脚痛不止方。(《备急千金要方·被打》)

【临证体会】

当归散是临床常用的活血止痛方,主治气滞血瘀型各类伤证。本段条文主要从中医理法方药上,阐述了当归散对于伤损后,患者疼痛剧烈,不能忍受等症状的处理,说明在唐代,古人就已经认识到了接骨续筋不光是要使移位之断端复位,使复位之断端迅速愈合,同时也认识了缓解各种损伤带来的疼痛,肿胀等各种症状,也是临床上必须面对的课题。同学们在今后的学习和工作中,对于中医药处理这些问题,要大胆使用,做好辨证,充分发挥中医学优势,并配合外洗、针灸、按摩等各种手段,减轻病患疼痛,提高其治疗效果和生活质量。

【临床案例】

患者男,21 岁,跌倒致左腕部疼痛、活动受限 1 小时。

患者 1 小时前因骑车时不慎跌倒,左腕着地,当即感左腕剧烈疼痛,肿胀,活动受限,无头痛、头晕、恶心、呕吐等不适主诉,遂至我院门诊就诊。查体:左腕局部肿胀,压痛明显,未见特殊畸形,末梢血运、感觉正常。舌质暗,苔薄,脉弦涩。

左腕关节 X 线检查示:左桡骨远端骨折,折端对位对线良好,下尺桡关节未见明显脱位。

中医诊断:骨折病(气滞血瘀证)。

西医诊断:左侧桡骨远端骨折。

治疗:

1. 手法复位夹板外固定　予以小夹板外固定,固定时间 3~4 周。

2. 中药治疗　患者为新鲜骨折,证属气滞血瘀。患者青壮年男性,其个体对疼痛十分敏感,使用西药止痛虽然也可选择,但本例与原文"治落马堕车诸伤,腕折臂脚痛不止方"符合,故以当归散主之。后期外固定后可配合中药外用熏洗以舒筋活络,疏通气血。

3. 功能锻炼　固定期间适当活动患肢远端手指,注意末梢血运、感觉情况。4 周拍片证实骨折愈合较好后,拆除夹板行循序渐进地功能锻炼。

【原文】

凡肿,是血作,用热水泡洗,却用"黑龙散"敷贴。……如当归,土与川不同。丸子可用土当归、土药材;末子须用外道者。(《仙授理伤续断秘方·医治整理补接次第口诀》)

【临证体会】

《仙授理伤续断秘方》是我国现存最早的一部骨伤专著,为唐代蔺道人所作。分别从骨折、脱位、内伤方面进行分述。建立了麻醉、清创、整骨复位、夹板固定、功能锻炼、内服及外用药物等治疗方案。该书具有如下特点:第一,建立诊疗常规。由"医治整理补接次第口诀"中从一至十四,按序操作。第二,强调正确复位、改进夹板固定方法,与现代中医骨伤固定思想一致。"凡夹缚,用杉木皮数片,周回紧夹缚,留开皆一缝,夹缚必三度,缚必要紧"能够有效维持骨折整复后位置的稳定。第三,确立整复骨折治疗原则。即处理复杂骨折(闭合、开放、手术)需要注意的原则,确保骨折复位稳定,注意并发破伤风。第四,对整复脱位的贡献体现在肩关节脱位的椅背整复法、髋关节脱位的手牵足蹬法运用。这其中,骨伤手法的治疗在中医骨伤科疾病的诊疗过程中占有至关重要的位置。手法整复的应用是建立在疾病正确诊断的基础上予以施行的方法。正确复位、夹板固定、内外用药、功能锻炼的治疗方法,与现代中医骨伤科疾病的治疗原则中"动静结合""筋骨并重""内外兼治""医患合作"的理论相一致。在临床上需根据疾病的病情需要,施力的大小应根据骨折复位的难易程度,肌肉力量的强弱等实际情况决定,融理法方药于一体,如实反映治疗过程与思路,辨证论治,正确选择合理的治疗方案,同时要及时介入正确的导引方案,运用中医骨伤康复理念指导功能训练,进行中医综合治疗,防止并发症的发生。从而有效恢复患者损伤部位的身体功能,提高生活质量和水平,回归正常生活与工作状态。

【临床案例】

患者,男,28 岁,跌倒致左肩疼痛、活动受限 1 小时。

患者 1 小时前因打篮球时不慎跌倒,左肩着地,当即感左肩疼痛,肿胀,活动受限,无头痛、头晕、恶心、呕吐等不适主诉。现就诊于我科门诊。查体:左肩周局部压痛(+),局部肿胀,左肩可见"方肩"畸形,触诊可及肩峰下空虚感,左侧搭肩试验阳性,左肩活动受限,末梢血运、感觉正常。舌质暗红,苔薄黄,脉弦涩。

左肩关节正位、穿胸位 X 线检查示:左肩关节前脱位。

中医诊断:左肩脱位(气滞血瘀证)。

西医诊断:左肩关节前脱位。

治疗:

1. 手法复位 因患者年轻,体质壮实,宜三人合作,可选择拔伸托入法、手牵足蹬法或椅背复位法,进行手法复位。若患者肌肉壮实,肌肉紧张,经常规复位手法患者觉疼痛剧烈且无法成功复位,应至手术室,给予臂丛麻醉,待肌肉松弛后再予以手法复位。

2. 固定 患肢肘关节屈曲 60°~90°,患侧上臂保持内收内旋位,前臂依附胸前,胸壁绷带固定,三角巾悬吊胸前。时间:2~3 周。

3. 中药治疗 患者为新鲜肩关节脱位,证属气滞血瘀。在手法复位和固定后,宜按损伤三期辨证治疗方法进行中药内服治疗。采用"消"法。拟方桃红四物汤加减内服,以活血祛瘀。待解除外固定后可配合中药外用熏洗以舒筋活络,疏通气血。

4. 功能锻炼 固定期间适当活动患肢远端手指,注意末梢血运、感觉情况。在固定期间不可过早进行肩关节外展、外旋活动,防止肩关节再脱位。

【原文】

如伤重者,第一用大承气汤,或小承气汤, ……檀香六两,沉香二两,川芎一斤,余方条具于后。(《仙授理伤续断秘方·又治伤损方论》)

【临证体会】

蔺氏所著的七步内治伤损法,体现了其重视辨证,将损伤分为早、中、后三个时期,根据损伤的不同时期,服用不同的药物,将整体观念融入理法方药中,通过大量实践进行总结,是中医骨伤科临床治疗的特色方式之一。中医骨伤的治疗宜始终贯彻内外兼治的原则。早期,以下法、消法为主;中期以和法、续法为主;后期以补法为主。临床应用过程,应灵活变通,根据不同年龄、性别、体质、损伤部位及病程长短的不同,选择的治疗方案也应随之变化。此外,医护工作者要时刻把握患者在损伤各个时期的心理变化,要做好损伤患者的心理疏导,解除患者及其家属的心理负担,医患合作是开展其他各项治疗和康复锻炼的基础,从而使患者树立战胜疾病的信心和勇气,积极配合,早日恢复健康。

【原文】

治伤折接骨。穿山甲骨贴熁膏方。(《太平圣惠方·治一切伤折疼痛贴熁诸方》)

【临证体会】

这段条文主要叙述了中药贴敷疗法在临床的应用范围和方法,与前面的内服药物形成前后呼应,内治外治兼顾,体现了《太平圣惠方》推广外治法治疗损伤的独到之处。中医外治具有简、便、廉、验之特点,治疗范围遍及内、外、妇、儿、骨伤、皮肤、五官、肛肠等科,与内治法相比,具有殊途同归,异曲同工之妙,对不肯服药之人、不能服药之症,尤其对危重病症,更能显示出其治疗之独特,故有"良丁不废外治"之说。临床运用时除了要尊重原书记载的炮制过程外,还需要注意危急重症患者抢救生命为先的原则,以及对于存在开放性损伤的患者,使用外用药物时应持慎重态度的问题;另外对于书中记载如虎胫骨等药材的使用,要严格遵守国家法律法规,使用其他合法药材代替,避免出现违法行为出现。

【临床案例】

患者女,68 岁,右肘部疼痛,活动受限 2 周。

患者 2 周前无明显诱因出现右肘部外侧疼痛,活动受限,自行给予外擦扶他林,按摩等治疗,症状未见明显缓解,另询问病史,得知家中有一 1 岁男婴,现就诊于我科门诊。查体:右肘部肱骨外上髁处压痛明显,疼痛向前臂放射,自述拧毛巾,搬抬重物等困难。伸腕抗阻试验阳性,前臂旋后抗阻试验阳性,腕伸肌紧张试验阳性,舌质淡,苔白,脉沉。

右肘部 X 线检查示:未见明显骨折脱位征象。

中医诊断:右肘部筋伤(气血两虚证)。

西医诊断:右肱骨外上髁炎。

治疗:

1. 中药治疗　患者老年女性,家中有婴儿存在,各类家务琐事繁忙,长期劳累,使其外上髁肌肉起点处反复牵拉受伤,又因其年岁较高,体质虚弱,气血不足,血不荣筋所致,故宜养血荣筋,舒筋活络。内服以舒筋活血汤主之,酌情加黄芪、当归等补气补血;外用海桐皮汤熏洗,如患者疼痛较甚,可给予外敷宝珍膏,伤湿止痛膏等。

2. 手法治疗　患者取坐位,医者在其前臂至上臂,反复作表面抚摩和揉捏手法,再用拇指按压其痛点,并上下、左右推拨 1~2 分钟,使之有酸胀感,同时屈伸肘关节及旋转前臂数次,配合按压曲池、手三里、外关等穴位,最后以抚摩结束。

3. 针灸治疗　可取阿是穴、曲池、手三里、外关、合谷等穴,温针、电针均可,隔日 1 次。

4. 减轻劳损,合理锻炼　尽量减少各类家务和抱婴儿次数,症状缓解后,适当进行不负重的静力性力量锻炼,或者合理牵拉前臂伸肌,以放松肌肉,预防复发。

【原文】

凡左右两肩或颠坠失落,若骨月脑叉出在前,……接左摸右髾,接右摸左髾。(《永类钤方·风损伤折》)

【临床案例】

患者蒋某,女,70 岁,摔倒致左肩部肿痛伴活动受限 3 小时余,遂至医院急诊就诊,查体见左肩部压痛(+),纵向叩击痛(+),肩关节活动受限。X 线检查示:左肱骨外科颈骨折(外展型),经急诊医师查体阅片后,建议非手术治疗,可予以手法复位。具体手法操作:术者双手握骨折部,两拇指按于骨折近端的外侧,其余各指抱住骨折远端的内侧向外端提,助手同时在牵引下内收其上臂复位。行夹板外固定,于腋窝处的夹板用棉垫顶住,患肩内收位。嘱患者初期功能锻炼,握拳,屈伸肘、腕关节,舒缩上肢肌肉等活动,1 月后复查。

二诊:复查 X 线检查示骨折对位对线良好,可见骨痂形成,骨折初步愈合。嘱患者练习肩关节各方向活动,活动范围应循序渐进,每日练习十余次。解除外固定。行中药熏洗,以促进肩关节功能恢复。

【原文】

肩胛骨脱落法

令患人服乌头散麻之,仰卧地,左肩脱落者,用左脚登定。……定痛肿消,换膏药贴之,常以伸舒起指,演习如旧。(《普济方·折伤门》)

【临床案例】

患者男,39 岁。跌伤后右肩肿痛、活动困难 2 小时。患者自诉今天上午 8 时骑自行车被他人撞倒,右手撑地,即感右肩疼痛,不能活动,遂来本院就诊。检查:表情痛苦,右肩略肿,肩轮廓改变,呈"方肩"状,右臂远离体侧,所有运动均受限,于右肩前喙突下触及质硬光滑的骨端,右肩峰下空虚,搭肩试验及直尺试验均(+)。患侧桡动脉搏动正常,无感觉变化。X 线检查示:右肩喙突下脱位。舌质暗红,苔薄黄,脉弦涩。

中医诊断:右肩脱位(气滞血瘀证)。

西医诊断:右肩关节脱位(喙突下脱位)。

治疗:

1. 手法整复 手牵足蹬法:患者仰卧,先按揉肩井、肩髃、臂臑、曲池等穴;然后在患侧腋下置一棉垫,医者两手握住患肢腕上,用右足伸到患肩腋下,左足站立,将患肢在外展稍外旋位,沿上肢纵轴方向手牵足蹬,徐徐用力,约 2~3 分钟,将脱位的肱骨头挤入到关节盂内,当听到"咔哒"声时说明复位成功,并放松牵拉。

2. 固定 在患侧腋下及肘内侧置棉垫,将上臂用绷带固定于侧胸壁,屈肘 90°,用三角巾将前臂悬吊于胸腔;1 周后解除绷带,继续用三角巾悬吊 1 周。

3. 内服活血镇痛汤。

【原文】

周身之血有一头,日夜行走不停留……六宫直等亥时来,不教乱缚斯为贵。(《跌损妙方·血头行走穴道歌》)

【临证体会】

经络穴位损伤由于所伤部位不同,经络的传变使病理变化的信息传递给脏腑器官,又从脏腑器官传递体现在体表。如足少阴肾经与心经(包括心包络)直接相通的穴位壅阻,心包气血得不到肾气的推动,各脏腑器官得不到心血的濡养则出现烦热、发虚汗、面红舌干等,同时心气上逆可出现昏迷。所以经络穴位损伤不仅要从整体来探索人体经脉形态结构、生理功能和生命活动规律,而且要分析病症的病因病机,看重整体和局部病变所引起的病理反应,重视局部病变和其相关的脏腑经络产生的影响,从而达到治疗目的。

【临床案例】

患者,男性,47 岁,伤后昏迷嗜睡 1 日。

病史摘要:昨傍晚与人打架被当胸一拳后不知人事,1 个小时后送医院治疗,后又作外敷治疗。次日请笔者会诊。

检查:局部用生栀面类外敷后呈大面积青绿色,伤处有轻度触痛,身体疲倦,少语,口干嗳气,呼吸粗,脸部胀红,眼睛紧闭,额有汗珠,每天傍晚 5~7 点均出现昏睡,心胸闷痛,五心烦热,脉浮无力。

诊断:此为足少阴肾经的神封、灵墟穴损伤,伤后又感受风邪,气血阻滞所产生"心肾不交"的症状。

治则治法:以疏风祛寒为主,投以九味羌活汤加味,2 剂,风寒咳嗽有减,虚热还存。次投以跌打十三味煎加防风 10g、白芷 10g、天花粉 10g、连翘 10g,连服 3 剂,未见明显好转。又以跌打十三味煎加麝香 3g、熊胆 4g、朱砂 3g、酸枣仁 10g、龙骨 15g、柴胡 10g、枯芩 10g,连服 4 剂,配以点穴疗法:点按五宫、八卦诸穴每天 2 次,稍有见效。再投以上药 2 剂,后改为桃红四物汤加黄芪 15g、潞党参 15g、杜仲 10g、茯苓 10g、冬虫夏草 10g、甘草 3g,连服 3 剂,痊愈,10 年间多次随访无其他变化。

【原文】

瘀血腹痛:一男子跌伤,腹痛作渴,……惟体倦晡热,饮食不甘,以补中益气汤加地骨皮、五味、麦门治之而愈。(《正体类要·内伤证治验》)

【临证体会】

温热药在中医骨伤科临床应用历史悠久,临床疗效确切。在运用时,应重视辨证论治,只有辨证准确,方能精准遣方用药;组方不能一味地选用温热之药,要注意药性、药味的配伍,使组方偏于温性,以利于瘀血消散;同时还要因人因时因病情制宜,随证加减,不能矫枉过正而滥用温热之品。

【原文】

丹溪曰:脉必沉而弦,沉为滞,弦为虚。……五更初顿服,天明取下腰间瘀血物,用盆器盛,如鸡肝样,痛即止。(《寿世保元·腰痛》)

【临证体会】

腰痛为骨伤科多发、常见的临床症状之一,其病机涵盖了气滞血瘀、寒湿阻络、湿热阻络、肝肾亏虚、气虚血瘀等。在诊断和理法上,龚氏通过脉诊来判断腰痛病因以及对于腰痛的病机有深刻的认识,认为不管是实证还是虚证腰痛,肾经虚弱都是根本,这对于现代诊断鉴别腰痛及对腰痛病机的认识有积极的借鉴意义;在腰痛治法的方药和煎服法上,龚氏用药组方严谨,整体兼顾,并且善于用酒和盐来治疗腰痛,这丰富了治疗腰痛药物的用药方法。该篇将常见症状与发病因素列举得较为全面,并指出了治疗法则与方药。通过探析龚廷贤腰痛治法,可以学习龚氏的学术思想、借鉴龚氏的宝贵经验。在临证时,须依证论治,灵活运用方。

【临床案例】

患者男,62 岁,腰部酸困隐痛 3 个月余,加重 2 天。

病史摘要:患者 3 个月前无明显诱因出现腰部酸困,隐隐作痛,久站久立或劳作后疼痛明显加重,休息后缓解,未予重视。2 天前搬家劳动后,贪凉于空调下休息,起身时突发腰部疼痛加重,无法直立起身,腰部僵硬,活动受限,动则痛剧。腰部冷痛,疼痛明显,双下肢畏冷,纳可,眠差,大便正常,小便清长,腰椎生理曲度变直,活动受限,双侧直腿抬高试验(-),"4"字试验(-),双下肢肌力正常,巴宾斯基征(-)。舌质淡,苔白,脉沉紧。影像学及理化检查:腰椎 X 线检查示腰椎退行性改变,第一骶椎隐性脊柱裂。腰部 MRI 示腰 4~5 椎间盘突出。

中医诊断:腰痛(肾虚腰痛,兼感风寒)。

西医诊断:腰椎间盘突出症。

治则治法:祛风散寒,补肾强筋。

1. 推拿手法治疗,舒筋通络止痛。

2. 中药治疗　该患者为老年男性,年老精衰,肾中阳气不足,无以充养腰府,腰部失于濡养而酸困不适,隐痛绵绵,肾阳不能温煦腰府则下肢畏冷,不能温化水饮则小便清长。早期未予重视,后又于空调之下受寒凉侵袭,邪阻气机,阻滞气血运行,发为急性腰痛,实为本虚标实之症。患者就诊之时,腰痛不能直,疼痛剧烈,急则治其标,首当祛风散寒,祛邪外出,兼以补肾,故先予五积散加减,再肾气丸加减。

【原文】

手 法 总 论

夫手法者,谓以两手安置所伤之筋骨,使仍复于旧也。……较之以器具从事于拘制者,相去甚远矣。是则手法者,诚正骨之首务哉。(《医宗金鉴·正骨心法要旨》)

【临证体会】

手法作为骨伤科四大治疗方法(药物、手法、固定、练功)之一,在骨伤科治疗中具有十分重要的作用。临床上须根据患者的不同情况,选择合适的手法,手法选择是否恰当,直接关系到临床的治疗效果,因此手法治疗对临床医生提出了较高要求。作为临床医生需要有扎实的解剖知识、熟练掌握手法操作步骤,并会根据每个患者不同的病情作出准确判断,确定手法治疗的方案,只有方法正确,轻重适宜得当,方能发挥其治疗效果。面对尚未明确诊断的患者,切忌随意使用手法治疗,以免造成进一步损伤。

【原文】

手 法 释 义

摸法:摸者,用手细细摸其所伤之处,……以上诸条,乃八法之大略如此。至于临证之权衡,一时之巧妙,神而明之,存乎其人矣。(《医宗金鉴·正骨心法要旨》)

【临证体会】

现代骨伤科手法在"正骨八法"基础上发展,可分为正骨手法与理筋手法。正骨手法包括拔伸、旋转、屈伸、提按、端挤、摇摆、触碰、分骨、折顶、回旋、蹬顶、杠杆等,此类手法多针对骨折、脱位等骨伤科疾病,手法力度较大,在施展手法前必须关注患者全身情况,根据病史、X线检查等明确诊断,掌握复位标准,抓住整复时机,手法施展恰到好处,切忌暴力。理筋手法由推拿按摩手法组成,其内容丰富,流派较多,大致可以分为舒筋活络法与活络关节法,可以起到活血散瘀、舒筋活络、消肿止痛、通利关节等作用。

【原文】

伤 损 内 证

王好古云:登高坠下撞打等伤,心腹胸中停积瘀血不散者,则以上、中、下三焦分别部位,以施药饵。……或敷寒凉之药,致气血凝结者,俱宜用活血顺气之剂。(《医宗金鉴·正骨心法要旨·内治杂证法》)

【临证体会】

发生不同类型的损伤,其病理因素——血瘀的分布也不同,因此治疗上也需要采取不同的方药以达活血化瘀之功,如瘀在上部者,宜犀角地黄汤;瘀在中部者,宜桃仁承气汤;瘀在下部者,宜抵当汤之类。不同中药有各自的性味归经、升降浮沉等特点,《跌打秘方》曰:"凡用引经之药,上部用川芎,手用桂枝,头用白芷,胸腹用白芍,脐下用黄柏,左肋用青皮,右肋用枳壳,腰用杜仲,下部用牛膝,足用木瓜,身用羌活、当归。不论跌打损伤,须要用香附。"选择合适的方药及引经药,使药物直达病灶,利于伤后恢复。治疗血瘀时,应注意兼以行气理气,同时寒主凝滞,易使气血运行进一步受阻,避免大量寒凉药物的使用。

【原文】

又云:凡伤损之症,肢体麻木,若口眼如故腰背如常……当用升阳滋阴之剂。若作风治,凶在反掌。(《疡医大全·论瘀秽内攻》)

【临证体会】

此节着重探讨了外伤后出现肢体麻木的病机和治疗方法。认为损伤致肢体麻木是由于伤后气血两虚、阴虚火动之故,在明确诊断后,中医治疗上可采用补益气血,采用升阳滋阴之剂。外伤后的肢体麻木与中风之麻木有着明显的区别,若按中风论治,必然加重病情,因此在日常临证时务必细细鉴别。

【原文】

跌扑闪挫卒然身受,由外及内,气血俱伤病也。……而气既滞血既瘀,其损之患必由外侵内,而经络脏腑并与俱伤。(《杂病源流犀烛·跌扑闪挫源流》)

【临证体会】

跌扑闪挫作为病因在骨伤科临床上相当常见,往往导致气滞血瘀,出现损伤部位疼痛、肿胀。接诊该类患者时,注意详细询问病史及损伤经过,判断其损伤性质;对损伤部位进行检查时,需要与健侧对比,或左右对比,动作应轻柔谨慎,避免造成患者损伤加重;此外如本段所提"其损之患必由外侵内,而经络脏腑并与俱伤",跌扑闪挫病情较重的患者,还须排除累及脏腑的相关病证,如气胸、挤压综合征等,以免延误患者病情。

【原文】

凡至险之症,有气管全断者,不治……肩内耳后伤透于内者;脉不实者。以上诸证,不必用药。(《伤科补要·至险之证不治论》)

【临证体会】

伤科疾病有轻有重,甚至会造成脏腑损伤,危及生命。伤科疾病要关注损伤的轻重,更要注意损伤患者的年龄与妊娠的特殊性。本段内容虽然是古代医学的观点和治疗方法,但在现代临床实践中仍有一定的应用价值。对于一些严重的创伤患者,可以根据伤势的特征和严重程度进行分级,以便更好地制定治疗方案和预测预后。同时,对于一些无法治疗或预后不良的情况,也可以及时采取相应的措施,如止痛、缓解症状等,以提高患者的生活质量。此外,对于一些特殊情况,如孕妇足踢小腹等,也需要特别注意,及时进行诊治,以保障患者的健康和安全。

防病与早治为伤科疾病治疗要点。伤科疾病重在预防,避免造成损伤暴力的出现。古人对伤科疾病的预防和治疗有独特的认识和诊疗方法,能根据损伤的部位和表现判断预后,如颈椎骨折、损伤致呼吸困难以及"五绝之症""十不治之证",这对现代伤科的临床具有重要参考意义,当代伤科学应在继承中创新,造福广大人民。

【原文】

肘骨者,胳膊中节上下支骨交接处也,俗名鹅鼻骨。……服生血补髓汤,或紫金丹。(《伤科补要·接骨论治》)

【临证体会】

肘关节脱位是临床第二常见的脱位,仅次于肩关节脱位,每年10万人中大概有6~8例患者发生肘关节脱位,占到肘部损伤的10%~25%。肘关节脱位多由外力损伤肘部,导致肘关节内的桡骨、尺骨和肱骨脱离正常位置所致,脱位后出现肘关节疼痛、肿胀、关节畸形及活动受限等症状,多发生于青少年,成人及儿童也可见。及早复位可以有效减轻关节损伤程度,有助于恢复功能。

【临床案例】

患者男,27岁,外伤致右肩肿痛、活动受限1天。

患者自诉1天前因打篮球不慎摔倒,右手着地,遂出现右肩关节疼痛肿胀,伴活动受限来诊。患处呈方肩畸形、弹性固定,末梢血运感觉良好。舌质紫暗瘀斑,脉弦涩。

X线检查提示右肩关节脱位。

中医诊断:右肩脱位(气滞血瘀证)。

西医诊断:右肩关节脱位。

治疗:

1. 手法整复+肩臂带悬吊。

2. 中药治疗　患者为骨折早期,证属气滞血瘀。考虑患者较为年轻,身体素质较好,正气充盈,予活血止痛汤加减治疗。

【原文】

胻骨,即膝下踝上下腿骨也,……先以手轻轻搓摩,令其骨合筋舒,洗八仙逍遥汤,贴万灵膏,内服健步虎潜丸及补筋丸可也。(《伤科补要·胻骨脚踝跗骨》)

【临证体会】

踝关节损伤后踝部疼痛、肿胀,可出现瘀斑、青紫,踝关节活动受限,不能行走。检查可见踝关节畸形,内踝或外踝有明显压痛,并可有骨擦音。治疗上主要采取外固定、手法复位和手术的方式。另外,瘀血是损伤后常见症状,瘀血不除损伤很难恢复,古代伤科医家皆重视活血化瘀药物的应用,活血化瘀是中医学治疗大法之一,是血瘀证的特有治法,是我国劳动人民同疾病斗争积累的宝贵经验,已形成系统的理论体系并指导辨证施治,目前被广泛应用于临床,为进行异病同治开辟了卓有成效的途径。

【原文】

接骨由来法不同,编歌依次说全功。若能洞达其中意, ……紫金丹作收功例,骨仍坚固无流弊。我今编此手法歌,传与后人须仔细。(《伤科汇纂·接骨歌诀》)

【临证体会】

夹板固定作为我国伤科学派经典外固定术的代表,具有简单易操作、轻巧、易调整、恢复快等特点。夹板固定主要用于四肢闭合性骨折、开放性骨折而创面较小或经处理创口已愈合者。夹板固定后,通过扎带、夹板、压垫的综合作用,能控制造成骨折端成角、旋转、分离等再移位的活动,又保留对向挤压以利骨折愈合的活动。通过扎带或绷带约束夹板,并在压垫部位增强挤压作用,达到固定骨折断端的目的。另外,受当代社会环境影响,以及夹板固定对固定部位和伤肢类型的要求都有较大限制,其发展近年来相对滞后,因此解决传统夹板缺陷、推广和开发新型材质夹板、提升临床医生手法技术等将对于伤科传统技术的应用起到至关重要的推动作用。

【原文】

凡肩痛、臂痛、腰疼、腿疼,或周身疼痛,总名曰痹症。……若虚弱,量加黄芪一二两。(《医林改错》)

【临证体会】

长期以来,有关痹证的病因及证治,历代医家多遵从《黄帝内经》《金匮要略》及张景岳"峻补真阴"之论,从风、寒、湿、热诸因素入手,以祛风、散寒、除湿、清热、养血、滋阴等方法进行治疗,形成了一套较为固定的治疗模式。从临床治疗结果来看,这些疗法只要使用得当,大多能取得较好疗效。不过,任何事情都不是一成不变的,对疾病的认识与治疗也是如此。当临床上某些疾病经常规疗法治疗无法取得满意结果时,就必须考虑是辨证上的疏漏,还是疾病的病情发生了变化。因此,对待这一类难治性疾患,只有改变常规的思维模式,才能在治疗方法上有所突破。在"痹证有瘀血说"篇中,王清任指出:"明知受风寒,用温热发散药不愈;明知有湿热,用利湿降火药无功;久而肌肉消瘦,议论阴亏,随用滋阴药,又不效。"体现出了在某些情况下,对于痹证的治疗,古法也是会失效的,应当继续悉心辨证、研究推论,除了风寒、湿热、阴亏外,导致痹证久治不愈的根本原因还有瘀血阻滞经络,并提出身痛逐瘀汤为针对性方剂,为后世临床辨证思路改良提供了思路,为痹证的临床治疗方案提供了新的治疗方案。身痛逐瘀汤至今仍广泛运用于临床,有报道用本方治疗过敏性紫癜、风湿性关节炎、类风湿关节炎、坐骨神经痛及急性腰扭伤的,都取得了满意的疗效。

【临床案例】

患者男,44 岁,左侧肩关节酸痛、麻木伴活动受限 1 年,加重 1 个月。

患者自诉夜间睡眠时肩关节疼痛剧烈,肩上举及后伸时疼痛,集中于肩前及肩外侧部。神志清楚,精神稍差,面色欠红润,体形偏胖,舌体适中,舌质淡,薄白苔,脉弦涩。

X 线检查显示:肩关节诸骨骨小梁疏松,骨皮质变薄,骨质无破坏。

中医诊断:肩痹(气虚血瘀寒凝)。

西医诊断:肩关节周围炎。

治疗:肩周炎发病与气血不足、外感风寒湿邪及闪挫劳伤有关。若年老体虚、肝肾精亏、气血不足则筋失所养,血虚生痛,日久则筋骨衰退,筋脉拘急而不用。若老年营卫虚弱,复因久居湿地,风雨露宿,夜寐露肩当风,以致风寒湿邪客于血脉筋肉,血行不畅而脉络拘急疼痛,寒湿之邪淫溢于筋肉则屈而不能伸,痿而不用。若外伤筋骨或劳累过度,筋脉受损,瘀血内阻,脉络不通,不通则痛,日久筋脉失养,拘急不用。《素问·痹论》云:"痹在于骨则重,在于脉则血凝而不流,在于筋则屈不伸,在于肉则不仁。"总之年高正虚、血亏、筋骨失养,外受风寒、湿热之邪是本病之关键。所以本病治当祛邪扶正、攻补兼施。风寒湿之邪,大多杂合而致病,三者之中虽可有某邪偏盛的情况,但难以截然区分,故治疗又多以祛风、散寒、除湿、疏通经络等方法并用。本案例患者为气虚血瘀寒凝证,治法以补气活血、祛风除湿、通痹止痛为主,方用身痛逐瘀汤加减,具体用药:川牛膝30g,地龙 15g,羌活 15g,秦艽 15g,香附 15g,川芎 15g,黄芪 50g,炙甘草 15g,当归 15g,五灵脂 12g,乳香 10g,没药 10g,桃仁 10g,红花 10g。4 剂,日 1 剂,水煎500ml 分 4 次,饭后温服。患者用药后诉症状明显减轻,缓解约 80%,自觉疗效显著。

【原文】

上部(用川芎)、手臂(用桂枝)……接骨(用川断、五加皮、骨碎补、杜仲)、妇人(用香附)。(《伤科大成·跌打压仆损伤者须用引经药》)

【临证体会】

本段原文指导我们在骨伤科疾病的内治时,利用某些药物对人体某些部位有较强的选择性作用的特点,可以引导与其同用的药到特定的部位,从而提高疗效。常用于跌仆扭伤、骨折脱位等损伤性疾病的治疗,在临床应用中还有以下注意事项。

1. 引经作用,并非不变 炮制可改变药物的性能,如土炒入脾,盐炒入肾,醋制入肝,蜜制归肺,酒炒上行。引经药的引导作用随炮制方式不同也会随之发生变化。

2. 辨证使用,有的放矢 运用引经药时应以辨证为前提,充分考虑其本身的药性与功能,尽可能功能与导向统一,使药效得以充分发挥。如手少阴心经引经药黄连与细辛,清心火时选黄连,通心阳时用细辛。再如痛泻要方中的防风,既能引药入脾,又能散肝郁,舒脾气,胜湿止泄,龙胆泻肝汤之柴胡,既能引药入肝胆,又能舒畅肝胆。

3. 重视功能,不拘引经 临床辨证用药组方,重要的是看药物的基本功能,而非一味强调某药的引经作用。实际上在众多的方剂中,选用药物的依据主要是功能与归经,引经的作用是重要的,但并非必需的。临床中也不能过分夸大引经药的作用。

【原文】

人之一身,不外阴阳,而阴阳二字,即是气血。……此论不专为失血立说,然治血者,必先知之,而后于调气和血,无差爽云。(《血证论·阴阳水火气血论》)

【临证体会】

本章节内容指出疾病的发生和发展与人体阴阳、水火、气血的平衡有着密切关系。在临床诊疗中,这一理论指导我们在处理创伤、骨折、脱臼等伤科疾病时不仅要关注局部损伤的治疗,还需要从整体上调和阴阳,平衡水火,顺畅气血,强调了内外合治、标本兼顾的治疗原则。从临床实践的角度来看,《阴阳水火气血论》给现代医生提供了一个全面理解和治疗疾病的视角。比如,在处理一个复杂骨折的患者时,除了必要的外科操作和固定治疗,医生还需要考虑到患者的全身状态,如是否存在气血不足导致的恢复缓慢,或因为伤后出现的炎症反应而导致的"火盛",这些都需要通过系统地辨证施治来进行调整和恢复。气血不足可能提示医生需要提供更多的营养支持和补充,以促进伤口愈合和组织再生;而"火盛"则可能需要清热解毒的药物来降低炎症反应。在实际操作中,这要求医生要有扎实的中医理论基础,才能将这一理论有效地应用于临床实践,达到治疗的最优效果。综上所述,阴阳水火气血论不但为医生提供了不同于西医学的治疗视角,而且是一种强调个体化治疗和整体治疗的哲学思想。在现代临床医学中,这种思想可以启发医生综合考虑患者的整体状况,制定出更符合患者全身状态的综合治疗方案,从而更有利于患者的康复和健康管理。

第四章

古籍医案摘录

医案是医家记录临床诊疗过程的文献资料,又称诊籍、脉案、方案、病案等,是中医几千年发展的基本载体之一。中医学的基本理论、著名医家的辨证论治思想及用药特色等都在医案中得以充分体现。通过中医骨伤科医案研究,不仅可以加深对中医骨伤科的认识和理解,也能理清中医骨伤科理论不断发展的脉络和规律,为中医骨伤科的现代化发展提供参考和借鉴。本章节选了《类证普济本事方》《伤科汇纂》《正体类要》《外台秘要》等古籍中有关骨伤科诊疗的医案,集中展示了历代医家在骨伤疾病中的诊疗经验和思路方法,将骨伤疾病验案与理论研究相互印证,对学生掌握骨伤疾病治疗规律,深入开展临床实践具有重要意义。

1. **治臂臼脱** 许元公入京师赴省试,过桥堕马,右臂臼脱。路人语其仆曰:急与按入臼中,若血渍臼,则难治矣。仆用其说。许已昏迷,不觉痛,遂儳桥舁归邸。或曰:非田马骑不能了此疾。急召之,至,已入。暮,秉烛视其面,曰:尚可治。乃施药封肿处,至中夜方苏。达旦痛止,去其封,损处已白,其青瘀乃移在臼上,自是日日易之,肿直至肩背,于是以药下之,泻黑血三升,五日复常,遂得赴试。盖用生地黄研如泥,木香为细末,以地黄膏摊纸上,掺木香末一层,又再摊地黄贴肿上,此正治打扑伤损及一切痈肿未破,令内消云。(《医说》)

2. **龟兽奇方治伤折** 治腕折伤筋损,疼痛不可忍。用生地黄一斤,切。藏瓜、姜糟一斤,生姜四两,切。右都炒令均热,以布裹罨伤折处,冷则易之。曾有人伤折,宜用生龟,寻捕一龟,将杀,患人忽梦见龟告言曰:勿相害,吾有奇方可疗。梦中授此方。(《类证普济本事方》)

3. **打扑伤损** 打扑伤损,瘀血凝滞,气因不行,关窍皆不通,大便必闭。壮者可服洗心散,老弱者可服七圣槟榔丸。凡有此症,须问脏腑所打处疼痛。若伤处大痛,大便三两日不通,然后可下前二药;若大便不闭,伤处不甚猛痛,则不可服,宜服没药、乳香、当归之类。

又

长安石史君尝至通衢,有从后呼其姓第者,曰:吾无求于人,念汝有难,故来救汝。出一纸卷授石,曰:有难则用之。乃治折伤内外损方书也。明年,因趋朝坐马,为它马所蹴,折足坠地,又蹋一臂折。家人急合此药,且灌且裹,至夜半痛止,后手足皆坚牢如未伤时。方本出《良方》,用川当归、铅粉各半两,硼砂二钱,同研令细,浓煎苏木汁,调服一大匕。损在腰以上,先吃淡粥半盏,然后服药;在腰以下,即先服后食,仍频频呷苏木汁。别作糯米粥,入药末拌和,摊纸上或绢上,封裹伤处,如骨碎,用竹木夹定,仍以纸或衣物包之。其妙如此,故表而出之。

又

汀州泾口市民陈公,诵观音甚诚。庆元初,出行撅折一足,忍痛叫菩萨,越三昼夜,梦一僧柱杖持钵,登门问所苦。陈曰:不幸折一足,贫无力访医,只得告佛。僧曰:不用过忧,吾有一方接骨膏,正可治汝。便买菉豆粉,于新铁铫内炒,令真紫色,旋汲井水调成稀膏,然后厚傅损处,须教遍满,贴以白纸,将杉木绁定,其效如神,不必假它剂也。语讫,僧忽不见。陈亦寤,如方修制,用之则愈。(《医说》)

4. **热葱涕愈伤指**　崔给事顷在泽潞,与李抱真作判官,李相方以毬杖按毬子,其军将以杖相格,乘势不能止,因伤李相拇指,并爪甲擘裂。遽索金疮药裹之,强坐,频索酒饮,至数杯,已过量,而面色愈青,忍痛不止。有军言:取葱新折者,便入溏灰,火煨熟,剥皮擘开,其间有涕,取罨损处,仍多煨取续,续易热者,凡三易之,面色却赤,斯须云已不痛,凡十数度易热葱并涕裹缠,遂毕席笑语。(《类证普济本事方》)

5. **坠马折足**　定州人崔务坠马折足,医令取铜末和酒服之,遂痊平。及亡后十余年改葬,视其胫骨折处,有铜末束之。(《朝野佥载》)

6. **蹴秋千坠损**　宣和中,有一国医,忽承快行宣押,就一佛刹医内人,限目今便行。鞭马至,则寂未有人。须臾卧轿中,扶下一内人,快行送至。奉旨取军令状,限日下安痊。医诊视之,已昏死矣。问其从人,皆不知病之由,惶恐无地,良久,有二三老内人至,下轿环而泣之,方得其实。云:因蹴秋千,自空而下坠死。医者云:打扑伤损,自属外科。欲申明,又恐后时参差不测。再视之,微觉有气,忽忆药箧中有苏合香丸,急取半两,于火上焙去脑、麝,用酒半升,研化灌之,至三更,方呻吟,五更,下恶血数升,调理数日得痊。予谓正当下苏合香丸。盖从高坠下,必挟惊悸,血气错乱,此药非特逐去瘀血,而又醒气,医偶用之,遂见功效。此药居家不可阙,如气逆、鬼邪、痷癔、传尸、心痛、时疾之类皆治。《良方》载甚详,须自合为佳耳。(《医说》)

7. **搓衮舒筋**　道人詹志永,信州人。初应募为卒,隶镇江马军。二十二岁,因习骁骑坠马,右胫折为三,困顿且绝。军帅命舁归营医救,凿出败骨数寸,半年稍愈。扶杖缓行,骨空处皆再生,独脚筋挛缩不能伸。既落军籍,沦于乞丐。经三年,遇朱道人,亦旧在辕门,问曰:汝伤未复初,何不求医? 对曰:穷无一文,岂堪办此? 朱曰:正不费一文,但得大竹管长尺许,钻一窍,系以绳,挂于腰间,每坐则置地上,举足搓滚之,勿计工程,久当有效。詹用其说,两日便觉骨髓宽畅,试猛伸足,与常日差远。不两月,病筋悉舒,与未坠时等。予顷见丁子章以病足故,作转轴踏脚用之,其理正同,不若此为简便,无力者立可办也。(《癸志》)

8. **亡血出汗**　张进士季秋坠马,亡血过多,出汗烦躁,翌日,其汗自止,热躁益甚,口噤手颤,此阴血虚,阳火乘之而汗出,为寒气收敛腠理,故汗不得出,火不得泄,怫郁内甚,而益增他症也。余用四物加柴胡、黄芩、山栀,四剂少止。又用四物、参、芪、软柴胡、五味、麦门,治之而痊。(《薛氏医案》)

9. **肝火出血**　俞进士折腿,骨已接三月,尚发热出汗不止。正体医治不应,左关脉洪数,此肝火炽甚,血得热而妄行也。遂投小柴胡汤,加山栀、芍药、生地、防风,血止热退。又用八珍、五味、麦门治之,疮口即愈。

又

田宗伯侄,仲秋因怒跌仆,遍身作痛,发热衄血,肝脉洪弦。余曰:久衄脉弦洪,乃肝火盛而制金也。至春则肝木茂盛而自焚,或戕贼脾土,非易治之症。当滋肾水以生肝木,益脾土以生肺金。乃杂用泻肝火等药,殁于仲春之月。

又

一妇人因怒仆地,伤面出血,痰盛昏愦,牙关紧急。余曰:此怒动肝火,气逆怫郁,神明昏冒而卒倒也。两手脉洪大而无伦次,以小柴胡汤加黄连、山栀、芎、归、橘红、茯苓、姜汁,治之而苏。(《薛氏医案》)

10. **瘀血作痛** 有一患者,肿痛发热,作渴汗出。余曰:此阴血受伤也。先砭去恶秽,以通壅塞。后用四物、柴胡、黄芩、山栀、丹皮、骨碎补,以清肝火而愈。

又

有一患者,伤处揉散,惟肿痛不消。余曰:此瘀血在内,宜急砭之。不从。余以萝卜自然汁调山栀末敷之破处,以当归膏贴之,更服活血之剂而瘥。数年之后,但遇天阴,仍作痒痛,始知不砭之失。

又

有一患者,臀腿黑肿而皮不破,但胀痛重坠,皆以为内无瘀血,惟敷凉药,可以止痛。余诊其尺脉濇而结,此因体肥肉厚,瘀血蓄深,刺去即愈,否则内溃,有烂筋伤骨之患。余入针四寸,漂黑血数升,肿痛遂止;是日发热恶寒,烦渴头痛,此气血俱虚而然也,以十全大补之剂遂瘥。(《薛氏医案》)

11. **骨伤作痛** 一小儿足伤作痛,肉色不变,伤在骨也。频用炒葱熨之,五更用和血定痛丸,日间用健脾胃、生气血之剂,数日后服地黄丸,三月余而瘥。

又

一小儿臂骨出帕接入,肿痛发热,服流气等药益甚,饮食少思。余以葱熨之,其痛即止。以六君、黄芪、柴胡、桔梗、续断、骨碎补治之,饮食进而肿痛消。又用补中益气,加麦门、五味治之,气血和而热退愈矣。(《薛氏医案》)

12. **湿痰作痛** 经云“气伤痛,形伤肿。”损伤之证,多从气血论治,然亦应关注痰湿之邪所致之肿痛之证。

大宗伯沈立斋,孟冬闪腰作痛,胸间痰气不利。以枳壳、青皮、柴胡、升麻、木香、茴香、当归、川芎、赤芍、神曲、红花,四剂而瘥。但饮食不甘,微有潮热。以参、芪、白术、陈皮、白芍各一钱,归身二钱,川芎八分,软柴胡、地骨、炙草各五分,十余剂而康。

又

刘尚宝体微臂闪作痛,服透骨丹,反致肢节俱痛,下体益甚。以二陈、南星、羌活、防风、牛膝、木瓜、苍术、黄芩、黄柏治之,身痛遂安。以前药再加归尾、赤芍、桔梗,治之而痊。

又

郑吏部素有湿痰,孟冬坠马,服辛热破血之药,遍身作痛,发热口干,脉大而滑,此热剂激动痰火为患耳。治以清燥汤,去人参、当归、黄芪,加黄芩、山栀、半夏、黄柏,热痛顿去,患处少愈。更用二陈、羌活、桔梗、苍术、黄柏、姜制生地、当归,遂痊。(《薛氏医案》)

13. **瘀血肿痛**　一男子闪伤,右腿壅肿作痛。余谓急砭去滞血,以补元气,庶无后患,不信。乃外敷大黄等药,内服流气饮,后涌出秽脓数碗许,其脓不止,乃复请治。视其腿细而脉大,作渴发热,辞不治,后果殁。

又

窗友王汝道,环跳穴处闪伤,瘀血肿痛,发热作渴,遂砭去瘀血。知其下焦素有虚火,用八珍加黄柏、知母、牛膝、骨碎补,四剂顿止。用十全大补汤,少加黄柏、知母、麦门、五味,三十余剂而敛。《正体类要》

14. **气虚血滞**　戴给事坠马,腿肿痛而色黯,食少倦怠,此元气虚弱,不能运散瘀血而然耳。遂用补中益气,去升麻、柴胡,加木瓜、茯苓、芍药、白术,治之而痊。《薛氏医案》

15. **气虚壅肿**　一妇人闪,臂腕肿大,已三月,手臂日细,肌瘦恶寒,食少短气,脉息微细,属形病俱虚也。遂投补中益气加肉桂,引诸药以行至臂,再加贝母、香附,以解久病之郁,闲服和血定痛丸,以葱熨之,肿消二三。因怒,患处仍胀,胸膈两胁微痛,以前汤更加木香、山栀、半夏、桔梗,服之少可。复因惊不寐,少食盗汗,以归脾汤加五味、麦门,二十余剂而安,肿消三四。手臂渐肥,但经水过期而少,此心脾之血尚未充足而然也。乃用八珍加五味、麦门、丹皮、远志、香附、贝母、桔梗,四十余剂,诸症悉愈。后因怒,发热谵语,经水如涌,此怒动肝火,以小柴胡汤加生地黄二钱,一剂遂止。以四物加柴胡,调理而康。

又

州守陈克明子闪,右臂腕肿痛,肉色不变,久服流气等药,加寒热少食,舌干作渴。余曰:伤损等症,肿不消,色不变,此运气虚而不能愈,当助脾胃,壮气血为主,遂从余法治之。不二月,形气渐充,肿热渐消,半载诸症悉退,体臂如常。

又

一小儿闪腿,腕壅肿,形气怯弱。余欲治以补气血为主,佐以行散之剂,不信。乃内服流气饮,外服寒凉药,加寒热,体倦。余曰:恶寒发热,脉息洪大,气血虚极也.治之无功,后内溃,泄尽气血而亡。(《薛氏医案》)

16. **外敷消肿** 昔许元公入京师赴省试,过桥坠马,右臂曰脱,路人语其仆曰:急与接入臼中,若血溃臼,则难治矣。仆用其说,许以昏迷不觉痛,遂傥轿异归邸。或曰:非录事巷田马骑,不能了此疾。急召之,至已日暮,因秉烛视其面目,尚可治。乃施药封此处,至中夜方苏,达旦痛止,去其封,损处已白,其青瘀乃移在臼上。自是日日易之,肿直至肩背,以药下之,泻黑血三升,五日复常。遂得赴试,盖用此法云。《本事》治打扑伤损,及一切肿痛,未破令内消方:生地黄(研如泥)木香(细末)上以地黄膏,随肿大小,摊于纸上,掺木香末一层,又再摊地黄膏贴肿上,不过三五度即愈。(《证治准绳》)

紫金皮散:治一切打扑损伤,金刃箭镞伤处浮肿,用此效。紫金皮(醋炒)、天南星、半夏、黄柏(盐炒)、草乌(炮)、川乌,川芎(茶水炒)、川当归(煨)、杜当归、乌药、川白芷(盐水炒),破故纸、刘寄奴、川牛膝、桑白皮,各等分,右为末。生姜、薄荷汁兼水调,糊肿处。或伤处皮热甚,加黄柏皮、生地黄五钱。有疮口者勿封其口,四畔用此糊之。(《世医得效方》)

又

一宦家爱姬,年可十七八,下楼堕地,左腿骨脱出在外。宦素稔先君子,急命与异去。尔时手法固不可施,吓法亦恐难使,遂令铺重茵于密室,扶姬席地而坐。倩一仆妇坐于身后,两手揽胸抱住,用小布带系住患足,穴壁于别室,先君子自引之,稍稍用力将布带牵引,则娇声骇耳,计无所出。时先君子手持鹤羽扇一柄,蹑过密室,向患者一搧,姬含羞急缩,不觉腿骨也人髎矣。遂用光细布一尺,摊五香膏四两贴之,不服药而愈。凡用膏药,贴内伤宜重而厚,贴外疮宜轻而薄,徐大椿医论已详言之矣。

又

一农妇因搭蚕架堕地,腿骨跌出胯外,不能步履。先君子置有大槌二柄,一实一虚,实者以檀木为之,重三十余斤,虚者以牛皮为之,轻至一、二斤。先将重者放于患前,铿然有声,遂令患妇侧卧于地,患腿在上,一妇按住其身,又将患足用褡连布缚住,着人在隔屋拽之。暗地令将槌重者易之以轻,持高向脱髎处,击而吓之。患妇心慌胆怯,筋骨作紧,亦不知痛,腿骨人髎矣。外贴散瘀活血膏药,内服调气行血等剂,半月后步履如初。(《伤科汇纂》)

17. **腰腿痛辨治疗验案** 汪(二三)脉涩,腰髀环跳悉痛,烦劳即发,下焦空虚,脉络不宣,所谓络虚则痛是也。方药:归身、桂枝木、生杜仲、木防己、沙苑、牛膝、萆薢、小茴。

张(四二) 劳力伤,左腿骨麻疼。方药:生虎骨四两 当归二两 五加皮二两、仙灵脾二两、牛膝二两、独活一两、白茄根三两、油松节二两、金毛狗脊八两。

朱 痛著右腿身前,肌肉不肿,必在筋骨,且入夜分势笃,邪留于阴,间有偏坠,治从肝经。方药:生杜仲一两、当归须二钱、穿山甲(炙)二钱、小茴香(炒)一钱、北细辛三分、干地龙一钱。(《临证指南医案》)

18. **风湿痹痛验案** 李,左臂自肩以下骨节大痛,经所谓寒胜则痛也。来势甚骤,若游走上下骨骱,即俗谓白虎历节风。痛如虎咬,刻不可忍,此非厉剂不除,投以川乌头炮去脐皮、草乌头炮去皮,姜汁制、松节油,一剂,服后饮酒以助药势达病所。夜半身麻汗出,平旦而病若失矣。此仿活络丹法。

又

张五旬外,左臂素患肿痛,因涉江受风,一夜,全身麻痹,脉虚濡,此真气虚而风湿为病,乃痹中根萌也。经曰:营虚则不仁,卫虚则不用。营卫失调,邪气乘虚袭入经络,蠲痹汤主之,数服而效。《准绳》云,凡风痹偏枯,未有不因真气不周而病者。治不用黄芪为君,人参、归、芍为臣,桂枝、钩藤、荆沥、竹沥、姜汁为佐。徒杂乌、附、羌活以涸营而耗卫,未之能愈也。严氏蠲痹汤用黄芪、炙草以实卫,当归、白芍活血以调营,羌、防除湿疏风,姜黄理血中滞气,入手足而驱寒湿,用酒和服,专借以行药力也。

又

王氏女 风寒湿合而成痹,蕴邪化热,蒸于经络,四肢痹痛,筋骨不舒。盖邪中于经为痹,中于络为痿。《金匮》云,经热则痹,络热则痿,倘经腑治失宣通,延为痿。杏仁、滑石、石膏、赤苓、威灵仙、蚕沙、薏仁,数服痛减,乃用白术、薏仁、茯苓、桂枝、片姜黄、钗斛、归身、玉竹、五加皮、桑枝煎汤,数十服肢体活动,又服丸剂平补肝肾,步履如常。(《类证治裁》)

19. **痿症验案** 萧,中年后肾亏火动,足膝酸软,脉虚而促。初用六味汤加怀牛膝,继用虎潜丸去锁阳,服后甚适,但坐久腰府热腾,小腹收引气升,脘膈不舒。症因冲督经虚,龙焰不伏,非理脏真所得效,拟龟鹿二仙膏加猪脊髓,同熬酒和服,得效。

又

李 疟邪失汗误药,湿邪入络,四肢痿废。用除湿理络,手足能运,然值冬寒气血敛涩,少腹逼窄,背脊拘急,胫膝麻顽,步履歪倒,知其阴阳维不司约束,侵及任督俱病也。用杜仲、狗脊强筋骨而利俯仰,五加皮、牛膝益肝肾而治拘挛,当归、白芍以和营,茯苓、萆薢以逐湿,秦艽、独活以治痹,玉竹、桑枝以润风燥,理肢节,加桑寄生通经络。煎服十数剂,诸症渐减,又将前方参入鹿胶、沙苑子、小茴香以通治奇脉,丸服酒下,获痊。

又

张氏,四肢痿弱,动履艰难,脉涩且弱,为营虚之候。《经》言天癸将绝,系太冲脉衰,乃阴吹带浊,宿恙频兴,因知冲为血海,隶于阳明,阳明虚则冲脉不荣,而宗筋弛纵,无以束筋骨,利机关。法当调补营血以实奇经。人参、杞子、茯苓、牛膝(酒蒸)、熟地、当归、杜仲(酒焙)、山药(炒)、木瓜、姜、枣,水煎,十数服渐愈。《类证治裁》

20. **骨肉伤损验案**　广济疗坠损骨肉,苦疼痛不可忍方。故马毡两段,其毡欲得故腻者,于铛中以酒五六升,着一抄盐,煮令热,即纳毡于铛中,看散,又疗男子虚劳坠伤内损,吐血不止欲死,面目黑如漆者,悉主之方黄芪当归芍药(各三两)甘草(三两炙)生姜(八两)上六味切,以水九升,煮取二升五合,去滓,分温三服,服别相去六七里。(并出第四卷中)近效疗坠损方。生地黄一斤分为三份,上每服取一份,熬令焦黄,以酒半升煎一两沸,绞去滓,令温暖得所,食前,日三,无所忌,马坠亦疗之。

又

当归(熬令香)、桂心、甘草(炙)、蜀椒(汗各二分)、川芎(六分熬)、附子(炮)、泽兰(熬各一分),上七味捣为散,酒服方寸匕,日三,小儿被奔车马所损裂,其膝皮肉决见骨,即绝死,小苏啼不可听闻,服之便眠,十数日便行走,其神验如此。(《外台秘要》)